인류학 민족지 연구 어떻게 할 것인가

How To Do Anthropological Ethnography?

인류학 민족지 연구 어떻게 할 것인가

How To Do Anthropological Ethnography?

이용숙 · 이수정 · 정진웅 · 한경구 · 황익주 지음

일조각

머리말

　우리 실정에 맞고 한 국어로 써진 인류학 현장연구방법론 책이 있었으면 좋겠다는 생각은 이 땅에서 인류학을 가르치는 인류학자라면 누구나 해보았을 것이다. 현장연구방법론은 문화인류학의 가장 큰 특징이기도 하고, 또한 거의 모든 인류학자들의 자부심의 원천이기도 한데, 이를 미국 학생들을 위해 영어로 쓴 책에 의지해서 가르치자니 학생들도 고생이고 수업 효과에도 문제가 있었다.

　그나마 울산대 건축학과의 이희봉 교수가 1988년에 한국학술진흥재단(현 한국연구재단)의 번역 지원을 받아 스프래들리James P. Spradley의 *Participant Observation*을 『참여관찰방법』이라는 제목으로 번역하셔서 크게 도움이 되었다. 이 책은 『참여관찰법』이라는 제목으로 번역판이 다시 출간된 바 있으며(신재영 옮김, 시그마프레스, 2006), 스프래들리의 *The Ethnographic Interview*도 『문화기술적 면접법』이라는 제목으로 번역 출간되었다(박종흡 옮김, 시그마프레스, 2003). 스프래들리의 책은 쉽게 써졌다는 점이 큰 매력이다. 그러나 자칫 정태적으로 보일 수도 있는 민족의

미론ethnosemantics에 큰 비중을 두는 가운데 문화의 역동성, 갈등과 모순, 권력과 차별 등에 대한 관심이 상대적으로 부족하다는 아쉬움이 있었다.

한편 전남대 문화인류학과의 최협 교수가 한국의 인류학자들이 세계 각지에서 수행한 다양한 현장연구 경험을 수집·정리하여 『인류학과 지역연구』를 출간하였다(나남, 1997). 이 책에는 현장연구 과정에서 겪게 되는 재미있는 에피소드와 깊이 있는 통찰이 많이 담겨 있어 당시 집중적인 관심을 끌기 시작한 지역연구에 종사하는 사람들에게 큰 도움을 주었으나, 현장연구방법을 체계적으로 소개한 것은 아니었다.

강원대 인류학과에서 가르치던 한경구(현 서울대 자유전공학부)와 김성례(현 서강대 종교학과)가 크레인Julia G. Crane과 앙그로시노Michael V. Angrosino가 공동으로 집필한 *Field Projects in Anthropology: A Student Handbook*의 제3판을 함께 번역하여 『문화인류학 현지조사방법』이라는 제목으로 출간(일조각, 1996)한 것도 바로 이러한 문제의식에서였다. 이 책은 지도 그리기에서 시작하여 지역사회나 현대 조직을 연구하거나 개인사를 수집하는 실습 과제에 이르기까지 구성이 매우 다양하고 설명도 친절하여 입문서로서는 매우 좋지만, 보다 야심적이고 도전적인 학생들을 가르치기에는 여전히 아쉬운 점이 있었다.

이 외에도 현장연구방법을 소개한 논문들이 여러 인류학자에 의해 출판되었지만 지면의 제약으로 인해 구체적 설명이 부족하거나 학생들이 찾아 읽기 쉽지 않다는 등의 한계가 있었다. 예를 들어 윤택림의 『문화와 역사 연구를 위한 질적연구 방법론』(아르케, 2004) 역시 초보 연구자에게 많은 도움을 줄 수 있도록 구성되어 있으나 저자의 주요 관심사인 역사인류학 및 여성 인류학 관련 내용과 이론적 논의에 상당 부분을 할애하다 보니 참여관찰, 심층면담 등 기본적인 연구방법에 대한 설명이 다소 부족하다는 아쉬움을 남기고 있다.

그리하여 약간 더 수준이 높으면서 우리 실정에 맞는 현장연구방법론 책이 있어야겠다는 생각을 여러 사람이 하게 된 것은 너무나 자연스러운 일이었다. 그러한 가운데 우연한 기회에 덕성여대 문화인류학과의 이용숙 교수와 정진웅 교수, 서울대 인류학과의 황익주 교수, 북한대학원대학교의 이수정 교수(당시 무지개청소년센터 부소장), 그리고 서울대 자유전공학부의 한경구 교수(당시 국민대 국제학부)가 의기투합하여 새로운 방법론 책을 집필하기로 결심한 것이 2007년 12월이었다. 일단 집필진이 구성되자 2008년 1월 초부터 종로구 운니동의 덕성여대 열린교육연구소에 모여 회의를 거듭하였고 같은 해 4월 말에는 합숙 워크숍을 하면서 드디어 집필원칙과 세부 목차, 초고의 분담 집필 등에 대한 합의가 이루어졌다.

그런데 막상 작업을 시작하고 보니 어려움이 많았다. 집필자들의 현장연구 경험이 다르고 중점 관심 분야와 이론적 성향이 다르며, 또한 방법론에 대한 철학은 물론 교육 방식에 대한 기본 생각도 다르다는 것은 이미 알고 있었기에, 오히려 이러한 차이와 다양성이 더욱 좋은 방법론 책을 만드는 데 기여할 것이라는 기대가 있었다. 일단 초고를 작성하는 작업까지는 순조롭게 진행되었으나, 그 후 검토 과정에는 처음 예상했던 것보다 훨씬 더 많은 시간과 노력이 소요되었다. 용어의 통일은 물론, 적절한 사례의 선택, 설명의 수준과 범위 등을 둘러싸고 열띤 토론이 벌어졌으며, 일단 합의에 도달했다가 다시 생각해 보니 그것은 아닌 것 같다며 논의가 원점으로 돌아가는 일도 여러 번 있었다. 더구나 흥미 있는 사례나 에피소드를 많이 넣기로 했으면서도 막상 집필자 모두가 동의할 수 있는 적절한 사례를 찾는 일도 생각만큼 쉽지 않았다. 고심 끝에 방법론 수업 과정에서 나타난 학부생들의 사례, 대학원생들의 사례, 그리고 집필자들의 연구사례를 비롯한 전문 연구자들의 사례를 섞으려고 노력했으나 다소 불균형이 발생하는 것은 어쩔 수 없었다.

집필자들이 각자 책임을 분담하여 집필한 초고를 계속 함께 읽으며 몇 번이고 수정에 수정을 거듭했기 때문에 "처음에 쓴 문장 가운데 그대로 남은 것이 하나도 없다"는 농담 아닌 농담이 사실이 된 것 같다. 너무나 여러 차례 서로 고쳐 주고 아이디어를 주고받고 심지어 글을 빌려 주기도 했기 때문에, 이 책의 각 장은 집필자들이 분담을 하기는 했으나 사실상 모든 장을 공동 집필했다고 보는 것이 옳다. 일단 초고 작성부터 최종 원고 정리까지 각기 분담한 장은 다음과 같다. 한경구는 '제1장 서론: 인류학, 민족지적 연구, 현장연구'와 '제7장 자료의 분석에서 글쓰기까지'를, 이용숙은 '제2장 현장연구의 설계'와 '제6장 기록과 자료 관리'〔이 장의 상당 부분은 필자의 논문 「현장연구 자료의 기록과 관리의 다양한 방법들」(『열린교육연구』 18(1):97–126)에도 소개되어 있다. 이 논문은 이 책을 준비하는 과정에서 작성했다.〕를, 정진웅은 '제3장 현장 들어가기와 자리 잡기, 떠나기'를, 이수정은 '제4장 참여관찰'을, 황익주는 '제5장 면담'을 맡았다.

연구방법을 다루는 책의 특성상, 각 장의 주제는 서로 연결되는 경우가 많다. 따라서 필요하다면 한 장에서 언급된 내용이라고 해서 다른 장에서 완전히 배제하지는 않기로 하였다. 즉 각 장의 내용을 독자가 더 쉽게 이해하도록 하는 데 필요하다면, 앞에서 이미 언급한 내용을 다시 제시하기도 하였다. 물론 이런 경우 구체적인 내용이나 진술방식은 조금씩 달라졌지만, 독자로서는 비슷한 내용이 반복된 것 같은 느낌을 받을 수도 있음을 미리 밝혀 둔다.

이렇게 일단 작성한 원고를 전북대 고고인류학과의 함한희 교수, 강원대 문화인류학과의 김형준 교수, 서울대 인류학과의 강윤희 교수, 그리고 덕성여대 문화인류학과의 이응철 교수가 꼼꼼히 읽어 주시고 자세한 조언과 함께 수정·보완이 필요한 부분들을 지적해 주셨다. 이러한 의견을 참고하여 다시 한 번 원고 전체를 수정·보완하고 다듬었다. 물론 일부 지적사항 가운데는 저자들도 집필 과정에서 많이 고민했으나 이번에는 어쩔 수 없이 넘어가기로 결정했기에 최종 원고에 반영하지 못한 부분도 있다. 죄송한 마음과 함께 깊은 감사를 드린다.

마지막으로 4년에 가까운 세월에 걸쳐 수십 차례 열린 집필 회의와 합숙 워크숍 비용을 지원해 주고 저자들이 보내드린 원고를 이렇게 아담한 책으로 만들어준 일조각에 감사드린다.

2012년 3월
저자 일동

차례

1

서론: 인류학, 민족지적 연구, 현장연구

I. 인류학, 민족지적 연구, 현장연구의 관계

1. 인류학과 민족지적 연구

인류학의 가장 큰 방법론적 특징의 하나는 민족지적 연구이다. '민족지'란 영어 단어인 ethnography의 번역어로서 이는 '민족'이나 '종족'을 가리키는 그리스어 ethnos와 '지誌'(기록)를 의미하는 그리스어 graphia가 합쳐져 생겨난 새로운 단어이다. ethnography는 그야말로 '민족 또는 특정한 인간 집단의 삶을 생생하게 그대로 묘사한 글'을 가리키기 위한 용어로 등장하였다.

19세기에 근대 사회과학의 여러 분과학문들이 서구사회에서 탄생하여 분화되어 나오는 과정에서 인류학은 현대사회에도 관심이 있었지만

13

특히 비서구 세계의 민족과 문화들에 많은 관심을 가졌다. 그런데 비서구 세계의 민족과 문화들 중 다수는 문자도 없고, 외부의 학자들에 의해 연구 대상이 된 적도 없었다. 따라서 초창기의 인류학자들은 직접 현지로 들어가서 현지의 언어를 배우고, 현지인들과 더불어 생활하면서 그들의 관습과 문화, 사회제도 등을 연구해야 하였다. 그러한 과정에서 인류학자들은 자기 자신의 연구를 위해서뿐만 아니라 후속 연구자들을 위해서도 자신이 관찰하고 체험한 낯선 민족의 생활양식을 최대한 자세하고 생생하게 묘사하였다. 모든 학술적 작업의 첫 단계에서 자료 수집을 위해 필요한 것은 정확한 관찰과 상세한 기술description이라 생각되던 시대에 등장한, 낯선 민족에 대한 체계적인 기록은 민족지라는 용어로 불리기 시작하였다.

민족지적 연구라 할 때, '민족지적ethnographic'이란 수식어가 담고 있는 의미는 무엇인가? 이를 이해하기 위해서는 먼저 인류학이 초창기에 발전시킨 민족지적 연구의 '고전적' 형태를 알아볼 필요가 있다. 인류학자들은 다른 문화를 가진 사람들을 제대로 이해하려면 현지에서 최소한 1년 이상 체류해야 한다고 생각하였다. 무엇보다도 현지의 언어를 배워 의사소통이 가능해야 하며, 현지인들의 일상생활에 다양한 방식으로 참여하고 관찰하는 체험이 필요하다고 생각했기 때문이다. 이러한 장기적 연구는 인류학자로서의 훈련과 성장이라는 차원에서도 매우 중요하다고 생각되었다. 어느덧 '진짜' 인류학자가 되려면 장기간 현장에서 민족지적 연구를 수행하는 것이 필수 요건이 되었던 것이다.

한편 인류학이 계속 발전하면서 민족지적 연구의 대상은 비서구 세계의 민족과 문화들에 국한되지 않고 전 세계의 민족과 문화를 망라하게 되었다. 그에 따른 자연스런 결과로 인류학자들이 현장연구를 수행하는 장소도 도시, 학교, 기업체, 병원, 때로는 사이버 공간까지 확장되었다. 이와 같은 현대적 장소에서 행해지는 현장연구의 경우, 인류학자가 현실적으로 연구를 수행하는 대상 집단은 민족 집단 전체가 아니라 그 일부에 국한되게 된다.

사실 이는 전적으로 새로운 상황은 아니다. 소위 고전적인 민족지 연구를 수행하던 시절에도 인류학자가 실제로 참여관찰과 인터뷰를 수행

Anthropology, Ethnography

유럽에서 18세기 전반까지 anthropology(study of man)는 인간(추상적 개인) 본성에 대한 탐구를 의미하였다. 이러한 전통은 칸트의 인간학을 거쳐 키르케고르, 막스 셸러, 에른스트 카시러, 아르놀트 겔렌 등 현대의 철학적 인간학Philosophische Anthropologie으로 이어지고 있다. 한편 보편적 인간의 본성에 대한 철학적 논의보다는 역사적으로 존재하는 구체적 인간 집단에 대한 경험적 연구가 18세기 후반에 시작되었으며, 근대 인류학은 이러한 경험적 연구에서 출발하였다.

ethnography라는 용어는 1834년에 옥스퍼드 영어사전에 수록되었는데 독일어권에서는 이미 사용되고 있었다고 한다. ethnography는 그야말로 ethnos에 대한 graphia를 의미하였지만 다소 경멸적인 의미를 담고 있었다는 지적도 있다. 왜냐하면 그리스어 ethnikos는 '이교도의'라는 뜻으로서 기독교나 유대교가 아닌 이교도pagan, 이방인, 미개인 등, 즉 '우리'가 아닌 '그들'을 지칭하는 단어였기 때문이라는 것이다. 소위 지리상의 발견 이래 유럽에서 박물학(=자연사Natural History)이라는 학문 분야가 등장하면서 '이방인'에 대한 기록도 양적으로 급속히 증가하였다. 그러한 과정에서 ethnography는 여행가, 탐험가, 선교사, 박물학자 등이 작성한 '이방인'에 대한 기록들을 총칭하게 되었다.

한 대상은 하나의 마을이나 소집단이었지, 민족이나 부족 전체를 한꺼번에 관찰대상으로 삼지는 않았기 때문이다. 인구수가 수백만 명 내지 수천만 명에 달하고, 사회계급, 지역, 종교, 직업 등에 따라 구성원이 매우 이질적으로 분화된 민족 집단을 연구할 경우 인류학자는 당연히 민족 집단 전체를 대상으로 현장연구를 하는 것이 아니다. 다만 국지적 층위에서 그 일부를 직접 참여관찰하고 면담하는 것이다. 그러나 마을이나 소집단에서 현장연구를 한다고 하여 인류학자의 관심사가 마을이나 소집단에만 머무르지는 않는다는 점을 명심해야 한다.

한편 ethnography라는 용어를 번역하는 과정에서 인류학자의 연구대상이 민족은 아니므로 '민족지'라는 용어는 부적절하며, 그 대신 '민속지民俗誌'나 '문화기술지文化記述誌' 등의 용어를 사용하자는 의견도 제시되었다. 실제로 교육인류학이나 마케팅 리서치 등의 분야에서는 '문화기술지'라는 용어가 자주 사용되고 있다.

'민속지'는 일부 사회학자들이 ethnomethodology를 '민속방법론'으로 번역한 것과도 관련이 있어 보이지만 이를 이상적인 번역이라 하기는 어렵다. 미국의 사회학자들은 농촌지역이나 소수자minority 집단 등 국내의 하위문화subculture 집단을 연구하면서 이들의 생활세계나 행위에 영향을 미치는 규범과 가치를 '민속'이라 부르고 있다. 그런데 인류학자들은 '민속'에 지대한 관심을 가지면서도 소위 '민속' 이외의 여러 다양한 주제에 대해서도 연구하기 때문에 구태여 민속지라는 용어를 사용하는 것이 적절한지는 의문이다.

'문화기술지'의 경우, '지誌'라는 글자가 이미 기록한다는 의미를 가지고 있기 때문에 중언부언이 된다는 문제가 있다. 더구나 '지'라는 말 앞에 '기술'이라는 말을 넣어 '기술'을 강조하게 되면 자칫 ethnography 연구가 '해석'이나 '분석'보다는 과학적으로 엄정하고 객관적인 순수한 기술description을 지향하는 것이라거나 또는 마치 이것이 가능하다는 인상을 줄 우려도 있다. 인류학의 성립 초기에는 일단 객관적 관찰과 기록을 통해 개별 사회와 문화에 대한 자료를 수집하고, 이러한 자료를 충분히 수집하면 비교방법을 통해 인류 사회에 공통되는 법칙을 도출할 수 있을 것이라는 기대가 널리 퍼져 있었다는 사실을 고려한다면 '문화기술지'라는 용어에 대한 이러한 우려는 무시하기 어렵다.

한편 민족지, 민속지, 문화기술지 등 기존의 번역어들이 모두 문제가 있다고 하면서 그냥 '에스노그라피'라고 부르면 어떠냐는 의견도 있다. 일각에서는 에스니시티ethnicity, 네이션nation, 내셔널리즘nationalism 등의 용어가 번역어 대신 사용되고 있다. 그러나 번역어가 마음에 들지 않는다고 영어를 그대로 사용한다면 앞으로 번역이 점점 더 어려워지지 않겠느냐는 불만도 제기된다. 그리고 영어를 그대로 한글로 쓴다고 해서 앞서 언급했던 문제가 해결되는 것도 아니다.

이렇게 ethnography라는 기본 개념의 번역에 대해서는 쉽게 합의를 도출하거나 새로운 적절한 표현을 찾기가 어렵다. 언젠가 오해의 소지가 적고 정확하게 의미를 전달할 수 있는 새로운 좋은 번역어가 등장할 때를 기다리면서, 이 책에서는 일단 기존의 번역어 가운데 가장 오래되고 널리 쓰여온 '민족지'를 사용하기로 한다.

2. 민족지적 연구, 질적 연구, 양적 연구

최근 사회과학 분야의 여러 학문들에서 질적 연구qualitative research 방법론에 대한 관심이 커지고 있다. 한동안 숫자와 수식의 사용이 마치 확실성과 객관성을 담보하기라도 하는 것처럼 양적 연구quantitative research를 중시하던 사회과학계에 새로운 움직임이 일어난 것이다. 그리고 그러한 새로운 바람의 대표로, 한때 인류학이라는 학문의 특징처럼 여겨지던 민족지적 연구방법이나 현장연구가 주목받고 있다.

한편 '경험적 연구'라는 용어가 '질적 연구'와 대비되는 개념처럼 사용되는 경우를 간혹 볼 수 있다. 그러나 엄밀히 말하면 경험적 연구란 이론적 연구에 대비되는 개념으로서 양적 연구와 질적 연구 모두를 포괄한다. 즉 경험적 연구는 질적 연구의 대비 개념이 아니며, 오히려 질적 연구는 양적 연구와 함께 경험적 연구를 구성하는 요소라 할 수 있다.

사회과학계에서는 한동안 통계수치와 설문조사 결과를 사용하여 사회를 측정하고 분석하는 양적 연구 혹은 통계적 연구가 지배적이었다. 사회과학의 조사방법론 교과서들 또한 이러한 기법들을 중심으로 집필되었다. 심지어 다수의 표본과 숫자와 수식을 사용하는 계량적 연구만이 엄밀한 과학적 연구이며, 그렇지 않은 연구란 무언가 확실성과 객관성이 부족하다는 견해가 지배적이던 때도 있었다.

그러나 우리가 세상을 경험하는 방식이 문화나 집단에 따라 상이할 수 있다는 점에 주목하는 질적 연구는 실증주의적 인식론에서 출발한 양적 연구와는 접근방법을 상당히 달리한다. 예를 들면 상당수 질적 연구자들은 '이타적 행위'나 '공격적 행위' 또는 '핵가족'이나 '결혼' 같은 개념과 범주가 객관적이거나 보편적이지 않으며 또 그 의미나 표현도 특정한 문화나 맥락에 기반을 두고 있다는 점을 문제시하면서 이러한 것들을 단일한 척도로 측정하려고 노력하지 않는다. 그런데 양적 연구자들 가운데 상당수는 우리가 흔히 접하는 설문지들에서 볼 수 있듯이 응답자의 태도나 취향을 물어보고는 "매우 그렇다, 그렇다, 보통이다, 그렇지 않다, 매우 그렇지 않다" 가운데 선택할 것을 요구하기도 한다. 이러한 등간척도의 사용은 지극히 다양하고 미묘한 내용들을 단일한 차원의 수치로 환원하여 측정할 수 있다는 양적 연구방법의 가정을 잘 보여 주는 대표적인 사례이다.

양적 연구와 질적 연구는 서로 배타적인 것으로 보일 수 있으나 실제로는 상당수 연구자들이 필요에 따라 두 접근법을 모두 사용하고 있다. 더구나 양적 연구와 질적 연구의 구분이 항상 명확하지도 않다. 질적 연구와 양적 연구는 관심과 강조점이 각기 다르며 일반적으로 어느 한쪽이 더 우수한 것은 아니다. 질적 연구와 양적 연구는 서로 보완적이지만 연구자가 가지고 있는 질문과 연구대상에 따라 더 적절한 방법을 선택할 수 있다.

훌륭한 양적 연구자들은 좋은 양적 연구가 가능하려면 수준 높은 질적 이해가 선행되어야 한다는 점을 잘 알고 있다. 예를 들면 통계자료를 수집하거나 설문지를 설계하는 과정에서 무슨 통계를 수집하고 어떠한 범주들을 사용할 것인지, 무엇을 누구에게 어떻게 물어볼 것인지 등을 제대로 결정하려면 상당한 수준의 질적 이해가 선행되어야 한다. 한편 질적 연구자들 역시 일정 수준의 양적 자료를 수집하고 활용하고 있다.

인류학 이외의 다른 여러 학문들에서는 '질적 연구'를 흔히 '민족지적 연구ethnographic research'나 '현장연구 fieldwork'와 동일시하는 경향이 있다. 그러나 엄밀히 말하면 질적 연구는 더욱 넓은 개념이다. 즉 민족지적 연구나 현장연구가 매우 중요한 질적 연구인 것은 사실이지만 그 이외의 다른 연구들도 질적 연구에 포함된다. 또한 민족지적 연구나 현장연구가 인류학의 트레이드마크인 것은 사실이지만, 담론 분석처럼 주제의 성격과 상황에 따라 현장연구를 하지 않는 인류학적 연구도 있다. 또한 대부분의 인류학적 연구에서는 자료수집 과정에서 문서자료, 문화유물 등 각종 물품을 비롯하여 다른 사람이 기록해 놓은 자료도 수집한다. 연구 대상 사회 구성원들에게 글을 쓰게 하거나, 현장에서 구술을 받거나 그 외에 여러 다양한 연구방법을 사용한다. 그러나 인류학에서는 일반적으로 현장연구가 가장 중시되며 인류학자의 담론 분석 또한 이미 축적된 인류학적 지식과 통찰력을 바탕으로 이루어진다.

'민족지적 연구'는 종종 질적 연구의 전형으로 간주되기도 하지만 '질적 연구'가 곧 민족지적 연구를 의미하지는 않는다. 질적 연구에는 민족지적 연구 이외에 여러 다양한 기법을 사용하는 연구가 포함되기 때문이다. 예를 들면 각종 문헌자료들을 수집하고 분석하여 특정 시대나 인물의 사상적 특성 혹은 특정 사회적 현실이 만들어지는 과정 등을 조명하는 연구, 신문 및 기타 미디어 자료들에 나타난 담론들의 분석을 중심으로 하는 연구, 연구의 대상이 되는 소수의 사람들—예컨대 심리 상담을 받으러 오는 사람들, 혹은 저명한 정치인, 외교관 또는 기업가들—과의 심층면담 자료를 근간으로 하는 연구, 다수 행위자들의 상호작용이 얽혀 발생하는 복합적 사건case들에 대한 심층적 분석을 통한 연구 등이 그러하다.

게다가 현대 인류학자들이 실제로 연구를 수행하는 상황을 살펴본다면 '민족지적 연구는 질적 연구'라고 단언하는 것은 정확한 표현이 아니다. 왜냐하면 현대 인류학자가 민족지적 연구를 수행하는 과정에서는 질적 정보의 수집·분석에 병행하여, 필요하고 가능한 범위 내에서 양적 자료의 수집·분석도 이루어지기 때문이다. 민족지적 연구는 순수하게 질적 연구만으로 이루어지는 것이 아니라 사실은 양적 연구도 어느 정도 포함하는 종합적인 연구이다.

인류학의 초창기에는 많은 인류학자들이 양적 연구에 상당한 관심을 가지고 있었다. 예를 들면 영국에서 처음으로 대학의 인류학 교수직에 취임한 에드워드 타일러Edward B. Tylor가 그러하다. 타일러는 여러 미개사회들의 출계descent, 혼인 및 거주와 관련된 관습과 제도들 간의 관련성을 계량적으로 분석한 결과를 발표하였다. 타일러는 특정한 사회적 관습과 제도들이 여러 다른 '미개사회'에서 종종 같이 발견되는 경향이 있다는 사실에 주목하였고, 이러한 관습과 제도들이 동일한 원인에 의한 것임을 밝히려 하였다. 타일러는 이 같은 사회적 관습과 제도들 간의 밀접한 관계를 표현하기 위해 교착膠着, adhesion이라는 용어를 사용하였는데, 오늘날의 상관관계correlation 분석의 선구자라 할 수 있다. 이러한 연구 경향은 머독George P. Murdock 등에 의해 더욱 발전되어 전 세계의 민족지를 수집하여 비교연구와 통계적 분석을 시도한 인간관계지역파일Human Relations Area Files; HRAF이 등장하게 되었다.

상관관계 분석은 이후 사회과학의 여러 분과 학문에서 널리 사용되면서 발전했으며, 종종 인과관계를 추정하는 데 활용되어 왔다. 일부 인류학자들은 계량적 비교연구방법을 더욱 개선·발전시키거나 수학적 방법을 다양하게 사용하고자 노력하였다. 그러나 여러 다른 사회과학의 분과 학문들이 통계자료를 이용한 양적 연구에 주력하는 상황에서도 다수의 문화인류학자들은 오히려 현장에 대한 치밀한 질적 연구를 통해 민족지를 작성하는 작업에 전념해 왔다. 질적 연구 방법은 인류학자들이 이렇게 민족지적 연구를 수행하는 가운데 꾸준히 발전시켜온 것이다. 그 결과 민족지적 연구는 비록 양적 연구를 포함함에도 불구하고 상당수 사회과학자들 사이에서 흔히 질적 연구의 전형으로 인식되는 경향이 나타나게 되었다.

3. 민족지적 연구와 현장연구

앞서 살펴본 ethnography 개념의 경우와 마찬가지로, fieldwork를 한국어로 번역하는 과정에서도 전통적으로 사용되던 '현지조사'라는 용어에 대한 대안으로 '현장조사', '현장연구', '당지當地연구' 등의 용어가 사용되기도 한다.

필드워크를 과거에 '현지조사'라고 번역했던 것은 두 가지 이유 때문이다. 첫째, 인류학자들의 조사와 연구의 대상이 과거에는 대개 상대적으로 고립된 '지리적' 위치를 가진 곳이었기 때문이다. 서구의 초창기 인류학자들은 태평양의 트로브리안드 섬이나 사모아 섬과 같은 소위 '현지'로 떠나기도 하였다. 그리고 '현지'에서 상당 기간 동안 작업을 마친 후에 연구실로 돌아왔다. 둘째, 문화인류학적 연구 과정을 선형적linear으로 생각했기 때문이다. 즉 필드에서는 민족지적 연구의 전체 과정 중 주로 자료 수집에 해당하는 작업을 하며, 수집한 자료의 해석과 민족지 작성, 논문과 저서의 집필 등은 일단 필드워크가 끝난 다음에 연구실에서 이루어진다고 생각하였다.

그러나 이 책에서는 전통적 용어인 '현지조사' 대신에 '현장연구'라는 용어를 사용하기로 하였다. 필드를 '현지'가 아니라 '현장'이라 번역한 것은 다음과 같은 이유 때문이다. '현장'이라는 용어는, 비록 '현지'라는 용어에 비해 상대적으로 협소한 공간에서 전개되는 연구에 국한된다는 뉘앙스가 있지만, 현대 복합사회라는 맥락 속에서 이루어지는 여러 다양한 종류의 연구 상황들, 즉 회사, 공장, 병원, 학교, 클럽, 종친회 등 단순히 물리적·지리적 경계로 규정할 수 없는 경우에 보다 적합하기 때문이다. 특히 '장場, field'이라는 개념은 자기장이나 중력장 등의 용례처럼 다양한 '힘이 미치는 공간'을 표현해 주는 동시에 인류학의 '현장'이 학문의 발전과 시대의 변화에 따라 변화해 왔다는 점을 잘 드러내 보여 준다.

한편, '조사'가 아니라 '연구'라고 부르기로 이 책에서 결정한 이유는 다음과 같다. 첫째, '조사'라는 표현은 경찰이나 검찰의 조사 등 권력관계와 관련되어 있다는 인상을 주기 쉽고 다소 부담스럽게 느껴지기 때문이다. 이에 비해 '연구'라는 표현은 그러한 부정적인 뉘앙스가 없다.

둘째, 필드워크가 단순한 자료수집 활동이 아니라 매우 복잡하고 중층적인 작업, 즉 '현장연구'라는 점을 강조하기 위해서이다. 인류학의 초기 단계에는 필드워크란 소위 민족지적 자료를 수집하는 과정이라고 생각하였다. 이렇게 일단 수집한 자료를 검토하고 비교하고 분석하거나 해석하는 것이 인류학자의 '연구'라 생각하였다. 현대적인 필드워크의 전통이 수립되는 시기에도 현상의 관찰 등 자료 수집과 자료에 대한 분석과 해석은 여전히 개념적으로 상당히 분리되어 있었다. 그리하여 필드워크는 객관적이고 엄정한 관찰을 통해 현상을 기술하는 작업이므로 진정한 연구는 연구실에서 이루어진다고 생각되었다.

그러나 현대의 인류학은 순수한 관찰이나 기술은 가능하지 않으며 관찰자나 기술자가 의식하지 못하는 경우에조차 이미 관찰 과정이나 기술 과정 자체에 어느 정도의 해석이나 이론화가 포함되어 있다는 점에 유의한다. 또한 현장에서는 끊임없이 관찰하거나 청취한 내용에 의문을 제기하고 새로이 해석한다. 변증법적 과정이라 부르는 사람도 있고 환류 feedback라 부르는 사람도 있지만, 현장에서 이루어지는 작업이 단순한 자료 수집이 아니라 의문의 제기와 재해석을 포함한다는 것은 분명하다. 그리하여 자료수집 과정과 연구 과정을 인위적으로 분리하지 않고 현장연구라 부르기로 하였다.

앞에서 살펴보았듯이 민족지적 연구는 인류학적 연구의 트레이드마크이기는 하지만 동일 개념은 아니며 인류학적 연구의 다양한 방법 중 하나이다. 현장연구 또한 민족지적 연구와 동일시되기도 하지만 엄밀하게 이야기하자면 민족지적 연구의 전체 과정 중 자료 수집에 중점을 두는 국면을 지칭한다. 민족지적 연구는 연구의 기획, 현장연구, 분석과 결과물로서의 민족지 작성 등의 단계로 나눌 수 있다. 물론 이는 선형적 시간 순서에 따른 것은 아니며 각 단계들의 피드백에 따라 끊임없이 조정되기 때문에 이러한 단계 간의 구분이 명료하지는 않다.

Ⅱ. 민족지적 연구의 등장 배경과 필요성

연구대상인 사람들의 삶의 현장으로 찾아 들어가서, 그것도 대개 연구자 자신에게 친숙한 문화와는 매우 다른 문화를 지닌 사회 속으로 들어가서 장기간에 걸쳐 살면서 현장연구를 하는 민족지적 연구는 육체적으로나 정신적으로나 매우 고단한 일이다. 그럼에도 불구하고 인류학에서 민족지적 연구방법론이 예나 지금이나 중심축을 이루고 있고, 나아가 최근에는 여타 학문분야들에서까지도 이 연구방법론에 주목하는 이유는 무엇일까? 그것은 민족지적 연구방법론이 다른 종류의 방법론, 특히 서베이 기법이나 양적 방법론을 통해서는 포착하기 힘든 사회적 실재의 어떤 측면들을 포착할 수 있게 해주기 때문이다.

1. 민족지적 연구방법론의 등장

왜 민족지적 연구를 하는가를 본격적으로 설명하기 전에 먼저 민족지적 연구라는 방법론이 등장한 배경과 과정, 그리고 그 과정에서 나타난 문제 등을 살펴보기로 한다. 이를 통해 민족지적 연구방법론에 대한 필요성 인식, 초기의 기대와 오해, 그리고 그 변화, 미래에 대한 기대 등을 보다 잘 이해할 수 있을 것이다.

근대에 들어와 눈부시게 발전한 자연과학의 놀라운 성취를 목격한 사람들이 인간과 사회에 대한 이해나 분석도 언젠가는 그와 같은 수준에 도달할 수 있을 것이라는 기대를 품게 된 것은 어쩌면 당연한 일이었다. 인간과 사회에 대한 학문을 자연과학을 모델로 하여 발전시키려는 열망을 가졌던 사람들은 객관적이고도 엄밀한 관찰과 자료의 축적, 이를 통한 법칙의 발견 등을 기대하였다. 이는 자연과학이 근대 학문으로 먼저 정립되었다는 사실과 밀접한 관계가 있다. 사회과학은 자연과학의 눈부신 발전과 성과에 깊은 인상을 받았으며 인간과 사회에 대한 탐구에서도 자연과학적 성취와 유사한 것을 이룩하기를 기대하였다. 초기의 사회학자 또는 사회과학자들은 사회해부학social anatomy, 사회생리학social physiology, 사회물리학social physics 등의 용어를 사용했으며 자연과학을 모델로 하고 자연과학을 모방하려 하였다. 그들에게 통계학과 계량적인 접근은 중요한 방법론적 전진을 의미하였다.

자연과학에 매료되고 자연과학을 이상으로 삼은 사람들에게는 뒤에 자세히 설명할 행위자의 관점, 행동과 의식의 괴리, 연구대상 사회 구성원들과의 라포의 필요성 같은 것은 문제시되지 않았으며 안중에도 없었다고 할 수 있다. 그런데 자연과학의 대표적 방법 중 하나인 변수 통제에 의한 실험이 사회과학에서는 거의 불가능하다는 사실은 고민거리가 아닐 수 없었다. 그러한 상황에서 이들이 착안한 방법 중 하나가 여러 상이한 문화와 사회에 대한 비교연구와 함께 이루어지는 현장연구였다. 현장에서 이루어지는 민족지적 연구는 그러한 한계를 극복하기 위한 방법의 하나로 간주되었다.

소위 미개사회란 상대적으로 고립되어 있고 단순하다고 생각되었기 때문에 초기의 인류학자들은 미개사회에 대한 면밀한 관찰은 '자연적 실험natural experiment' 혹은 '자연적 상태에서의 실험experiment in natural setting'과 같은 효과를 가진다고 보았다. 비록 실험실 상황에서처럼 변수들을 임의로 통제할 수는 없지만 미개사회가 처한 조건이나 변수들은 비교적 쉽게 파악할 수 있기 때문에 미개사회에서의 현장연구는 궁극적으로는 '자연적 상황에서의 실험'에 준한다고 생각하였다. 에밀 뒤르켐이 종교의 본질을 사회과학적으로 탐구하고자 했을 때 선택한 전략은 가장 단순한 사회에서 가장 기본적이고 단순한 종교의 형태를 연구하는 것이었으며, 그는 『종교 생활의 기본 형태』에서 오스트레일리아 원주민의 토테미즘을 다루었다.

인류학자들로 하여금 민족지적 현장연구를 중시하게 만든 가장 중요한 이유는 인류학의 성립 초기에 이용해야 했던 다른 문화에 대한 기록자료의 질과 신뢰성의 문제였다. 이 시기에 인류학자들은 세계 여러 민족과 이들의 풍습을 다룬 탐험가, 선교사, 상인, 여행자 등의 기록을 많이 사용하였다. 서재의 의자에 앉아서 이 자료들을 분석하던 인류학자들(소위 안락의자 인류학자armchair anthropologists)은 곧 이러한 기록들이 가진 여러 문제점을 깨달았고, 훈련을 받은 전문적인 인류학자가 현장연구를 수행하면서 자료를 수집해야 한다는 사실을 절감하게 되었다.

브로니슬로 말리노스키Bronislaw Malinowski가 트로브리안드 섬에서 장기적이며 철저한 현장연구를 수행한 시기는 바로 이렇게 전문적인 훈련을 받은 인류학자에 의한 현장연구의 필요성이 강조되던 때였다. 말리노스키는 민족지적 현장연구의 새로운 기준과 전범을 제시했으며, 이후 현지어를 습득하고 현장에서 최소한 1년 이상 체류하면서 집중적인 현장연구를 하는 것이 인류학의 표준적인 방법이자 특징으로 확립되었다.

그런데 장기적이며 철저한 현장연구를 통해 자료를 수집한다는 점에서는 동일해 보이지만 현장연구의 근저에 있는 철학은 인류학이 근대적 학문으로 등장한 이후 상당한 변화를 겪어 왔다. 앞에서 자연과학을 모델로 사회과학을 정립하려는 시도가 있었다고 서술하였다. 그 대표적인 학자들 중 한 사람이 영국의 A. R. 래드클리프브라운A. R. Radcliffe-Brown이다. 그는 인류학이란 사회를 연구하는 자연과학anthropology as the natural science of society이라는 입장을 분명히 하였다. 래드클리프브라운은 자연과학자가 자연현상을 계속 정확히 관찰하여 그 결과를 축적하면 자연계를 움직이는 법칙을 발견할 수 있듯이, 주도면밀한 민족지적 연구를 거듭하여 충분한 자료를 확보한다면 언젠가는 자연과학의 법칙에 필적하는 사회과학의 법칙을 발견할 수 있을 것이라고 기대하였다. 그리하여 래드클리프브라운은 현장연구를 수행하면서도 연구자는 관찰할 수 있는 구체적인 개개인의 실제 행동이나 관계에 연연해서는 안 되며 그 근저에 있는 규범, 지위나 역할, 구조 등을 파악해야 한다고 강조하였다. 즉 인류학은 개별적이며 특수한 것을 기술하는 개별기술적idiographic 학문이 아니라 규칙적이며 보편적인 것을 추구하는 법칙정립적nomothetic 학문이 되어야 하기 때문에 예외적이며 독특한 것, 개인의 시각이나 관점 등은 오히려 배제해야 한다고 보았다.

한편 역사학이나 사회과학 등은 본질적으로 인간의 '의식'이나 '의지'가 개입된 인간의 행위를 연구대상으로 하기 때문에 근본적으로 자연과

의미를 찾아서: 윙크wink와 블링크blink

민족지적 연구는 현장연구를 중시하며 연구대상 사회 구성원들의 관점을 이해할 것을 강조한다. 특히 외형적으로는 동일하게 보이는 행위라 하더라도 사람들이 그러한 행위에 어떠한 의미를 부여하며 이를 어떻게 해석하는가가 매우 중요하다.

이를 위해서는 행위자들이 공유하는 의미를 이해해야만 한다. 행위나 동작 자체보다도 그러한 행위가 연구대상 사회 구성원들 사이에서 갖는 의미, 그리고 이를 둘러싼 해석이 더욱 중요한 것이다. 예를 들어 눈을 깜빡이는 것은 상대를 좋아한다는 의미로서 상대에게 어떤 신호를 보내는 윙크wink일 수도 있고 단순한 반사적 행동, 즉 블링크blink일 수도 있다.

현장의 사람들이 공유하는 의미를 포착하지 못하는 연구자는 윙크와 블링크를 구분하지 못하는 사람처럼 자신이 목격하고 있는 현상의 의미를 이해하지 못할 것이다. 만일 외계인이 지구에 나타나서 우리의 일상생활을 관찰하고 기록한다면 어떨까 상상해 보자. 우리 행위의 의미를 전혀 이해하지 못하는 외계인이 관찰하는 우리의 생활 모습은 그야말로 이상하고 야릇한 일투성이일 것이다.

나시레마NACIREMA(=AMERICAN) 이야기(『낯선 곳에서 나를 만나다』)는 바로 이런 식으로 외계인의 시각에서 현대 미국인의 모습을 희화적으로 바라본 것이다. 아침저녁으로 열심히 몸을 씻고 스포츠 경기에 열광하는 미국인의 모습이 외계인의 눈에는 과연 어떻게 보일까?

나에로크NAEROK(=KOREAN) 이야기를 해보는 것도 재미있을 것이다. 우리 자신의 모습을 낯선 눈으로 바라봄으로써 우리가 얼마나 독특한 존재인가를 깨닫게 될 것이다.

학과 다를 수밖에 없다는 논의도 등장하였다. 학문이 되기 위하여 반드시 자연과학적 객관성이나 법칙의 정립이 필요하지는 않으며, 사회과학도 나름대로 편견을 배제하고 자료의 정확성을 확보하기 위해 엄밀한 연구방법과 자료수집 절차를 발전시킬 수 있다는 것이다. 대상과 목적이 다른 학문은 방법론도 다를 수밖에 없다는 시각을 가진 사람들은 인간의 행동은 외관상 동일해 보이더라도 그 의미가 다를 수 있으므로 행동에 대한 이해verstehen, understanding나 해석interpretation이 매우 중요하다고 보았다. 사회학에서는 막스 베버Max Weber가 이러한 입장을 발전시켰으며 인류학에서는 클리퍼드 기어츠Clifford Geertz가 문화의 의미에 대한 해석을 강조하였다.

2. 민족지적 연구의 필요성

1) 행위자 자신의 관점^{native point of view}에 대한 이해의 필요성

의미를 추구하는 존재로서 우리 인간은 자신의 행동에 대해 나름대로 의미를 부여하며 삶을 영위해 나간다. 이처럼 인간들이 스스로의 삶이나 행동에 대해 개인적으로 혹은 집단적으로 부여하는 의미들은 그 자체만으로 사회과학적 탐구의 대상으로서 충분한 가치를 지닌다. 인간 문화의 본질에 대한 이론들을 전개해온 인류학자를 포함한 수많은 학자들이 의미들로 이루어진 하나의 체계로서의 문화의 모습에 주목했던 이유가 여기에 있다.

행위자들이 자신들의 행동에 부여하는 의미가 무엇인지, 다시 말해서 연구대상 문화의 내부자^{insider}로서 또는 연구대상 사회나 현장의 구성원으로서 자신들의 세계에 대해 취하고 있는 관점이 어떤 것인지를 고려하지 않은 채 어떠한 사회현상을 해석하려 할 경우, 우리는 자칫 자문화중심주의^{ethnocentrism}의 오류에 빠질 위험을 안게 된다. 즉 관찰자 혹은 외부자로서 연구자가 자기에게 친숙한 문화의 관점에서 주어진 현상을 해석하고 평가해 버리는 것이다.

상이한 문화적 배경을 지닌 사람들 사이의 상호작용 과정에서는 흔히 상대방의 행동의 의미를 자문화중심주의적으로 오해한 결과 엉뚱한 해프닝이 발생하기도 한다. 예를 들면 최근 한국을 방문하는 일본 대학생들은 거리에서 한국의 성인 여성들이 손을 잡고 다니는 것을 보고 동성애자가 아닌가 생각한다. 일본에서는 손을 잡는 행위가 더 이상 친밀함과 우정의 표시가 아니라 성적 의미를 가지게 되었기 때문이다. 그러나 한국이나 중국에서는 여성들끼리 손을 잡고 다니는 것은 성적 의미가 아니라 단지 친밀감의 표시에 불과하다. 중동에서는 남성들끼리도 손을 잡고 다닌다고 하며, 일본도 훨씬 오래전에는 그러했다고 한다. 당시 일본을 방문한 서구인들도 유사한 오해를 하였을 것이다.

요컨대 사회현상을 이해하고 설명하려면 행위자 자신의 관점을 알아내는 작업이 필수적이다. 하지만 외부에서 온 관찰자가 내부 사람들의 관점을 이해하기까지는 많은 시간과 노력이 필요하다. 아예 언어가 다르고 생활양식이 다른 사회를 연구하는 경우는 말할 것도 없거니와, 연구자와 같은 사회에 사는 사람들이라 할지라도 현대사회처럼 하위문화 subculture 집단이 극히 다양하게 분화된 상황에서 다른 하위문화 집단의 사람들을 연구대상으로 삼는 경우, 이들의 행동 및 사고방식의 (하위)문화적 코드를 연구자 자신이 이해하기까지는 상당히 많은 시간과 노력이 필요하기 때문이다.

2) 의식과 실제 행위 사이의 불일치

현장연구를 수행한 사람들은 연구대상 사회 구성원들이 자신들의 행동을 묘사하는 말 What they say they do. 과 연구대상 사회 구성원들의 실제 행동 What they actually do. 간에 상당한 괴리가 있다는 사실을 종종 발견하게 된다. 그러나 연구대상 사회 구성원들은 그러한 괴리를 의식하지 않는 경우가 많으며, 연구자가 이를 지적하더라도 대수롭지 않게 여기거나 큰 어려움을 느끼지 않고 이를 정당화하기도 한다.

물론 연구대상 사회 구성원들이 의식적으로 외부인에 불과한 연구자에게 특정한 사실에 관한 언급을 회피하거나 심지어 사실을 왜곡하여 전달하는 경우도 있지만, 연구자로서 정말로 어려움을 겪는 상황은 연구대상인 사람들이 의식적으로 사실을 감추거나 왜곡하지 않으면서도 자신들의 실제 행동과 다른 내용을 연구자에게 말해 주는 경우이다. 즉 말과 행동이 다른 경우인데, 이는 반드시 의도적으로 거짓말을 하기 때문이라기보다는 자기 스스로도 자신이 말하는 바를 믿고 있기 때문이기도 하다. 즉 연구대상 사회 구성원들의 이러한 말은 자신의 마음속에 있는 행동의 모델 또는 문화적 이상을 표현한 것이거나, 때로는 연구자가 '문화적으로 모범적인 답변culturally correct answer'을 하기 쉬운 질문을 해서 나온 것일 수 있다. 이러한 상황은 마치 '거짓말 탐지기의 시험도 무사히 통과하는 거짓말'과 유사하다.

그러나 이것을 단순히 거짓말로 규정하여 연구자를 속인 연구대상 사회 구성원들에게 분노하거나 연구대상 사회 구성원들에게 속지 않기 위해 조심하기보다는, 오히려 민족지적 연구방법을 사용하는 사회과학적 탐구의 가장 큰 매력이라 생각하면 어떨까? 말과 행동의 괴리, 그리고 그러한 괴리를 무시 또는 당연시하거나 간단히 정당화하는 상황을 연구자가 깨달았을 때야말로 현장을 이해하는 가장 중요한 실마리를 잡은 순간일 수도 있다. 언어를 통해 잘 포착되지 않는 중요한 사실을 발견한 것일 수도 있으며, 연구의 가장 큰 시사점이자 분석의 중요한 첫걸음일 수도 있다. 이러한 상황은 지속적 면담과 지속적 관찰, 그리고 각기 다른 사람들의 의견을 청취하는 가운데 터득할 수 있게 된다.

예를 들어 1960년대의 한국 농촌에서 마을 사람들에게 "결혼 후에 아들은 어디에서 살아야 하는가?"라고 물어보았다고 하자. 당시에는 맏아들이 부모를 모시고 사는 것이 가장 바람직하고 즉시 살림을 나거나 처가살이를 하는 것은 바람직하지 않다고 생각했으므로 다수는 "부모를 모시고 살아야 한다"고 답했을 것이다. 이에 따라 연구자는 한국에서는 소위 '직계가족'(부모 그리고 한 쌍의 아들 부부 및 그 자녀로 구성된 가족)이 가장 많다고 생각하기 쉽다. 그러나 실제로 부모를 모시고 사는 사람들의 수가 의외로 적을 수도 있다. 부모가 사망하거나 직장이나 건강, 학업 또는 빈곤 등 여러 사정 때문에 실제로 부모와 함께 살지 않는 경우가 더 많을 수도 있다. 심지어 조선시대에도 핵가족이 직계가족보다 더 많았다는 사실을 보여 주는 자료도 있다.

연구대상 사회 구성원들 가운데에는 막상 실제 상황이 닥치면 자신이 어찌 행동할지는 모르면서도 막연히 자신은 아마도 이렇게 행동할 것이라는 다분히 희망적인 견해나 '문화적으로 올바른' 견해를 연구자에게 제시하는 사람도 있다. 예컨대 지역주의적 정치구조가 미디어 등을 통해 어디서나 크게 비판받는 현대 한국에서 '다음 선거에서 지역 연고를 내세워 지지를 호소하는 후보가 있으면 그에게 투표하시겠습니까?' 라고 묻는다면 대부분의 사람들은 '아니요' 라고 답할 가능성이 크다. 그러나 실제 선거가 닥치면 그렇게 답한 사람들 중 많은 수가 자신과 같은 지역 출신 후보에게 투표할 수도 있다. 이유를 물어본다면 아마도 '같은 지역 출신 때문이라기보다는 다른 후보들보다 인물이 훌륭해서' 라는 답변을 들을지도 모른다.

마찬가지로, 휴대폰을 구입할 때 무엇이 중요하냐고 물어보면 기능을 중시한다고 답변한 학생들 가운데 상당수가 실제로 휴대폰을 구입할 때는 기능보다 디자인에 더욱 신경을 쓰는 모습이 참여관찰을 통해 종종 확인된 바 있다.

어떤 의미에서 우리 모두는 어느 정도까지는 우리 자신들도 의식하지 못하는 가운데 말하는 것과 행동하는 것 사이에 커다란 차이가 있다고 할 수 있다. 인간이 처한 사회적 현실의 복잡성, 거기서 연원하는 수많은 애매성과 모호성으로 인해 사람들이 자신은 어떻게 행동할 것이라고 생각하거나 말하는 것과 실제 상황에 직면하여 그들이 하는 행동 사이에는 상당한 괴리가 발생할 가능성이 크기 때문이다.

그래서 민족지적 연구자들은 동일한 개인과 여러 차례에 걸쳐 각기 다른 시기에 나눈 대화를 통해 그의 의식과 실제 행위와의 정합성을 점검하려고 노력한다. 또한 그에 대해 주변의 다른 사람들이 이야기한 내용과 대조해 보고, 더 나아가 어떤 실제 상황 속에서 그 개인이 보여준 행위의 내용과 대조해 보기도 한다. 이런 의미에서 민족지적 연구방법은 우리로 하여금 의식적 차원과 실제 행위적 차원을 통합적으로 파악할 수 있도록 해주는 장점을 지녔다고 하겠다.

3) 연구대상 사회 구성원들과의 라포가 있어야만 알아낼 수 있는 사실들의 존재

사회과학적 분석의 원자료라 할 수 있는 사회적 사실들 가운데는 연구대상 사회 구성원들과의 라포rapport, 즉 친밀관계가 없이는 애당초 수집조차 할 수 없는 성격의 것들도 많이 존재한다. 가장 쉽게 떠오르는 예가 개인적 프라이버시 영역에 속하는 것으로 간주되는 사실들이다. 가령 어떤 사람이 현대 한국인의 성생활에 대한 설문조사를 할 목적으로 도시의 길거리에 서서 지나는 사람들을 무작위로 붙잡아 세우고 성생활에 대해 구체적으로 묻는다고 가정해 보자. 이런 설정 자체가 우스꽝스러우리만큼 그런 설문조사에 흔쾌히 응해줄 사람들은 지극히 드물 것이다.

사회적 사실들 가운데는 성생활처럼 개인적 수준의 프라이버시 영역에 속하는 것들 외에 집단적 수준의 프라이버시에 속하는 것들도 존재한다. 가령 가족 구성원 내부에 존재하는 재산이나 기타 문제를 둘러싼 분규라든가, 한국의 한 촌락 사회 내에서 두 문중門中 집단 간의 해묵은 갈등 관계 등은 해당 가족 혹은 촌락 공동체의 구성원들에게는 잘 알려진 사실이지만 외부인에게는 함부로 발설해서는 안 될 사실로 간주된다. 그런가 하면 현대사회에서 정치인들이 자신을 지지해준 집단들에 특혜를 베풀어 보답하면서도 해당 집단에 국가가 지원해 주어야 할 명분을 내세워 자신들의 행동을 합리화하는 경우처럼, 특정 행위주체들 사이에 이루어진 거래관계의 내밀한 내용을 알지 못하고서는 현실을 제대로 파악해 내기 어려운 경우도 많이 존재한다.

이와 같은 종류의 사실들에 외부인으로서의 연구자가 접근할 수 있으려면 연구대상 사회 구성원들과의 라포를 형성하는 것이 필수적이다. 물론 아주 특수한 경우에는 자신의 삶과 전혀 무관한 이방인에게 오히려 마음 편히 속내를 드러낼 수도 있겠지만, 일반적으로는 자신과 친밀하다고 느껴지는 사람에게나 내밀한 사실 혹은 정보를 털어놓게 되는 것이 인지상정이기 때문이다. 라포가 장기간에 걸친 지속적이고 반복적인 만남 속에서 다져진 상호 신뢰를 기반으로 한다는 점을 생각할 때, 민족지적 연구방법론은 양적 방법론이 포착해 내기 힘든 성격의 사실들을 수집하고 그에 대해 깊이 있는 해석을 할 수 있다는 장점을 지녔다고 하겠다.

4) 사회현상들 사이의 연관 관계를 총체적으로 파악할 필요성

수많은 사회현상들이 상호간에 긴밀히 연관되어 있다고 보는 것은 사회과학적 탐구의 전제를 이루는 기본적 관점이다. 그런데 설문조사와 같은 양적 연구방법에만 의존할 경우에는 자칫 현상들 사이의 총체적 연관 관계를 간과하게 될 위험이 있다.

예를 들어 인생의 성공이란 무엇이냐고 물어보면서, 돈을 많이 버는 것, 자기가 일하는 분야에서 잘하는 것, 건강한 것, 친구가 많은 것, 가정이 화목한 것 가운데 하나를 선택하라고 했다고 하자. 이들은 얼핏 보면 각기 다른 것 같지만 사실 자기가 일하는 분야에서 잘하는 사람이 돈도 상대적으로 많고 친구도 상대적으로 더 많을 가능성이 높다. 또 그런 사람은 가정도 화목하고 건강도 좋은 경우가 많다. 물론 하나만 선택하도록 하는 대신에 복수 선택을 하게 하거나 순위를 매기게 하는 방식으로 이러한 위험을 줄일 수는 있을 것이다. 그러나 아무리 정교하게 설문을 구성한다 하더라도 설문지 방법을 통해서 현상 사이의 복합적 연관관계를 충분히 파악하기는 쉽지 않을 것이다.

사람들이 마라톤을 하는 이유는 건강을 위해서, 자기 성취를 위해서, 친구 때문에 등 여러 가지가 있다. 각각의 이유들은 상호 배타적으로 보이지만 실제 마라톤 클럽에서 참여관찰을 해보면 그리 문제가 단순하지 않다. 시간이 지남에 따라 마라톤을 하는 이유가 변하는 사람도 있고, 자신이 왜 마라톤을 하는지 확실히 잘 설명하지 못하는 사람도 있다.

이상에서 살펴본 바와 같이 민족지적 연구는 여러 가지 장점을 지닌 연구방법이다. 물론 민족지적 연구방법으로 모든 문제를 다 알아낼 수는 없기 때문에 민족지적 현장연구자는 필요하다면 다른 유형의 질적 연구방법이나 양적 연구방법을 활용하는 등 다른 분야의 전문성을 적극 이용할 수 있다. 상이한 연구 상황은 상이한 연구방법을 필요로 하기 때문이다. 그러나 인문학이나 사회과학의 그 어떠한 연구방법도 현장에 들어가 직접 현장을 구성하는 사람들과 상호작용하면서 수행하는 민족지적 현장연구만큼 독특한 매력과 도전을 제공하기는 어려울 것이다.

2
현장연구의 설계

민족지적 현장연구의 첫 단계는 연구 설계이다. 이 장에서는 연구의 설계 과정에서 고려할 필요가 있는 것들을 단계별로 살펴보려 한다. 우선 연구주제와 연구현장을 선정할 때 고려해야 할 사항들에 대해서 살펴본 후, 연구주제와 연구 문제를 어떻게 구체화할지 살펴본다. 즉 연구자는 어떤 것을 '문제'라고 생각하며, 그 문제의식이 어떻게 연구질문 research questions 으로 이어지는지, 그리고 이 질문에 따라서 어떤 연구방법을 사용할 것인지를 구상하는 방법을 단계별로 제시한다. 또한 연구계획서의 작성 방법을 살펴본다.

I. 연구주제 선정 시 고려사항

"주제 찾기가 끝나면 연구의 반은 끝난 것이다"라는 이야기가 있을 정도로 주제 찾기의 과정에서 어려움을 겪는 경우가 많다. 특히 초보 연구자일수록 그러하다. 일반적으로 학계에서는 새로이 등장하는 사회문화적 현상에 주목하는 연구가 많으며, 그 과정에서 의미 있는 연구주제가 설정되는 경우가 많다. 또 이미 존재하고 있었으나 학문적으로 그다지 주목받지 못하던 현상을 새로운 관점에서 바라봄으로써 의미 있는 연구주제를 찾기도 한다. 기존의 이론을 주변의 사회문화적 현상을 분석하는 데 적용해 봄으로써 그 이론의 호소력을 검증해 보고, 또 이를 통해 새로운 이론적 시각을 제시하는 연구도 있다. 이는 민족지적 현장연구에도 적용되는 방법이지만, 현장연구의 주제를 선정할 때에는 현장연구가 지니는 특성들로 인해 몇 가지 고려사항을 추가할 필요가 있다. 현장연구의 주제와 대상을 선정할 때 다음에 논의하는 사항들을 고려하면 연구를 설계하는 데 도움이 될 것이다.

1. 민족지적 현장연구의 의의를 살릴 수 있는 연구주제인가?

민족지적 현장연구를 설계할 때는 무엇보다도 현장연구의 의의를 잘 살릴 수 있는 연구주제와 현장을 고르는 일이 중요하다. 여기에서 말하는 '현장'이란 꼭 눈에 보이는 물리적 공간을 의미하지는 않으며, 사이버 세계에 대한 연구처럼 특정 공간에 한정되지 않는 다양한 연구현장들도 포함된다. 현장연구의 의의를 살린다는 것은 참여관찰이나 면담과 같은 민족지적 현장연구의 특징 혹은 장점이 잘 활용되는 것을 말한다. 현장연구에서는 연구현장의 일상과 이에 참가하는 사람들의 사고를 밀도 있게 연구할 수 있다. 따라서 설문조사 또는 통계자료를 주로 활용하는 연구에서는 얻기 어려운, 현장에 대한 통찰이나 구체적이고 맥락적인 정보들을 수집할 수 있다. 요컨대 현장연구에 적합한 연구주제는 현장연구의 다양한 연구방법을 잘 활용함으로써만 충분한 탐색이 가능한 주제라할 수 있다.

민족지적 현장연구의 설계에서 연구주제와 연구현장의 선정은 밀접히 연결되어 있다. 즉 선정된 연구현장은 연구자가 관심 있는 연구주제를 탐색하기에 적절해야 하며, 역으로 선정된 연구주제는 연구자의 흥미를 끄는 연구현장에서 탐색이 가능해야 한다. 따라서 현장연구를 설계할 때에는 아무리 좋은 연구주제라도 이를 탐색할 적절한 연구현장을 선정할 수 없다면 무의미하며, 또 아무리 흥미로운 연구현장을 발견할지라도 그 현장에서 의미 있는 연구주제를 떠올릴 수 없다면 연구현장으로서 가치가 없다는 점을 염두에 두어야 한다.

흥미로운 연구현장을 발견하여 이에 맞는 연구주제를 정하는 상황에서는 연구주제를 어떻게 설정해야 현장연구의 주제로서 의미 있고 적절한지를 고민하게 된다. 연구주제란 이해하려는 사회현상과 관련해 무엇을 밝혀내고 싶은지를 명확히 하는 일종의 질문이다. 이때 질문을 어떻게 하느냐에 따라서 민족지적 현장연구의 주제로 적절할 수도 있고 아닐 수도 있다. 예를 들어 한국사회의 모바일 기기 관련 소비 확산 현상에 관심을 가지게 되어 이를 연구대상으로 삼을 경우, "한국에서 모바일 기기의 구입과 사용에 드는 가구당 평균 지출비용은 얼마인가?"와 같은 질문은 현장연구를 통해 답을 얻기에는 부적절한 질문이다. 이런 질문에는 광범위한 설문조사가 더 적절한 방법이다. 이에 비해 "모바일 기기의 확산은 중·고등학생 자녀를 둔 중산층 가족구성원들의 일상에 어떠한 영향을 미치는가?"와 같은 질문은 현장연구를 통해 답하기에 좀 더 적절한 질문이다. 이런 점에서 현장연구에 적절한 연구주제를 선정하는 문제는 연구대상의 문제라기보다는 연구대상에 어떠한 문제의식을 가지고 접근하는가의 문제인 경우가 많다.

동대문시장을 연구현장으로 정한 경우를 상정해 이를 좀 더 살펴보자. 가령 "동대문시장은 글로벌 시대에 얼마나 경쟁력이 있을까?"는 민족지적 현장연구에 적합한 연구주제 또는 질문은 아니다. 물론 현장연구를 수행하다 보면 부분적으로는 동대문시장의 국제경쟁력을 판단하는 데 도움이 되는 중요한 통찰을 얻을 수도 있다. 하지만 위의 질문에 답하기 위해서는 동대문시장의 국제적 가격경쟁력, 지리적 접근성 면의 비교우위, 다른 나라의 시장들과 비교했을 때의 특성 등등에 관한 광범위한 자료들이 필요한데, 이런 자료들은 현장연구를 통해서는 얻을 수 없다. 이보다는 "세계화가 동대문시장의 특정한 관습 형성에 어떠한 영향을 미치고 있는가", "시장 상인들은 세계화 현상을 어떻게 인식하고, 이에 대해 어떻게 대응하며, 어떠한 적응전략을 세우는가"와 같은, 현장의 구체적인 양상들과 관련된 질문이 민족지적 현장연구의 장점을 살리는 데 보다 적절한 질문이다. 이와 같이 민족지적 현장연구에서는 거창하고 광범위한 연구주제보다는 초점이 뚜렷하고 문제의식이 명확한 주제를 선정하는 것이 바람직한 경우가 많다.

2. 연구주제가 구체적인가?

연구주제가 지나치게 크면 명확하게 무엇을 하려는 것인지 말하기 어렵고 한정된 여건에서 모든 것을 다루기도 어렵다. 예를 들어 '한국 사람의 소비 성향에 대한 연구'라는 주제는 너무 방대해서 무엇을 어떻게 연구하겠다는 것인지가 명확하지 않다. 이보다는 '한국 신혼부부들의 일상적 소비 행동의 양상'으로 주제를 좁히면 접근하기가 훨씬 더 쉬워지고, 이에 적합한 연구현장을 선정하여 'A지역 아파트 단지와 주택 단지에 거주하는 맞벌이 신혼부부들의 식생활 관련 소비패턴과 거주지역에 따른 차이의 의미'로 주제를 더욱 좁힌다면 구체적으로 연구를 진행하기가 매우 수월해질 것이다.

특히 현장연구에서는 관심이 가는 연구현장을 먼저 정해 놓고 그 현장에 맞는 연구주제를 찾는 경우도 많은데, 이때 대개 광범위한 연구주제에서 시작해 점차 구체적이고도 초점이 명확한 질문으로 좁혀 나가는 과정이 필요하다. 예를 들어 동대문시장을 연구현장으로 정하고 이에 적합한 연구주제를 찾는 경우, 동대문시장의 어떤 점이 연구자의 관심을 끌었는지를 스스로 잘 생각해볼 필요가 있다. 즉 동대문시장에서 벌어지는 어떤 현상이 어떤 점에서 흥미로운지를 명확하게 정리해 보고, 이를 바탕으로 구체적 '질문'을 만들어 나가는 과정이 필요하다. 가령 "동대문시장은 어떠한 특성을 지니고 있는가?"와 같은 질문은 한 연구자가 제한된 기일 이내에 탐구하기에는 너무 방대하다. 이에 비해 "동대문시장의 독특한 상商관행은 어떤 것이며, 이 상관행은 상인들에게 어떤 의미가 있는가?"는 보다 구체적이고 초점이 명확한 연구질문이다.

연구를 왜 하는지를 스스로에게 물어보는 것도 연구주제를 구체화하는 데 좋은 방법이다. '왜'에 대해서 물어볼 필요가 있다는 것은 문자 그대로 '왜'라는 말을 사용하라는 의미가 아니다. 민족지적 연구에서는 연구주제를 선정할 때 '왜'보다는 '어떻게'라는 표현을 사용하면 접근하기가 쉽다. 예를 들어서 '촛불 집회를 왜 하는가?'보다는 '촛불집회는 어떻게 하는가?' 쪽이 훨씬 접근하기 쉬운 연구주제이다. 그리고 '어떻게'에 대해서 이야기하다 보면 '왜'에 대한 이야기도 조금은 하게 된다.

3. 현실에서 실현 가능한 연구주제인가?

아무리 인류학적으로 의미 있는 연구주제라 하더라도 실제로 현장연구가 불가능하거나 어렵다면 가능한 주제 목록에서 제외한다. 실제로 연구 허가를 받지 못해 참신한 주제를 지닌 연구를 포기해야 하는 경우가 발생한다. 이런 위험성이 있다고 판단되면 연구주제를 확정하기 전에 희망하는 연구현장을 미리 방문해 연구 허가를 받을 수 있는지, 또 다른 면에서도 현장연구가 가능한지를 타진해볼 필요가 있다. 특히 특정한 연

24시간 여성전용 사우나

구주제를 탐구할 만한 현장의 수가 제한적인 경우에는 현장연구가 가능한지를 꼭 미리 알아보아야 하며, 연구가 가능한 현장이 없다면 연구주제를 바꿀 수밖에 없다. 특히 전문적 연구자로서의 역량이나 권위를 인정받기 어려운 학부 학생들은 이러한 어려움을 겪기 쉽다.

연구자가 처한 여러 여건에 비추어 실행이 가능한 연구주제인가도 살펴보아야 한다. 가령, 의미 있는 결과를 도출하려면 최소한 세 명 정도의 연구원이 1년 이상 본격적인 연구를 수행해야 하는 연구주제를 석사학위 논문의 주제로 삼는 것은 부적절한 선택이다. 혹은 연구에 대한 열정이 넘쳐 연구자의 개인적 성향이나 생활습관과 전혀 어울리지 않는 연구현장에서 탐구해야 하는 주제를 선택하면 불필요하게 많은 고생을 감수해야 한다. 예를 들어 소화가 잘 안 되어서 고생하는 연구자가 자신이 먹기 힘든 음식만을 주로 먹어야 하는 현장에서 연구를 하거나, 뱃멀미가 심한 연구자가 수시로 배를 타고 인근의 섬을 돌아다녀야 하는 현장에서 연구를 한다면 많은 무리가 따를 수밖에 없다.

이러한 시간적, 경제적, 개인적 취향의 문제 외에도 연구의 설계가 비현실적인 경우는 다양하다. 현장연구가 어떻게 진행될지를 미리 짐작하기 어려운 만큼이나 현장연구의 설계가 어떤 점에서 비현실적인지를 미리 짐작하는 것도 쉽지 않은 일이다. 하지만 연구 설계의 비현실성으로 인해 연구가 진행 중에 좌초되는 위험성을 최소화하기 위해서라도 현장연구의 현실성을 이모저모로 꼼꼼히 따져보는 작업이 필요하다.

4. 연구자가 충분한 관심을 지니고 있는 주제인가?

장기간에 걸쳐서 현장 구성원들과 많은 시간을 함께 보내면서 인내심을 잃지 않고 자료 수집을 해야 하는 현장연구에서는 다른 종류의 연구에서보다 주제에 대한 연구자의 관심 정도가 연구의 질에 큰 영향을 미칠 수밖에 없다. 따라서 현장연구에서는 연구자 자신의 관심이 충분하지 않다면 아무리 학문적으로 의미 있는 주제라 하더라도 어려움을 겪기 쉽다. 특히 학부 학생으로서 처음 시도하는 현장연구일 때에는 연구주제의 학술적 의미보다는 얼마나 나의 관심을 끄는가가 연구를 수행하는 과정에서 더 중요할 수 있다. 평소 생활 주변에서 관심이 가던 사회현상들이 좋은 연구주제로 연결되는 경우도 많다. 따라서 상상력을 동원해 생활 주변에서 일어나는 일들을 유심히 관찰하며 의문을 만들어 보고, 그러한 의문에 대한 답을 얻는다는 것은 어떤 의미가 있을지 등을 생각해 보면 도움이 된다.

예를 들어 현장연구 주제를 찾던 덕성여대 학부생 연구팀은 각자의 주변에 '혼자 하기'를 즐기는 친구들이 상당히 있다는 사실에 주목하게 되었다. 우연히 한 명이 이야기를 꺼내자, 모든 연구팀원들이 자기 주변에도 그런 친구들이 있다며 재미있는 사례들을 주고받은 끝에 "이런저런 일을 혼자 하기 좋아하는 사람들이 늘어나는 현상 자체를 연구해 보면 어떨까?"라는 의견이 나오게 되었다. 그리하여 각자 며칠 동안 주변의 혼자 하기 현상을 관찰하고, 혼자 하기를 즐기는 친구들과 간단한 면담을 실시하기로 하였다. 그 결과 혼자 하기를 즐기는 학생들이 생각보다 많다는 사실과, 그 학생들의 행동에 나타나는 몇 가지 경향성을 발견하게 되었다(예: 학교 식당에서 혼자 식사하는 학생들은 주로 학생이 적은 시간대를 고르며, 벽이나 기둥을 보고 앉아서 먹는 편이다. 혼자 하기에도 단계가 있는데, 학교 밖에서 분식점 이외의 식당에서 혼자 식사하는 것은 상당히 높은 수준의 단계에 해당한다. 이런 경우 가능한 한 빨리 먹을 수 있는 메뉴를 선택하는 경향이 있다. 영화를 볼 때에는 다른 시간대보다 조조 상영시간을 이용하는 편이다). 이런 과정을 통해 학생들은 '혼자 하기에 나타나는 경향성'을 연구주제로 확정하여 연구를 수행하였다.

때로는 신문이나 잡지, 소설을 읽다가, 영화나 드라마를 시청하다가, 또는 강의를 듣다가 갑자기 연구주제로 발전시킬 수 있는 흥미로운 아이디어를 얻기도 한다. 따라서 연구주제를 찾는 시기에는 이런 일상의 일들에도 주의를 기울이는 노력이 도움이 될 수 있다. 이런 노력에도 불구하고 주제를 쉽게 찾을 수 없다면 기존 현장연구의 성과물들을 읽으면서 관심이 가는 주제를 찾아보는 것도 좋은 방법이다. 기존의 연구들을 따라가다 보면 연구와 관련된 새로운 질문이나 아이디어가 떠오르는 경우가 많다. 특히 기존 연구의 성과를 바탕으로 새로운 질문을 제기하는 경우에는 기존 연구에 대한 이해에 기초하게 되므로 학술적 의미도 배가될 수 있다는 장점이 있다.

이상의 여러 가지를 고려했다고 하더라도 현장연구의 특성상 이미 구체화된 연구주제가 막상 연구현장에서 바뀌게 되는 경우도 종종 발생한다. 예를 들어 황익주는 아일랜드에서 농촌 연구가 상대적으로 많이 이루어진 데 비하여 도시 연구는 드물었음을 깨닫고 연구현장을 서부 아일랜드 농촌에서 중부 아일랜드 소도시로 바꾸게 되었다. 이에 따라 '산업화에 따른 농촌에서의 계급관계의 변화'라는 연구주제는 포기할 수밖에 없었다. 대신에 이전에는 전혀 고려하지 않던 주제이지만 새로운 현장에서의 참여관찰 결과 그 중요성을 깨닫게 된 '가톨릭과 개신교 종파 간의 관계와 계급관계가 중첩되어 나타나는 양상'이라는 주제를 선정하게 되었다.

연구현장에 들어간 이후에 연구주제를 바꾸는 상황은 대개 연구현장에 대한 사전지식이 모자랐기 때문인 경우가 많지만, 이미 잘 알고 있는 현장을 연구하는 경우에도 관심 주제가 변하기도 한다. 예를 들어 덕성여대 문화인류학과 학생들은 '대학생들의 스펙 쌓기 방법은 전공별, 학년별로 어떻게 다른가?'를 현장연구실습 공동연구의 주제로 선정하였다. 그러나 참여관찰과 면담을 통해 스펙 쌓기에 대해서 더 면밀하게 알아보는 과정에서, 불확실한 취업시장에 진입해야 하는 대학생들이 친구 및 선배들과 스펙 쌓기에 대하여 대화하며 서로의 불안을 증폭시켜 스펙 쌓기의 끝없는 악순환이 지속되는 과정에 흥미를 느끼게 되어 연구주제를 바꾸었다.

연구자의 관심사가 연구현장에서 달라지는 상황이 당황스럽게 느껴질 수도 있으나, 현장연구에서는 지역적 맥락local context에 맞는 질문을 던져야 한다는 점에서, 연구주제까지 바꿀 수 있는 융통성은 현장연구의 장점이기도 하다. 따라서 연구현장에서 미처 몰랐던 흥미로운 상황을 겪은 후에 연구자의 관심사가 달라져 연구주제가 바뀌는 것을 두려워할 필요는 없다.

II. 연구현장 선정 시 고려사항

연구주제를 선정하고 나면 선정한 주제를 탐구하기에 적합한 연구현장을 찾아야 한다. 적절한 연구현장을 선정하는 일은 연구주제의 선정만큼이나 연구의 진행과 결과에 중요한 영향을 미치므로 선정 과정에서 다양한 요인들을 고려해야 한다. 다만 앞에서 살펴보았듯이 연구주제를 선정한 후에 연구현장을 선정할 수도 있고, 연구현장을 먼저 선정한 후 연구주제를 선정할 수도 있다는 점을 염두에 둘 필요가 있다. 박사학위 논문을 위한 현장연구의 경우에는 자신의 학문적 관심에 기초해 특정한 연구주제를 선정하고, 이에 걸맞은 연구현장을 선정하는 경우가 많다. 하지만 학부의 수업과제로서 주어지는 현장연구와 같은 단기간의 연구일 때는 접근 가능한 연구현장을 찾는 것 자체가 어려우므로 연구현장을 먼저 정하고 그곳에서 차츰 연구주제를 찾아 나가는 경우가 많다. 이때에는 주어진 연구현장에서 벌어지는 현상들로부터 흥미롭고 의미 있는 연구주제를 찾는 과제가 남는다. 이렇듯 연구주제와 연구현장을 선정하는 순서가 정해져 있지는 않다.

1. 연구주제에 적합한 현장인가?

이미 선정한 연구주제가 있다면 연구현장을 선정할 때 가장 핵심적으로 고려해야 할 사항은 선정한 현장이 연구주제를 잘 드러낼 수 있는 곳이어야 한다는 점이다. 먼저 몇몇 후보 현장들을 선정해 이곳들을 방문하여 비교해 본다. 이 과정에서 연구 허가를 받을 수 있는 현장인지, 접근성이 좋은지, 다른 연구현장과 비교해 이 연구현장의 특성은 무엇인지 등을 파악한다. 이를 통해 어떤 현장이 연구주제를 드러내는 데 적합한 조건들을 갖추고 있는지를 종합적으로 판단하게 된다. 그러나 자신의 연구주제에 꼭 들어맞는 연구현장을 찾는 데 지나치게 많은 시간을 보내는 것은 바람직하지 않다. 불확실성과 놀라움은 현장연구의 고유한 특징이며, 이런 요인들로 인해 연구가 전혀 새로운 모습을 띠게 되는 것이 인류학의 매력이기도 하다.

꼭 한 장소만 선정해야 하거나, 처음에 선정한 현장에서만 연구를 진행해야 하는 것은 아니다. 필요에 따라서 두 군데 또는 그 이상의 연구현장에서 연구를 진행하기도 한다. 특히 비교연구의 경우에는 비교 가능한 다수의 현장이 필요하다. 특정한 연구현장이 너무 흥미로워서 연구현장부터 정해 놓고 그 현장에서 연구하고 싶은 주제를 찾았는데, 나중에 보니 이 주제에 더 적합한 다른 현장을 발견하게 되어 연구현장이 바뀔 수도 있다. 또 반대로 연구주제에 맞추어서 현장을 정했으나 그 현장에서 훨씬 흥미 있는 다른 연구주제가 발견되어서 주제가 바뀌는 경우도 있다.

2. 연구현장의 접근성이 좋은가?

연구현장에 접근해 사람들과 관계를 맺고 그들 속에 섞이는 일이 얼마나 가능한지, 즉 연구현장의 접근성이 얼마나 좋은가라는 문제도 중요한 고려사항이다. 연구현장에 살고 있는 사람들에 대한 접근성, 소개 가능성, 현장 자체의 성격 등을 고려한다. 도시같이 범위가 넓은 연구현장에서도 그 안에서 구체적인 만남이 이루어지는 유동적이고도 다양한 현장들의 접근성을 검토해야 한다.

미국 은퇴촌을 연구한 정진웅은 평소 젊은 사람과 대화할 기회가 부족한 은퇴촌의 구성원들이 연구자를 환영하는 경향이 있었기 때문에 접근성 문제를 거의 겪지 않았다. 그러나 이런 경우는 그리 많지 않으며, 대부분의 연구자는 연구현장 안에서 세부적인 접근성의 문제를 경험한다. 연구현장 내의 접근성과 관련해서 실제로 겪게 되는 어려움은 다양한데, 아래에서는 이 중 세 가지 경우에 대해서 살펴보겠다.

첫째, 외부인에게 노출되기를 꺼리는 주요 활동이 많은 곳이다. '문지기gatekeeper' 역할을 하는 사람으로부터 연구 허가를 받았으나 구성원들이 주요 활동을 외부인에게 노출시키기를 꺼려서 허락을 받지 못하는 경우이다. 예를 들어 시장 상인회나 노동조합의 비밀을 요하는 주요 사안에 대한 회의, 학교의 간부회의, 경쟁이 치열한 기업체의 상품기획 회의나 광고전략 회의, 종교 집단의 내부회의, 비밀리에 거행되는 특정 의식 등이 여기에 해당한다. 이런 경우에는 무리하게 참여하려고 하기보다는 우선 가능한 상황에서 참여관찰을 시도하면서 접근이 제한된 상황과 관련한 이야기가 나올 때 조심스럽게 질문을 하고, 연구 후반부에 라포가 잘 형성되었다고 느낄 때 참여관찰 가능성을 다시 타진하는 것이 좋다. 또한 매우 중요한 자료가 있는 곳에 세부적으로 접근하기 어려운 경우가 너무 많다면 아예 이 현장을 포기하는 것도 고려해 보아야 한다.

둘째, 외부인들이 조사를 위해서 지나치게 많이 방문하는 곳이다. 외부인들에게 비교적 열려 있다고 알려진 곳에서도 연구자가 항상 환영받지는 않는다는 점을 알아야 한다. 대중의 관심을 많이 받은 현장의 경우 이미 너무 많은 조사자들이 드나들어서 그 사회의 구성원들이 '피로' 현상을 보일 수 있다. 이렇게 되면 자유롭게 면담할 기회가 제한되는 것은 물론, 이들이 연구자에게 냉정하거나 무관심한 정도가 지나쳐서 감정적으로 감당하기 어려울 수도 있다. 예를 들어 잘 알려진 한 대안교육 현장의 학생들은 연구자들이 접근해 단기간에 조사를 마치고 돌아가는 일을 많이 경험하였다. 그 결과 자신들이 '구경거리'가 된 것 같은 느낌을 받은 학생들이 낯선 연구자들의 접근을 쉽게 허락하지 않으려는 배타적 태도를 보이게 되었다. 이런 현장은 '문지기' 역할을 하는 교장에게 연구 허가를 받았다 해도 막상 연구 실행에 필요한 접근성 면에서 문제가 있다. 장기간의 연구가 가능하다면 학생들이 마음을 열 때까지 기다릴 수 있지만 연구기간이 짧다면 심각한 문제를 겪게 될 가능성이 높다.

셋째, 연구 허락이 필요 없거나 쉬워서 접근성이 좋을 것이라고 생각하고 연구를 쉽게 시작하지만 막상 연구를 시도하면 실제로는 접근하기 어려운 곳이다. 예를 들어 마트나 백화점은 연구자들이 얼마든지 드나들 수 있는 현장이지만 소수 매장에 대한 장시간의 참여관찰과 판매원 및 소비자들과의 깊이 있는 면담 없이는 사람들이 물건을 사고파는 행위나 시식행위 등이 어떤 의미를 갖는지 알기 어렵다. 몇몇 소비자들에게는 연구 허락 없이도 즉석 면담을 부탁할 수 있겠지만, 연구 허가를 받아야만 종업원이나 단골손님 등과 깊이 있는 면담을 하고 매장에서 장시간 참여관찰을 할 수 있다.

이처럼 아무리 연구주제를 잘 드러낼 수 있는 특징들을 다 갖춘 현장이라 하더라도 접근성 면에서 심각한 문제점이 있으면 현실적으로 연구가 불가능하다. 특정한 연구현장의 접근성을 미리 파악하는 데에는 한계가 있기 때문에, 접근성이 좋을 것이라고 예상했던 현장이 실제로는 연구가 불가능할 정도로 접근성이 나쁜 현장으로 판명될 수도 있다. 이때에는 연구현장을 다시 선정해야 하는 상황도 배제할 수 없다.

Ⅲ. 연구계획서 쓰기

무엇을 어떻게 할지가 뚜렷한 주제를 선정하였다면 이제 연구계획서를 작성한다. 우선 연구계획서의 서론을 작성해야 하는데, 연구문제research problem를 뚜렷이 제기하고 관련 선행연구와 차별화된 이 연구의 목적이 무엇인지를 제시한다. 그다음 연구목적을 이 연구에서 답하고자 하는 연구질문으로 구체화하고, 이 질문에 답하기 위해서 필요한 연구방법을 소개한다. 이 절에서는 연구계획서 작성 과정을 살펴보겠다(이 과정에 따라 실제 작성한 연구계획서의 사례를 부록에 소개하였다).

1. 연구계획서의 서론 쓰기

연구계획서의 서론에서는 연구문제research problem에 대한 정보를 제공함으로써 이 연구를 이끌어낸 논점이 무엇인지를 분명히 한다. 즉 어떤 문제 또는 논점이 있는지를 밝히고(문제의 제기), 왜 이 문제에 대해서 연구해야 하는지를 정당화한다(Creswell 2003:74). 또한 이 연구는 무엇을 밝히려는 연구이고, 그 현상에 접근하고자 하는 방법의 장점은 무엇인지를 설명한다. 이때 첫 문단은 독자들로 하여금 이 논점에 흥미를 갖게 하는 역할을 해야 하므로 어떻게 시작하는가가 특히 중요하다. 따라서 사소한 이야기들을 나열하기보다는 독자들이 공감할 만한 중요한 문제가 있음을 첫 문단에서 충분히 보여 주어야 한다.

연구문제를 제기하고 이에 대한 관심을 환기한 후에는 이 문제를 다룬 선행연구들을 소개한다. 이때 중요한 것은 기존의 연구들로서는 어떤 점에서 부족하기 때문에 이 연구가 필요한지를 밝히는 것이다. 적어도 세 가지 방법을 생각할 수 있다. 첫째는 이처럼 중요한 주제 자체에 대한 연구가 매우 부족함을 보여 주는 것이다. 둘째는 이 주제에 대한 연구들은 어느 정도 있으나, 이 연구에서 제기한 문제는 거의 다루어지지 않았음을 보여 주는 것이다. 셋째는 기존의 연구들이 사용한 접근방법에 대부분 문제가 있었음을 밝히는 것이다. 예를 들어 취업한 어머니와 전업주부 어머니의 자녀인 초등학생과 중학생의 학업성취를 비교한 이용숙 외 (1988)의 연구에서는 이 주제를 다룬 선행연구들이 상당히 있으나, 대부분이 학업성취에 영향을 미치는 중요한 변수인 '계층'을 통제하지 않았기 때문에 잘못된 결론을 내렸음을 밝힌 바 있다. 즉 선행연구들은 단순히 취업모와 비취업모 자녀들의 성적을 비교하여 취업모 자녀의 성적이 더 낮다는 결론을 내렸으나, 이는 취업모가 상층보다 하층에 훨씬 더 많이 분포했던 당시의 상황을 전혀 반영하지 않았기 때문이며, 같은 계층 내에서 비교했을 때에는 통계적으로 의미 있는 차이가 나타나지 않았다.

선행연구를 검토하기 위해서는 우선 관련 선행연구를 찾아야 한다. 연구주제와 관련된 핵심 단어들을 정해서 도서관이나 컴퓨터화된 데이터베이스를 활용하여 검색해 본다. 사회과학 선행연구를 찾는 데 유용한 온라인 데이터베이스를 몇 가지 소개하면 다음과 같다.

〈국내〉
1. 북집(http://www.bookzip.co.kr/): 국내 경제 및 인문 분야 도서의 핵심 내용을 요약 제공하므로 도서의 핵심 내용을 빠르게 파악하는 데 도움이 됨.
2. DBpia(http://www.dbpia.co.kr/): 국내 학술논문 DB로서 원문과 동일한 형태의 디지털 콘텐츠를 제공하며, '(검색)결과 내 재검색'이 가능하고 검색된 논문과 관련 있는 학습자료 정보도 제공.
3. KISS(http://kiss.kstudy.com/): 국내 학술지 원문과 단행본, 신문기사 아카이브 등을 제공하며, iG Publishing을 통하여 4만여 종 이상의 국내외 서적을 e-book으로 제공하는 서비스 포함.

〈국외〉
1. Wiley Online Library(http://onlinelibrary.wiley.com/): 세계 1,500여 개 학술지의 400만여 개의 논문과 1만여 권의 단행본 등 광범위한 DB 제공.
2. American Library Association(http://www.ala.org/): 미국도서관협회의 전자책 서비스. 대학도서관, 도서목록, ISBN/ISSN 시스템, 정보기술 및 도서관 시스템 160여 종 제공.

3. Ebrary (http://www.ebrary.com/): 2004년 이후에 출간된 인문 사회 분야 도서 약 7만 권의 전자책 제공.
4. SAGE Journals(http://online.sagepub.com/): 1999년 이후 경영/경제, 교육학, 정치학, 심리학, 여성학, 생명공학, 기술과학 분야의 학회지 및 전자저널 560여 종의 원문 제공.

　이 외에도 JSTOR(Journal Storage)나 Google Scholar 등 다양한 디지털 자료 사용이 가능하며 이러한 것들을 잘 활용할 수 있도록 한다.

　선행연구를 검색할 때에는 비교적 쉽게 시작하는 두 가지 방법이 있다. 하나는 전문적인 데이터베이스 이외에도 구글, 네이버 등의 일반 검색엔진을 활용하는 방법이다. 특히 구글을 통해서는 상당히 많은 논문의 전문이나 책의 요약문을 프린트까지 할 수 있다. 또 다른 방법은, 처음 검색 시도에서 얻은 관련 연구물 중에서 최근에 출판된 논문이나 책으로서 가장 중요한 것 몇 개를 골라서 제시된 참고문헌들을 살펴보는 것이다. 그러면 이전에 출판된 중요한 선행연구들을 많이 찾을 수 있다.

　선행연구의 목록이 길 때에는 중요도의 우선순위를 정하면 도움이 된다. 모든 선행연구를 다 자세히 살펴볼 시간이 없을 때에는 중요한 자료만 전문을 읽고 나머지는 요약문이나 결론 정도만 보는 것이다. 물론 중요한 자료인지 아닌지를 요약문을 읽고 판단하게 되므로 어떤 경우이건 요약문은 다 읽게 된다. 선행연구에서 자신의 연구와 관련 있는 내용이 나온다면 그 내용을 반드시 요약하거나 발췌해서 주제별 파일을 만들어 놓는 것이 좋다. 이때 정확한 서지사항과 함께 발췌한 글의 페이지 번호를 반드시 적어 둔다. 나중에 인용할 때에는 페이지 번호를 제시해야 하는데, 적어 두지 않았다면 논문을 다시 읽으면서 페이지를 찾는 수고를 해야 하기 때문이다.

선행연구 검토가 끝나면 그동안 요약했거나 발췌해 놓은 내용들을 모아서 비슷한 주제theme끼리 분류하여 선행연구 검토 부분을 어떻게 구성할 것인지를 결정한다. 이렇게 결정한 구성에 따라서 한 주제씩 선행연구의 주요결과와 문제점이나 자신의 연구를 위한 시사점이 있다면 이에 대해서도 논의한다. 연구계획서에서는 소개할 선행연구가 많으면 별도의 절에서 선행연구 개관을 따로 제시하고, 많지 않으면 서론에서 제시한다. 그러나 따로 절을 만드는 경우에도 서론 부분에서 이 연구와 직결된 선행연구를 소개할 수 있다. 선행연구를 소개할 때에는 우선 소개할 선행연구들이 어떤 것들인지를 전체적으로 제시한 후(예를 들어 '그동안 다섯 가지 유형의 선행연구가 이루어졌으며 이는 어떤 것들이다'라는 식) 각 주제별로 검토 결과를 제시한다. 마지막에는 선행연구 개관 부분을 간단히 요약한 후 자신의 연구계획서에서 제기한 문제가 매우 중요한데도 불구하고 아직 이에 대해서 충분한 연구가 이루어지지 않았으므로 (자신의 연구와 같은) 연구가 더 이루어져야 한다고 논의하여 독자에게 자신의 연구의 중요성을 일깨워 준다.

바로 이어서 연구목적을 한 문장 또는 한 문단으로 간결하게 진술한다. 이로써 매우 중요한 문제인데도 불구하고 그동안 충분히 연구되지 않았다는 점에 공감하게 된 독자가 이 연구가 학술적으로 중요한 기여를 할 수 있으리라는 인상을 갖게 만든다. 그러나 여기에서 주의할 점은 연구목적이 '연구의 기대효과'가 아니라는 점이다. 많은 학생들은 "이 연구가 완성되면 어떠어떠한 점에 기여하게 될 것이다"가 연구목적이라고 착각하는데, 이는 연구를 하면 어떤 효과가 있을지를 기대하는 내용이며, 보통 연구계획서의 마지막에 (참고문헌 전에) 제시한다. 연구목적은 이 연구에서 하려는 바를 의미한다.

연구목적을 진술할 때에는 "이 연구의 목적은 ……이다" 또는 "이 연구에서는 ……을 하고자 한다"라는 문장을 만들어서 빈 부분을 간결하게 채우면 된다. 예를 들어 이용숙은 수년 계획으로 틈틈이 진행 중인 연구의 목적을 다음과 같이 설정하였다(결혼과 관련한 이 연구는 자연스러운 참여관찰 기회가 자주 오지 않기 때문에 다른 프로젝트들을 진행하면서 틈틈이 해나갈 수밖에 없다. 따라서 연구기간을 1~2년이 아닌 4~5년 정도로 잡았다. 이 주제와 관련한 현장노트의 사례는 이 책 제6장에 소개되어 있다).

이 연구에서는 서울 중산층 가족의 결혼식 관련 소비에 있어서 당사자들, 양가 부모, 결혼식 관련 업체들 간의 상호작용이 어떻게 일어나며, 이는 결혼 비용에 어떤 영향을 미치는가를 밝히고자 한다.

인류학자 한 명(이용숙)과 경영학자 두 명(유창조, 김영찬)이 함께 한국 연구재단에서 연구비를 지원받은 협동연구인 「소비자 행동 분석을 위한 문화인류학 연구방법의 활용방안 연구」의 연구계획서에서는 두 가지 연구목적을 다음과 같이 설정하였다.

이 연구의 첫 번째 목적은 문화인류학의 연구방법을 활용한 서구의 소비자 행동 연구 결과 중에서 우리나라 소비자 행동 연구에 적용할 수 있는 것들에는 무엇이 있으며, 이는 현재 리서치 회사나 기업체 마케팅 부서에서 어떻게 사용되고 있고, 어떠한 개선점이 있는지 분석하는 것이다. 두 번째 목적은 문화인류학의 연구방법 중 아직까지 마케팅 연구에서 거의 활용되지 않고 있는 것들을 마케팅 리서치에 적합하도록 재개발하여, 실제 리서치 상황에서 개선된 활용방법을 적용해 보고, 이를 토대로 개선된 활용방법을 소개하는 워크북 형태의 연수용 자료집을 개발하는 것이다.

이처럼 연구계획서 서론의 핵심은 어떠한 사회적 상황이 있어서 중요하게 부각되는 논점이 있는데, 이에 대한 연구가 별로 이루어지지 않았거나 이루어졌어도 제대로 되지 않았다는 내용으로 연구의 배경 및 필요한 이유를 제시한 후에 '따라서 이 연구에서는 ……을 하고자 한다'라는 방식으로 연구목적을 제시하는 것이다. 여기에서 중요한 것은 연구에 대해서 간단히만 설명해도 다른 사람들이 이 연구가 무엇에 대한 것이며 왜 필요한지 알 수 있어야 한다는 점이다.

이때 연구계획서의 순서와 거꾸로 작업하면 틀을 잡아 나가기가 더 편할 수도 있다. 우선 연구목적을 한 문장으로 작성해 보고, 이러한 목적의 연구가 왜 필요한지를 목록으로 작성한 후 써놓은 것을 보지 않고 다른 사람들을 설득해 본다. 이들이 잘못 알아듣고 자꾸 질문을 한다거나 연구의 필요성에 쉽게 동의하지 않는다면 연구문제에 대하여 제대로 설명하지 못했거나 연구주제 자체에 문제가 있을 가능성이 높다. 이러한 작업은 연구의 주제를 구체화한다는 의미도 있다. 연구에 대해서 여러 차례 설명하고 질문에 답하려고 노력하는 가운데, 이 연구를 왜 하며, 무엇을 위해서 하는지를 스스로 더 명확히 파악하게 되기 때문이다. 이 과정이 끝나면 연구가 왜 필요한지에 대해서 설명하는 내용을 글로 써본다. 최근 어떤 주목할 만한 현상이 있는데 이에 대한 선행연구가 없거나 부족하거나 잘못되었기 때문에 이 연구가 필요하다는 내용을 쓰는 것이다. 이 내용으로 연구비 지원 여부가 결정된다고 가정하면 더 분명하게 써질 것이다.

2. 연구목적 달성에 필요한 좋은 연구질문 만들기

연구목적의 제시가 연구의 중심방향을 확고히 함으로써 연구가 어떤 계획에 따라 수행되는지를 독자에게 보여 주는 첫 번째 이정표라면, 두 번째 이정표는 연구목적에 대한 폭넓은 진술로 시작해서 연구의 초점을 구체적인 질문들로 좁혀 나가는 연구질문research question의 제시이다 (Creswell 2003:105). 연구를 설계할 때는 좋은 질문을 만드는 것이 매우 중요하다. 이 질문에 따라서 어떤 연구방법을 사용할 것인지가 결정되기 때문이다.

먼저 설정한 연구목적을 달성하기 위해서 어떤 질문을 하면 좋을지를 생각하여 중심질문central question과 이에 연결된 하위질문을 만들어 본다. 중심질문은 1~2개만 만들고 각 중심질문에 달린 하위질문을 5~7개 이내로 만들어 전체적으로 질문 개수가 12개를 넘지 않는 것이 바람직하다는 의견(Creswell 2003:106)이 있는가 하면, 중심질문 2~3개와 각각의 중심질문에 대한 하위질문 2~5개 정도로 구성하는 경우도 많다. 연구질문을 만들 때에는 연구현장도 고려해야 한다. 현실적으로 불가능한 연구질문을 만들면 시간만 낭비하기 때문이다.

이렇게 해서 만든 연구질문들을 보통 '연구질문' 또는 '연구내용'이라는 제목을 붙여 연구계획서에 목록 형태로 제시한다. 일반적으로 의문문 형태(예: 여대 학생들의 스펙 쌓기에 대한 생각은 남녀공학 여학생들과 비교하여 어떻게 다른가?)로 제시하면 '연구질문'이라 부르고, 서술형(예: 홀로 하기를 좋아하는 사람들이 가장 먼저 또는 가장 쉽게 시작하는 홀로 하는 활동은 무엇이며, 그 이유는 무엇인지 살펴본다.)으로 제시한 연구질문은 '연구내용'이라고 부른다. 예를 들어 「소비자 행동 분석을 위한 문화인류학 연구방법의 활용방안 연구」에서는 서술문 형태로 다음과 같이 연구내용을 구성하였다. (의문문 형태의 연구질문 제시 사례는 「더 읽어보기」에 소개하였다.)

우리나라의 소비자 행동 연구자들과 리서치 회사들을 위한 문화인류학 연구방법의 활용 방안을 제시하고자 하는 본 연구의 연구내용은 아래와 같다.

첫째, 우리나라와 미국에서 최근에 활용되고 있는 소비자 행동 연구 중에서 문화인류학 연구방법을 활용하고 있는 사례들을 찾아서, 구체적으로 어떤 방법을 어떤 경우에 활용하였으며, 그 성과는 어떠하였는지 알아본다.

둘째, 우리나라와 미국의 리서치 회사와 기업체 마케팅 부서에서 문화인류학 연구방법을 실제로 어떻게 사용하고 있으며, 이는 인류학자에 의한 연구방법의 사용과 어떤 차이가 있는지 알아본다.

셋째, 우리나라와 미국의 소비자 행동 연구자들이 사용해본 문화인류학 연구방법에 대한 인식을 알아본다. 특히 연구자들의 연구방법에 대한 만족도는 어떠하였으며, 개선의 필요성에는 어떤 것이 있다고 느끼는지 알아본다.

넷째, 미국 소비자 행동 연구에서 활용되고 있는 문화인류학 연구방법 중에서 우리나라의 소비자 행동연구에 효율적으로 사용할 수 있는 방법들을 찾아서, 필요하면 우리나라 상황에 적합하도록 변화시킨다.

다섯째, 그동안 국내외의 소비자 행동 연구에서 사용된 적이 없는 문화인류학 연구방법들 중에서 소비자 행동 연구에 효과적으로 사용될 수 있는 방법들을 찾아서, 우리나라의 소비자 행동 연구에 적합하게 재개발한다.

여섯째, 재개발된 연구방법들을 관심 있는 일반 연구자들에게 훈련시키기 위한 워크숍을 개최하고, 이 과정에서 개선될 필요가 있는 부분들을 발견한다.

일곱째, 개선된 연구방법들을 연구자들이 직접 실제 리서치 회사의 조사 연구에 적용해 보고, 이 결과를 토대로 연구방법들을 다시 수정, 보완하여 연구방법 연수용 자료집으로 완성한다. 연구자들이 참여한 조사연구의 과정은 연구사례로서 자료집에 제시한다.

3. 연구방법 모색하기

어떤 연구방법을 선택할 것인가는 연구내용(연구질문)에 따라서 결정해야 하며, 연구방법에 따라서 연구내용을 설정해서는 안 된다. 연구목적이 있고 이를 위한 연구내용과 이에 알맞은 연구방법을 선택해야 하는데, 자신이 할 수 있는 방법이나 유행하는 최신 방법으로 할 수 있는 것을 찾아서 연구내용을 정하는 것은 본말이 전도된 행동이다. 연구방법을 모색한다는 것은 자료수집 방법뿐만 아니라 자료분석 방법도 모색한다는 것을 의미한다. 연구계획서에서 연구방법을 소개할 때 자료수집 방법만을 제시하는 경우가 많은데, 수집한 자료를 어떻게 분석할 것인가도 포함해야 한다. 이때 수집한 자료의 성격에 따라 분석방법을 결정해야 한다.

인류학 연구의 설계 단계에서 자료수집 방법을 결정한다는 것은 다른 사회과학 연구에서처럼 최대한 구체적으로 자료수집 계획을 짠다는 것을 의미하지는 않는다. 예를 들어 사회학 연구에서 설문조사지를 만들 때에는 관련 문헌을 최대한 많이 읽고 구체적인 연구문제를 정한 후에 각 연구문제 해결에 필요한 문항들을 모두 미리 만들어서, 다양한 검토와 예비조사, 타당화 작업 등을 거쳐서 철저히 준비하는 것이 일반적이다. 그러나 인류학 연구에서는 책 두세 권을 읽은 후 일단 현장에 들어갈 수도 있다. 물론 사전 준비를 할 수 있는 대로 해가지만, 준비한다고 해서 현장 상황에 완벽하게 대처할 수도 없을뿐더러 그럴 필요도 없다.

우선은 몇 개의 연구질문으로 시작해서 참여관찰을 해가면서 이를 더 구체화하거나 바꾸어 나가고, 면담용 질문들을 구체화한다. 설문조사 실시 여부도 사전에 결정하지 않는 경우가 많다. 연구진행 과정에서 필요하다고 판단되면 연구 후반부에 참여관찰과 심층면담 내용을 토대로 현장에서 개발한 설문조사를 실시하면 된다. 이처럼 현장연구에서의 자료수집 방법은 참여관찰과 심층면담을 기본으로 하지만 이 외에도 설문조사를 비롯한 다양한 자료수집 방법을 사용할 수 있다. 양적 조사도 보완적으로 쓸 수 있으면 쓰는 것이 좋다. 인류학적 연구는 '질적 연구'가 아니라, 질적 연구에 더 큰 비중을 두되 '질적 연구'와 '양적 연구'를 포괄한다.

인류학 연구에 사용되는 연구방법은 여러 가지이므로 연구방법을 많이 알아야 연구내용에 알맞은 것을 다양하게 선정할 수 있다. 이는 가구를 만들 때 다양한 공구가 준비된 상자를 갖고 있으면 더 좋은 것과 마찬가지이다. 특히 많이 사용되는 방법들은 알아둘 필요가 있다. 참여관찰, 심층면담, 서술적 관찰, 문헌자료 수집, 영상자료 수집, 설문조사 등의 자료수집 방법과 다양한 자료분석 방법들을 연구의 주제, 내용, 상황에 따라서 적절히 선택할 수 있도록 대강이라도 알아두면 좋다. 연구방법 교재나 강좌를 통해서 다양한 연구방법을 배우기도 하지만, 선행연구의 연구방법과 연구자들의 경험담을 쓴 책을 다양하게 읽어 보면 큰 도움이 된다. 이를 통해서 연구방법에 대한 지식뿐만 아니라 현장에서 대처할 수 있는 통찰력을 얻을 수 있다.

여러 가지 연구방법에 대해서 구체적으로 생각하고 준비하되, 너무 얽매이지는 않아야 한다. 문헌조사는 어디에서 어떻게 할 것이고, 어떤 현장 또는 상황을 언제 참여관찰할 것인지, 이는 무엇을 보기 위한 것이며 무엇에 초점을 둘지, 정보제공자가 될 수 있는 사람은 누구이고, 이들을 어떻게 접촉하며 무슨 질문을 할 것인지 등을 미리 생각해 두는 것이 좋다. 만약 설문조사 실시 여부를 미리 결정할 수 있다면 어떤 방법을 사용할지(예를 들어서 열린 질문이 상당수 포함된 '서술형 설문지'를 면담 대용으로 사용할 것인가 아니면 일반적으로 사용되는 선택형 문항의 설문지를 사용할 것인가)도 구상해 둔다.

원하는 질문이나 조사 자료가 무엇인지를 정확히 알 때처럼 연구 설계를 정밀하게 할 수 있는 경우도 있고, 발견적 연구처럼 연구 설계를 자세히 하기 어려운 경우도 있다. 발견적 연구의 경우에는 기본적 설계만 하고(예를 들어 정진웅의 연구에서와 같이 '정체성을 어떤 방식으로 유지하나?' 등 몇 가지 질문만 사전에 정함), 현장에서의 피드백에 따라서 연구질문의 폭을 넓히거나 바꿀 수 있다. 원하는 조사 자료를 상세히 안다고 생각하여 조사 설계를 구체적으로 짰다 하더라도 현장의 상황에 따라서 계획이 얼마든지 바뀔 수 있음을 염두에 두어야 한다. 예를 들어 황익주는 아일랜드에서 현장연구를 시작한 지 7개월 만에야 예전에는 가톨릭교도 주민과 프로테스탄트교도 주민들이 각기 사교클럽을 만들어 따로 놀았다는 중요한 사실을 알게 되었다(황익주 1995 참조). 이는 양 집단 간의 관계를 파악하는 데 핵심적인 사항이었지만, 연구를 시작하기 전에 읽은 방대한 문헌들 중 어떤 것에서도 전혀 언급되지 않았다. 이런 경우 사전에 계획한 방법은 의미가 없어지고, 뒤늦게라도 현장 상황에 맞게 연구의 중심 주제를 바꿀 수밖에 없다.

이용숙의 「'우수수업상' 수상 교수의 수업과 강연회/워크숍 운영방식에 대한 문화기술적 연구」의 경우에도 당초의 연구계획(2008년)에서는 우수수업상 수상 교수들의 발표회나 워크숍에 대한 분석에 중점을 두었으나, 계획한 발표회나 워크숍을 실제로 실시하는 대학이 예상보다 상당히 적다는 사실을 연구 과정에서 발견하였다. 연구기간 중에 관찰한 발표회는 총 7개뿐이었으며, 워크숍은 운영되지 않았다. 이 때문에 발표회에 대한 연구의 비중을 줄이고 대신에 우수수업상을 수상한 교수의 수업 관찰을 추가로 실시하였다. 그리고 연구비 지원기관의 승인을 거쳐서 연구 제목 자체를 「'우수수업상' 수상 교수의 수업 유형과 특성에 대한 문화기술적 연구」(이용숙 2011)로 바꾸었다.

이런 사례에서 보듯이, 아무리 구체적으로 설계하더라도 연구를 진행하다 보면 계획을 바꾸는 것이 더 적절한 상황이 많다는 점을 염두에 두고 융통성 있게 조정해야 한다. 필요하다면 연구 설계를 전면적으로 다시 할 수도 있다. 이러한 변화 가능성을 염두에 두되, 연구방법은 되도록 구체적으로 설계하는 것이 좋다. 연구를 구체적으로 설계하면 연구자가 현장에서 보내야 하는 시간을 절약할 수 있다. 예를 들어 자주 일어나지 않는 행사에 대한 관찰 계획을 미리 세워 두면 현장연구 초기에 그 행사를 관찰할 기회를 놓칠 가능성이 줄어든다. 또한 바쁜 현장 구성원과의 면담 일정을 미리 조정하고 꼭 필요한 질문을 시간 내에 할 수 있도록 준비해 두면 면담 횟수가 불필요하게 늘어나는 일도 방지할 수 있다. 특히 대규모 연구비 지원 단체에서는 연구비 신청용 연구계획서에 상당히 구체적으로 연구방법을 제시할 것을 요구하는 경향이 있다. 예를 들어 참여관찰의 대상, 기간, 횟수, 기록방법, 분석방법 등이나 면담 대상의 범위와 수, 주요 질문, 질문방식, 분석방법 등을 구체적으로 설계한다.

연구방법은 서술식으로 제시할 수도 있지만 표나 그림을 만들어서 연구내용별로 어떤 연구방법을 사용할 것인지를 제시하면 내용이 더 명확해진다. 특히 다양하고 복잡한 연구방법을 사용할 경우, 연구내용의 단계별로 자료수집 방법과 자료분석 방법을 표로 제시하면 유용할 것이다. 예를 들어서 이용숙·조재식(2007)의 「미국 대학 교수-학습개발 센터의 운영과 조직에 대한 문화기술적 연구」 연구계획서에서는 연구내용, 자료수집 방법, 자료분석 방법을 연계하는 표를 다음과 같이 제시하였다. 연

〈연구내용별 자료수집 방법과 자료분석 방법을 표로 제시한 사례〉(이용숙·조재식 2007)

연구내용	자료수집 방법	자료분석 방법
1. 미국 대학 교수학습개 발센터 설치와 운영 현 황 조사	미국 대학의 교수학습개발센터와 관련된 브로슈어와 홈페이지 내 용 수집	내용분석
2. 교수법 개선 지원활동 이 활발한 대학들을 선 정하고 각 대학 교수학 습개발센터의 조직·활 동 내용 조사	① 공동연구자가 제1저자인 대학, 연구보조원 1인 post doc 과정 중인 대학, 교수학습개발센터의 특허 활동이 발한 대학 등 2개 이상에 교수학습개발센터의 특허 활동을 발한 대학들을 3개 더 선정한다(총 5개). ② 이 센터의 소장, 직원, 프로그램 참여 교수를 대상으로 심층면 담을 실시한다.	① 연구대상 자료 선정을 위해서는 위의 내용분석과 이미 선정 된 2개 대학 관계자들과의 면담결과 분석 ② 심층면담 내용에 대하여 내용분석과 분류체계분석, 성분분 석, 원인연쇄분석 실시
3. 5개 대학 교수학습개발 센터의 지원활동의 구 체적 내용과 운영방법, 참여자 인식 조사	① 공동연구자와 연구보조원 1인 소속(연구 중인 대학)의 교수학 습개발 프로그램에 직접 참여하여 참여자료서 장기간(6개월)의 참여관찰 실시 ② 연구책임자와 공동연구자, 연구보조원 1인 나머지 3개 대학 교 수학습개발센터에서 단기간(2~3주일)의 참여관찰 실시 ③ 연구자들과 연구보조원 1인의 프로그램 운영자와 참여자를 대상 으로 심층면담 실시(면담 내용: 프로그램 개발의 근거, 프로그 램 운영의 성과에 대한 의견, 개선하고 싶은 점, 프로그램 참여 이후 자신의 성과나 수업방식의 변화 등)	① 참여관찰 내용과 심층면담 내용의 유호화 분석 ② 성공 또는 실패의 원인에 대한 원인연쇄분석 ③ 프로그램 개발자의 프로그램 개발 과정에 대한 결정표 분석 과 계획분석 ④ 프로그램 진행 과정에 대한 과정분석 등
4. 교수학습개발센터 담 당자들이 모이는 연례 세미나 내용 분석과 참 여자 인식과 조사	① 2명의 연구진과 연구보조원 1인 세미나에 참석하여 전 과정 참 여관찰 실시 ② 세미나 참여자 대상의 서술형 설문조사 실시	① 세미나에서 논의되는 이슈와 지원방법 개선방안에 대한 내 용분석 ② 참여관찰 내용의 유호화 분석 ③ 설문조사 결과에 대한 빈도분석과 내용분석
5. 시사점 추출	① 위의 연구자료들을 모두 종합하여 시사점 추출 ② 국내 대학 교수학습지원 담당자들에게 적용 가능성에 대한 검 토 의뢰	내용분석

구질문과 연구방법을 따로따로 서술형으로 제시하는 방법(「더 읽어보기」 참조)과 비교해 보면 표로 제시하는 쪽이 이해하기가 더 쉽다는 것을 알 수 있다.

Ⅳ. 연구계획서의 양식

연구계획서에는 서론, 연구질문/연구내용, 연구방법 이외에 연구의 이론적 배경, 연구일정, 연구의 기대효과, 연구예산(연구비 신청을 위한 연구계획서의 경우), 참고문헌 등을 제시한다. 연구계획서에서 어느 부분을 자세히 제시하는가는 누가 읽느냐에 따라 다르다. 예를 들어 독자가 연구자와 방법론을 공유하는 경우에는 방법론에 대한 설명을 자세히 쓸 필요가 없지만, 연구비를 받기 위한 경우나 연구계획서 심사자가 질적 연구방법에 대해서 잘 모르는 경우에는 방법론을 매우 구체적으로 제시한다. 다음은 일반적인 연구계획서 양식이다.

Ⅰ. 서론
  연구 문제의 제기, 관련 선행연구의 한계를 비롯한 연구의 필요성, 의의, 목적 등을 제시한다.
Ⅱ. 이론적 배경(선행연구 검토)
  연구주제 및 대상 관련 주요 이론과 선행연구를 검토하고, 문제점이나 시사점을 제시한다. (이때 중요한 것은 선행연구를 병렬적으로 나열만 해서는 안 된다는 점이다. 선행연구를 간단히 소개하면서, 이 연구가 자신의 연구와 어떻게 관련되고 어떤 시사점을 주는지 등을 논의해야 한다.)
Ⅲ. 연구질문(연구내용)

설정한 연구목적을 달성하기 위해서 어떠한 사항에 대한 연구가 필요한지를 소수의 중심질문과 더 세부적인 관련 하위질문 또는 조사할 항목으로 나누어서 가급적 상세하게 제시한다.

IV. 연구방법

연구의 대상(구체적인 연구현장 및 정보제공자)에 대해서 설명하고, 자료 수집이나 분석과 관련하여 중요한 방법이나 특기사항들을 가급적 상세하게 제시한다. (자료수집 방법만 제시하고 자료 분석에 대해서 언급하지 않는 경우가 있는데, 이는 잘못된 것이다.)

V. 연구 일정과 예산(연구비 신청용이 아니라면 연구예산은 기술할 필요 없다.)

VI. 연구의 기대효과(연구결과 활용방안)

연구의 기대효과를 사전에 적시하기 어려운 경우도 있으나, 이는 통상 요구되는 항목이므로 연구가 끝나면 무엇에 기여할 수 있는지를 제시한다.

참고문헌

연구계획서에 실제로 언급한 참고문헌만 제시한다.

연구계획서 작성의 사례

여기에서는 이용숙(2008)이 한국연구재단에 제출해서 연구비를 지원 받은 「'우수수업상' 수상 교수의 수업과 강연회/워크숍 운영방식에 대한 문화기술적 연구」 연구계획서의 사례를 통해 연구계획서를 쓰는 방법을 더 자세히 살펴본다. 각 주제별로 이 책 제2장의 본문 내용을 간단히 제시한 후 연구계획서에서는 이를 어떻게 제시했는지를 보여 주고 이에 대해서 설명한다.

1. 연구계획서의 서론 쓰기

1) 연구문제 제기하기

본문 내용 연구계획서의 서론에서는 연구문제에 대한 정보를 제공함으로써 이 연구를 이끌어낸 논점이 무엇인지를 분명히 한다. 즉 어떤 문제 또는 논점이 있는지를 밝히고(문제의 제기), 왜 이 문제에 대해서 연구해야 하는지를 정당화한다. 〔중략〕 이때 첫 문단은 독자들로 하여금 이 논점에 흥미를 갖게 하는 역할을 해야 하므로 어떻게 시작하는가가 특히 중요하다.

연구계획서 실례 제기한 논점에 독자들이 흥미를 갖도록 첫 문장을 작성하는 방법은 여러 가지이지만 이 연구계획서에서는 독자들이 공감할 만한 중요한 문제가 있음을 첫 문단 2개에서 충분히 보여 주고자 하였다.

'학교 수업의 질'은 전국적인 관심 사항이다. 그러나 이는 초등학교와 중·고등학교 수업에만 해당될 뿐, 우리나라 대학 수업의 질에 대한 연구는 매우 드물었다. 이에 비해서 미국 등 서구에서는 1980년대 이후 대학 수업의 수월성을 찾고자 하는 연구들이 상당히 이루어졌다. 어떠한 수업이 우수한 수업인가에 대한(excellence in teaching) 개념 그리고 발달 과정은 어떠한 연구논문이 우수한 논문인가의 경우와는 달리 분명하지 않지만(Sherman 외 1987), 주요 연구결과나 학자들 간에 공통적인 인식을 살펴보면 대학의 교수-학습의 현상을 이해하는 데 도움이 된다. 그러나 이는 우리나라 대학과는 차이가 있을 수 있으며 외국의 연구도 아직 제한적이라는 점에서, 우리나라 대학 수업의 수월성에 대한 본격적인 연구가 요구된다.

우리나라 대학 수업에 대한 본격적인 관심은 2000년대에 들어서야 두 가지 방향으로 나타나고 있다. 한편으로는 2003년 이후 본격화된 각 대학에서의 교수학습개발센터 설립과 함께 교수법 워크숍, 연수회가 학기마다 1~2회 이상 열리면서, 수업 개선과 관련된 자발적인 모임을 갖고 수업 컨설팅을 받는 등 교수 개인 차원의 수업 개선 노력이 늘어나고 있는 것으로 보인다. 또 한편으로는 훌륭한 수업을 하는 교수들에 대한 각종 시상(우수수업상, 우수강의상 등) 및 수상자의 강연/워크숍과, 자신이 수강한 좋은 수업에 대한 학생 에세이 공모전 수상작 모음집 발간 등 대학 차원의 좋은 수업 확산 노력이 나타나고 있다.

첫 번째 문단에서는 대학 수업의 수월성에 대한 연구가 대학 수업을 개선하는 데 도움이 되는데도 불구하고 우리나라에서의 대학 수업 연구는 외국보다 많이 부족함을 지적하고, 우리나라 대학 수업의 수월성에 대한 연구가 필요하겠다는 공감대를 이끌어 내고 있다. 두 번째 문단에서는 최근에 이 연구에서 주제로 삼은 '우수수업상' 수상 제도와 수상 교수의 강연회/워크숍이 생기기 시작했다는 사실로 독자의 주의를 유도하고 있다.

2) 선행연구 소개하기

본문 내용 연구문제를 제기하고 이에 대한 관심을 환기한 후에는 이 문제를 다룬 선행연구들을 소개한다. 이때 중요한 것은 기존의 연구들로서는 어떤 점에서 부족하기 때문에 이 연구가 필요한지를 밝히는 것이다. 적어도 세 가지 방법을 생각할 수 있다. 첫째는 이처럼 중요한 주제 자체에 대한 연구가 매우 부족함을 보여 주는 것이다. 둘째는 이 주제에 대한 연구들은 어느 정도 있으나, 이 연구에서 제기한 문제는 거의 다루어지지 않았음을 보여 주는 것이다. 셋째는 기존의 연구들이 사용한 접근방법에 대부분 문제가 있었음을 밝히는 것이다. 〔중략〕

선행연구를 소개할 때에는 우선 소개할 선행연구들이 어떤 것들인지를 전체적으로 제시한 후 각 주제별로 검토 결과를 제시한다. 선행연구의 주요 결과와 문제점, 그리고 자신의 연구를 위한 시사점이 있다면 이에 대해서도 논의하는 것이다. 마지막에는 선행연구 개관 부분을 간단히 요약한 후 자신의 연구계획서에서 제기한 문제가 매우 중요한데도 불구하고 아직 이에 대해서 충분한 연구가 이루어지지 않았으므로 (자신의 연구와 같은) 연구가 더 이루어져야 한다고 논의하여 독자에게 자신의 연구의 중요성을 일깨워 준다.

연구계획서 실례 「'우수수업상' 수상 교수의 수업과 강연회/워크숍 운영방식에 대한 문화기술적 연구」의 경우는 첫 번째 사례로서, 이 주제를 다룬 국내의 선행연구는 연구자 자신인 이용숙의 연구 외에는 발견할 수 없었다. 따라서 연구계획서에서는 이 연구의 주요 결과를 소개하고, 어떤 연구가 더 이루어질 필요가 있는지를 다음과 같이 논의하였다. (이 외에 외국의 관련 연구 몇 가지를 소개하였는데 이는 생략한다.)

그러나 아직까지는 이러한 '성공적 수업' 하나하나에 대해서 본인의 경험담과 학생들의 에세이를 통해서 개별적인 소개를 하는 정도에 그칠 뿐, '성공적 수업'으로서 인정받고 있는 수업들이 어떤 공통점을 가지고 있는지에 대해서 알아보려는 노력은 별로 이루어지지 않았다. 본 연구자는 이러한 노력의 일환으로서 '우수수업상'을 수상했거나 교수학습개발센터의 추천을 받은 우리나라 대학의 '성공적 수업' 36개에 대한 분석을 최근에 실시한 바 있다(이 연구는 아직 진행 중이며, 한 세미나에서 중간분석 결과만 발표되었다). 이 관찰 결과를 1997~2001년에 이루어진 269개의 일반 대학 수업에 대한 분석 결과(이 역시 본 연구자의 연구임)와 비교했을 때, '성공적 대학 수업'은 다음과 같은 특징을 갖는 경향이 있는 것으로 나타났다.

첫째, '성공적 수업'에서는 수업 중 '학습기회시간 opportunity to learn'의 비율이 매우 높았다(90% 이상이 58.3%, 80~90% 미만이 37.5%로, 80% 이상이 95.8%). 이는 일반 대학 수업(90% 이상: 32.9%, 80~90%: 22.5%)과는 상당한 차이가 있는 것으로, 매우 충실한 수업이 이루어졌다고 할 수 있다.

둘째, 학습기회시간 중의 학생 집중률(80% 이상: 75.0%, 50% 미만: 4.0%) 역시 일반 대학 수업에 비해서(80% 이상: 43.3%, 50% 미만: 33.0%) 훨씬 높게 나타났다.

셋째, 다양한 수업방법을 사용하는 경향이 있었다. 관찰된 성공적 수업에서 한 가지 방법으로만 수업을 진행한 경우는 29%뿐으로, 이론 강의, 예시, 질의응답, 실습, 영상물 사용, 토론, 발표 등의 다양한 수업방법 중 두세 가지 이상을 체계적으로 연결하여 사용하는 경향이 있었다. 강의 중심 수업인 경우에도 전체를 강의로만 채우기보다는 중간 중간 질의응답 시간을 운영하거나 간단한 토론, 기타 활동을 집어넣는 경향이 있었다. 단위 시간의 수업방법을 다양하게 한다는 것은 하나의 주제를 다양한 방식으로 반복해서 다룬다는 것을 의미하므로 학생들의 수업 이해와 수업내용 기억에 큰 도움이 되는 것으로 나타났다. 특히 〈이론 설명+생활 주변의 사례를 활용한 흥미 있는 설명으로 이해시키기+일련의 문답을 통한 복습과 다음 단계로의 연결+심화적용을 위한 생각하게 만드는 학습〉 등으로 다양한 수업방법을 체계적으로 연계해서 사용하는 경우에 수업효과가 극대화되는 것으로 나타났다. 또한 한 단위 수업 시간만이 아니라 주별 수업방법도 일반 대학 수업에 비하여 다양하게 나타났다. 〔넷째부터 일곱째까지는 생략〕

이상에서 간단히 살펴본 성공적 대학 수업들의 공통적인 특징을 더 구체적으로 알 수 있다면 일반 교수들이 수업을 개선하기 위해 노력할 때 훌륭한 참고자료가 될 수 있을 뿐 아니라 각 대학 교수학습개발센터에서 교수법 워크숍과 연수회를 개발할 때에도 주제 선정, 내용 구성 등에 있어서 많은 도움을 받을 수 있을 것이다. 그러나 하나의 단위수업에 대한 관찰만으로 그 수업 전체를 이해하는 데에는 한계가 있다는 것이 수업관찰 결과에 대한 분석을 통해서 깨달은 바이다. 수업관찰 직후 이루어진 교수와의 간단한 면담자료를 통해서 수업 전체에서 이 수업이 어떤 의미를 가지고 있는가를 약간 이해할 수는 있었지만 이것만으로는 수업운영 과정 전체를 충분히 이해할 수는 없었다. 예를 들어 다음과 같은 질문들에 대한 답은 하나의 단위 수업에 대한 관찰과 간단한 교수 면담을 통해서는 얻기 어렵다.

1) 교수가 이 수업 전체의 목표를 왜 그렇게 설정하였으며, 명시적인 목표는 수업 과정에서 실제로 교수가 강조하는 목표와 일치하는가?

2) 이 수업이 처음에는 어떻게 계획되었고, 어떤 과정을 거쳐서 오늘날의 모습을 가지게 되었는가?

3) 수업운영의 과정(수업목표 제시, 수업내용의 전달, 토론·실험·실습 등의 활동, 평가, 과제물 제시와 피드백 포함)에서 교수가 특히 중요하게 생각하는 것은 무엇이며, 각 단계를 성공적으로 운영하기 위해서 교수는 어떤 노력을 어떻게 하고 있는가? 이때 여러 가지 노력 방법 중에서 어떤 것을 선택할지를 결정한 근거는 무엇인가?

4) 교수는 자신의 수업에 대해서 어떤 반성적 성찰을 하고 있는가?

5) 교수는 학생들이 무엇을 배우고 있다고 생각하며, 그 근거는 무엇인가?

그렇다면 이러한 질문에 대한 답을 얻을 수 있는 방법은 무엇일까? 질적 연구를 수행하는 연구자라면 가장 먼저 떠오르는 자료수집 방법은 '수업관찰을 실시한 교수들과 심층면담을 실시한다'는 것일 가능성이 높다. 이러한 심층면담의 실시는 실제로 좋은 방법 중 하나임에 틀림없으나, 이 경우에는 상당한 한계가 예상된다. 가장 큰 문제는 '우수수업상'을 수상한 교수들은 대개 매우 바쁜 편이어서 충분한 면담 시간을 내기가 힘들며, 어렵게 한 시간 정도 면담을 실시한다고 해도 수업관찰 결과를 토대로 하는 질문에 대한 답을 얻기도 바빠서 수업 전체를 조망하는 교수의 생각에 대해서 충분히 이야기하기가 쉽지 않다는 것이다. 또한 교수들이 좋은 수업을 한다고 해서 자신이 왜 그렇게 수업하는가에 대하여 항상 깊이 있게 성찰하고 있는 것은 아니다. 이런 점에서, 미리 교수가 충분히 성찰할 시간을 가진 후에 이루어지는 장시간의 면담이라야 진정한 '심층' 면담이 되겠지만, 바쁜 수상 교수들에게 이를 요구하기는 쉽지 않다.

이러한 문제들을 일거에 해결해 주고 면담 시간도 절약해 주는 것이 많은 대학에서 이루어지고 있는 '우수수업상' 수상 교수들의 강연회/워크숍 참여관찰이라고 생각한다. 이는 본 연구자가 최근 한 대학의 교수법 워크숍에 대한 참여관찰을 실시하면서 일정 중에 포함되었던 '우수수업상' 수상 교수 세 명의 강연을 관찰했을 때 깨달은 것이다. 워크숍을 위해서 이미 충분한 성찰과 준비 시간을 가진 수상 교수들의 강연 내용과 참석 교수들의 질문에 대한 답변 내용은 연구자가 이들과 면담을 실시했다면 물었을 질문 내용 절반 정도에 대한 답뿐만 아니라 연구자가 미처 생각하지 못했던 점들도 담고 있었다. 대학마다 공통점도 있지만 서로 다른 내용의 강연과 질의응답이 이루어질 것이므로 여러 대학에서의 참여관찰 결과를 종합하면 이들의 수업운영 방식을 아는 데 필요한 심층면담용 질문 목록도 쉽게 확보하게 될 것이라는 생각이 들었다. 또한 워크숍과 강연회 자체의 운영방식이 어떻게 다르며, 이러한 차이가 참여한 교수들의 반응을 어떻게 다르게 만드는지를 관찰할 수 있다는 부수적인 효과도 예상되었다.

3) 연구목적 제시하기

본문 내용 바로 이어서 이 연구에서 하려는 것이 무엇인지를 알려 주는 연구목적을 한 문장 또는 한 문단으로 간결하게 진술한다. 이로써 매우 중요한 문제인데도 불구하고 그동안 충분히 연구되지 않았다는 점에 공감하게 된 독자가 이 연구가 학술적으로 중요한 기여를 할 수 있으리라는 인상을 깊게 만든다. 〔중략〕

연구목적을 진술할 때에는 "이 연구의 목적은 ……이다" 또는 "이 연구에서는 ……을 하고자 한다"라는 문장을 만들어서 빈 부분을 간결하게 채우면 된다.

연구계획서 실례 「'우수수업상' 수상 교수의 수업과 강연회/워크숍 운영방식에 대한 문화기술적 연구」에서 제시한 연구목적은 아래와 같다.

> 따라서 이 연구에서는 여러 대학에서 이루어지는 '우수수업상' 수상 교수들의 강연회/워크숍을 참여관찰하고 수상 교수 및 강연회/워크숍 운영자와 심층면담을 실시함으로써, 우리나라 대학에서 성공적인 수업을 한다고 공식적으로 평가받는 교수들은 수업을 어떻게 계획하고 운영하며, 스스로의 수업에 대해서 어떻게 성찰하고 있는지를 밝히고자 한다. 또한 강연회/워크숍에 참여한 일반 참가자 대상의 서술형 설문조사도 실시함으로써, 이러한 강연회/워크숍은 참가자들에게 어떤 의미를 가지며, 워크숍 운영자가 기대하는 확산효과가 어떻게 나타나는지도 밝히고자 한다.

위의 사례에서는 어떻게 자료를 수집할 것인지도 간단히 함께 제시하였는데, 이는 연구목적을 서술할 때 반드시 제시해야 하는 내용은 아니다. 위의 사례에서는 연구비를 지원받을 가능성을 높이기 위해서 최근에 좋은 연구방법으로 주목받고 있는 참여관찰과 심층면담 등의 연구방법을 사용함을 강조한 것이다. 이런 내용을 빼고 위의 연구목적을 아래와 같이 간결하게 진술하면 커뮤니케이션이 더 잘 될 수 있다.

따라서 이 연구에서는 우리나라 대학에서 성공적인 수업을 한다고 공식적으로 평가받는 교수들은 수업을 어떻게 계획하고 운영하며, 스스로의 수업에 대해서 어떤 성찰을 하고 있는지 밝히고자 한다. 또한 이러한 강연회/워크숍은 참가자들에게 어떤 의미를 가지며, 워크숍 운영자가 기대하는 확산효과가 어떻게 나타나는지도 밝히고자 한다.

2. 연구목적 달성에 필요한 좋은 연구질문 만들기

본문 내용 먼저 설정한 연구목적을 달성하기 위해서 어떤 질문을 하면 좋을지를 생각하여 중심질문central question과 이에 연결된 하위질문을 만들어 본다. 〔중략〕

이렇게 해서 만든 연구질문들을 보통 '연구질문' 또는 '연구내용'이라는 제목을 붙여 연구계획서에 목록 형태로 제시한다.

연구계획서 실례 「'우수수업상' 수상 교수의 수업과 강연회/워크숍 운영방식에 대한 문화기술적 연구」에서는 의문문 형태로 다음과 같이 중심질문과 하위질문을 구성하였다.

1) 우리나라 대학에서 최고의 수업을 한다고 공식적으로 평가받는 교수들은 수업을 어떻게 계획하고 운영하는가?
   ① 교수가 이 수업 전체의 목표를 왜 그렇게 설정했으며, 명시적인 목표는 수업 과정에서 실제로 교수가 강조하는 목표와 일치하는가?
   ② 이 수업이 처음에는 어떻게 계획되었고, 어떤 과정을 거쳐서 오늘날의 모

습을 가지게 되었는가?

③ 수업운영의 과정(수업목표 제시, 수업내용의 전달, 토론·실험·실습 등의 활동, 평가, 과제물 제시와 피드백 포함)에서 교수가 특히 중요하게 생각하는 것은 무엇이며, 각 단계를 성공적으로 운영하기 위해서 교수는 어떤 노력을 어떻게 하고 있는가? 이때 여러 가지 노력 방법 중에서 어떤 것을 선택할지를 결정한 근거는 무엇인가?

2) 위의 교수들은 스스로의 수업에 대해서 어떤 성찰을 하고 있는가?

① 교수는 자신의 수업에 대해서 어떤 반성적 성찰을 하고 있는가?

② 교수는 학생들이 무엇을 배우고 있다고 생각하며, 그 근거는 무엇인가?

3) '우수수업상' 수상자들의 강연회/워크숍은 참가 교수들에게 어떤 의미를 가지며, 워크숍 운영자가 기대하는 확산효과는 실제로 나타나는가?

3. 연구방법 모색하기

본문 내용　어떤 연구방법을 선택할 것인가는 연구내용(연구질문)에 따라서 결정해야 하며, 연구방법에 따라서 연구내용을 설정해서는 안 된다. [중략]

인류학 연구에 사용되는 연구방법은 여러 가지이므로 연구방법을 많이 알아야 연구내용에 알맞은 것을 다양하게 선정할 수 있다. [중략]

여러 가지 연구방법에 대해서 구체적으로 생각하고 준비하되, 너무 얽매이지는 않아야 한다. 문헌조사는 어디에서 어떻게 할 것이고, 어떤 현장 또는 상황을 언제 참여관찰할 것인지, 이는 무엇을 보기 위한 것이며, 무엇에 초점을 둘지, 정보제공자가 될 수 있는 사람은 누구이고, 이들을 어떻게 접촉하며 무슨 질문을 할 것인지 등을 미리 생각해 두는 것이 좋다. 만약 설문조사 실시 여부를 미리 결정할 수 있다면 어떤 방법을 사용할지도 구상해 둔다.

연구계획서 실례 「'우수수업상' 수상 교수의 수업과 강연회/워크숍 운영방식에 대한 문화기술적 연구」에서는 참여관찰의 대상, 기간, 횟수, 기록방법, 분석기법, 면담 대상의 범위와 수, 주요 질문, 질문방식, 분석방법 등을 구체적으로 설계하고자 노력하였다. 연구계획서에 제시한 연구방법은 다음과 같다. (제2장에서 서술했듯이, 이 연구의 경우에도 상황이 예상과 달라 연구의 성격이 많이 변했기 때문에 연구방법도 달라졌으나, 여기에서는 생략한다.)

1) 우수 대학 수업에 대한 선행연구 결과를 더 찾아서 분석한다. 또한 대학 수업 관련 워크숍 운영방식에 대한 선행연구 결과도 찾아본다.

2) 위에 언급한 36개의 '성공적 대학 수업' 관찰 시에 이루어진 간단한 면담 내용 중에서 수업운영 방법과 관련된 내용을 추출한다.

3) 각 대학에서 2007~2008년에 발간한 우수대학 수업에 대한 학생들의 에세이 모음집을 20~30권 수집하여, 좋은 수업을 실시하는 것으로 학생들에게 인정받은 교수의 수업운영 방법의 특징을 분석한다.

4) 2009년 1학기에 실시되는 각 대학의 '우수수업상' 교수 강연회/워크숍 중에서 50개를 선정하여 참여관찰을 실시하고, 참여관찰 결과에서 심층 면담 내용을 추출한다.

5) 위의 워크숍/강연회의 강사인 교수와 연구내용에 제시된 질문들에 대한 심층면담을 실시한다(1인당 2시간 정도를 목표로 하되, 교수의 허락을 받기 어려운 경우 최소 30분 이상 면담을 실시한다).

6) 위의 워크숍/강연회를 주관하는 교수학습개발센터의 관계자(센터장, 연구원, 직원 등)들을 대상으로 이번 워크숍의 목표와 기대효과, 이전 워크숍과의 비교, 앞으로의 워크숍에 대한 계획, 워크숍 운영방식에 대한 의

견, 그동안 발견한 '우수수업상' 수상 교수들의 수업운영의 특징 등에 대한 면담을 실시한다.

7) 위의 관계자들의 협조를 얻어서 워크숍/강연회에 참석한 교수들을 대상으로 서술형 설문조사를 실시한다(설문조사의 문항 중 절반 정도는 열린 질문으로 구성). 설문지에는 ① 참가 이유, ② 워크숍(강연회)에서 무엇을 배웠는가, ③ 그것을 자신의 수업에도 적용할 수 있겠는가, ④ 워크숍에 기대했던 바와 실제 워크숍에서 들은 운영방식의 비교, ⑤ 워크숍 운영방식에 대한 만족도와 개선에 대한 의견 등을 묻는 질문을 넣는다.

8) 모든 수집자료는 EXCEL 파일로 만들어 주제별로 쉽게 정리할 수 있도록 한다. (참여관찰, 심층면담, 서술형 설문조사 자료를 EXCEL 파일로 정리하고 분석하는 방법은 본 연구자가 개발함.)

9) EXCEL 파일을 이용하여 연구내용의 주제별로 참여관찰, 면담, 설문조사 내용을 연계하여 분석한다. 가능한 경우에는 빈도분석도 실시한다 (COUNT IF, SUMPRODUCT 함수 등 사용).

10) 워크숍의 운영방식에 대하여 수업구조분석(이용숙 2007)을 실시하고, 우수수업 운영방식의 특징에 대하여 분류체계분석과 성분분석, 원인연쇄분석을 실시한다.

11) 연구결과보고서를 「우수수업상 수상 교수들의 수업운영방식의 특징」과 「각 대학 우수수업 수상 교수 워크숍/강연회 운영 방법의 유형화와 유형별 특징 비교」의 두 가지 자료집으로 만든 후, 이 자료집으로 교수학습개발센터 연구원들을 대상으로 워크숍을 실시한다. 이때 참가자들에게 자료집에 대한 피드백을 얻기 위한 설문조사를 실시한다.

12) 위의 워크숍에서 실시한 설문조사 결과와 워크숍 진행 과정에 대한 본 연구자의 참여관찰 결과를 토대로 연구보고서를 수정·보완한다.

4. 연구의 기대효과(연구결과 활용방안) 쓰기

본문 내용 연구의 기대효과를 사전에 적시하기 어려운 경우도 있으나, 이는 통상 요구되는 항목이므로 연구가 끝나면 무엇에 기여할 수 있는지를 제시한다.

연구계획서 실례 「'우수수업상' 수상 교수의 수업과 강연회/워크숍 운영방식에 대한 문화기술적 연구」에서는 다음과 같이 연구의 기대효과를 제시하였다.

이 연구 결과가 가장 크게 기여하는 바는 성공적인 수업을 실시한다고 공식적으로 인정받은 대학 교수들의 수업운영의 특징을 구체적으로 제시함으로써 자신의 수업을 개선하려는 교수들에게 도움이 되는 자료를 제공한다는 것이다. 이와 함께 각 대학의 교수학습개발센터들에는 교수법 워크숍에서 사용할 수 있는 좋은 자료를 제공하는 한편, 교수법 워크숍 운영방법을 개선하는 데에 시사점을 제시해줄 것이다. 또한 그동안 다루어지지 않던 주제인 '성공적인 대학 수업'에 대한 연구 관심을 제고할 수 있을 것이다.

3
현장 들어가기, 자리 잡기, 떠나기

I. 현장 들어가기

민족지적 현장연구는 연구자에게 낯선 사회적 상황에 들어가 모르는 사람들과 만나 관계를 형성할 것을 요구한다. 대부분의 연구자에게는 이런 과정 자체가 어려움으로 다가오기 쉽다. 사실 낯선 연구현장에 접근하는 과정에서 맞닥뜨리는 어려움은 민족지적 현장연구에서 겪게 되는 가장 큰 어려움인 경우도 많다. 물론 강의와 책을 통해서만 상상하던 현장연구를 낯선 문화 속에서 실제로 행한다는 것은 많은 인류학도들에게 그 자체로서 매력적이며, 따라서 현장연구의 시작 단계는 설렘과 흥분을 겪는 기간이기도 하다. 하지만 정도의 차이는 있을지언정 대부분의 연구자는 상당한 불안감을 겪기 마련이다. 연구자에게 이러한 만만치 않은 현실적 어려움을 겪을 것을 학문적 훈련의 일환으로 요구하고, 일종의

'성장통'을 겪도록 한다는 점이 인류학의 두드러진 특징이기도 하다. 연구현장의 특성이나 조건은 연구마다 다르겠지만, 현장연구에서 흔히 겪게 되는 어려움과 그에 대한 대처방법을 미리 예상하고 점검해 보면 연구과정에서 겪어 내야 할 어려움과 두려움의 정도를 경감하고, 현장에서 큰 실수를 하게 될 가능성을 줄일 수 있다.

1. 연구현장에 접근하기

연구 초기에 현장에 들어가 자리를 잡아 가는 과정이 쉽지 않은 만큼, 연구를 계획하고 연구현장을 선정할 때 핵심적으로 고려할 사항은 연구현장의 접근 가능성이다. 따라서 연구대상으로서 비슷한 조건을 갖춘 현장이 둘 이상이라면 접근성이 가장 좋은 현장을 선택하는 것이 좋다.

사실 연구주제에 안성맞춤인 연구현장이 나타나도 막상 접근이 불가능하다면 아무런 의미가 없다. 가령 이용숙·정진웅이 지도하는 학부생들로 구성되었던 한 연구팀은 외국인 여행객들을 대상으로 하는 서울에 소재한 몇몇 게스트하우스 중 한 곳에서 '한국적'이라는 이미지가 여행객들 사이에서, 또 여행객들과 주인 사이에 어떤 방식으로 제시, 타협, 구성되는지를 밝히고자 하는 연구계획을 수립하였다. 전통과 근대가 뒤섞여 있는 현대 한국에서 '한국적'이라는 이미지가 관광의 맥락에서 어떻게 재구성되는지에 초점을 맞춘 매력적인 연구계획이었다. 하지만 이 연구는 외부 연구자의 존재와 호기심이 외국인 손님들에게 성가실 수도 있겠다는 모든 게스트하우스 측의 걱정으로 인해 결국 실행에 옮겨지지 못하였다. 이보다도 훨씬 극단적인 경우겠지만, 만약 고르고 골라 결정한 연구현장에서 내전이 일어나면 어떻게 해야 할까? 요컨대 현장연구를 할 때는 이런저런 사정으로 인해 연구 도중에 현장을 바꾸어야 하는 경우가 발생할 수 있다. 그런 곳을 포기하고 차선의 연구현장을 선택하게 되면 이에 따라 연구계획도 이런저런 수정을 겪게 마련이다.

연구현장에서 연구자가 가장 우선적으로 할 일은 현장에 일종의 '발판' 혹은 '기댈 언덕'을 마련하는 일이다. 이러한 활동근거를 마련하는 접근방식은 다양하겠지만, 연구자의 인간관계를 최대한 활용하여 되도록 많은 사람들을 소개받으면 좋다. 만약 연구현장에 외부인의 접근을 허락하는 권한을 지닌 일종의 '문지기gatekeeper' 역할을 하는 사람이 존재할 경우에는 그 위치에 있는 사람을 소개받을 수 있으면 더욱 좋다. 이러한 접근법은 다른 방법으로는 연구현장에 접근하기가 거의 불가능한 경우, 즉 문지기의 허락이 꼭 필요한 현장인 경우에 특히 중요하다. 학교나 병원, 회사나 시민단체 등과 같은 기관이나 조직의 경우 여러 명의 후보

문지기 중에 누구와 접촉하는 것이 가장 좋을지를 판단하는 것이 중요한데, 일반적으로 연구대상 사회 내에서 가장 위상이 높은 문지기와 접촉하는 것이 유리하다. 예를 들어 학교에서는 흔히 교사를 보호하는 역할을 맡고 있어 방어적 태도를 보이기 쉬운 교감을 만나기보다는, 학교의 대외홍보에 적극적이어야 하는 위치에 있는 교장을 만나는 쪽이 연구를 수행하는 데 더 유리한 편이다. 따라서 연구 초기에 그런 사람을 만나 자기소개를 해두는 것이 바람직하다.

하지만 어떠한 접근방식이 좋은지는 현장의 상황에 따라 달라지게 마련이며, 그런 의미에서 '발판 만들기'의 과정에 불변의 원칙이나 정답은 없다고 해도 과언이 아니다. 가령 조직에서 가장 높은 위치에 있는 사람을 통한 소개가 항상 바람직하지는 않다. 어떤 경우에는 연구에 도움을 줄 수 있는 위치에 있는 실무자가 자신의 윗사람을 통한 연구자의 '낙하산'식 접근을 못마땅하게 여겨 비협조적으로 나올 가능성도 있다. 또 지역사회나 회사 내에 적대적 관계를 지닌 파벌이 형성되어 있어, 한쪽 대표자를 만나면 상대 집단을 연구하기가 어려워질 수도 있다. 흔한 일은 아니지만 현장의 높은 위치에 있는 사람이 연구자를 일종의 '정보원'으로 활용하려는 경우도 발생할 수 있다.

요컨대 연구의 첫 단계에서 기댈 언덕을 마련하는 것은 중요한 일이지만, 누구를 만나 어떤 관계를 형성할 것인가는 현장의 상황에 따라 달라질 수밖에 없다. 처음 현장에 들어가는 연구자는 빨리 현장에서 자리를 잡아야 한다는 조바심 때문에 기회만 되면 만나는 모든 사람과 친해지려는 경향을 보이기 쉬운데, 인류학자에게 바람직해 보이는 이런 태도가 꼭 좋은 결과로만 이어진다는 보장이 없다는 것이 현장연구가 지니는 어려움이기도 하다. 따라서 연구자는 발판 만들기의 과정에서도 연구현장의 상황적·구조적 특성을 되도록 일찍 파악하고자 노력해야 하며, 또 가능하면 현장에 들어가기 전에 미리 연구현장의 특성들을 파악하려는 노력도 필요하다.

사정에 따라서는 아무런 연결 끈도 없이 연구현장에 들어갈 수밖에 없다. 이때에는 흔히 하는 말로 '맨땅에 헤딩'하는 적극성이 필요하다. 하지만 이런 경우에도 우선적으로 만나볼 수 있는 사람들이 있다. 가령 아는 사람이 전혀 없는 동네에 들어갈 때에는 마을 이장을 찾아가 자기소개를 하는 것이 좋은 접근법이다. 지역민들이 많이 다니는 사찰이나 교회도 현장으로의 좋은 디딤돌이 될 수 있다. 이장, 승려, 목사와 같은 사람들은 대개 연구와 관련해 도움을 줄 수 있는 현장의 지역민들을 많이 알고 있고 또 소개해줄 수 있으므로 언제나 가장 먼저 만날 대상으로 고려해야 한다. 아는 사람이 아무도 없는 미국의 한 은퇴촌을 연구한 정진웅의 경우가 여기에 해당한다. 그는 마을에 도착하자마자 그 마을에서 가장 큰 교회의 목사를 찾아가 자기소개를 했고, 목사는 연구에 관한 얘기를 다 듣고 나자 바로 누구에겐가 전화를 하였다. 그 전화를 받고 10분도 되지 않아 나타난 한 전직 대학교수는 이후 현장연구 과정에서 연구자의 안내자이자 친구가 되었으며, 연구에도 이루 형용하기 어려울 정도의 도움을 주었다.

앞서 언급했듯이 연구현장에는 종종 이해가 상충하는 여러 집단이 있기 쉬운데, 그중 한쪽에 의지해 연구를 진행하다 보면 그만큼 상대 집단에 접근하기가 어려워진다. 혹 그런 상황에 처하더라도 현장의 사정으로 인해 주어지는 한계를 인정하고 그 바탕 위에서 최대한 노력하는 태도가 필요하다. 이런 경우 누구의 소개도 받지 않고 현장에 들어가는 쪽이 오히려 아무런 장애 없이 널리 관계를 맺어 나갈 수 있다는 점에서 도움이 된다. 이처럼 아무런 소개 없이 현장에 들어가는 것이 꼭 단점만 가지고 있지는 않다. 요컨대 연구현장에서의 모든 접근방식은 그 나름대로의 장점과 단점을 지닐 수밖에 없다. 따라서 현장의 상황에서 특정한 선택이 지니는 장점과 단점을 잘 살피는 융통성 있는 접근이 필요하다.

그러나 어떤 경우이든 현장연구를 처음 경험하는 인류학도가 현장에 접근할 때 무엇보다도 중요한 것은, 낯선 집단의 다양한 사람들에게 열린 마음으로 다가가 소통하고 신뢰를 쌓아 가겠다는 적극적이고 열린 태도이다. 연구의 편의나 효율성을 위하여 앞에서 언급한 접근방식들 중 하나를 선택하더라도 현장연구에서는 '사람 대 사람'으로 겸손하고 평등하게 만나려는 태도를 항시 갖추어야 한다. 다양한 현장 사람들과의 만남에 기초해 '밑에서부터' 연구하려는 태도야말로 민족지적 현장연구의 기본정신이기도 하다.

2. 자기소개와 신뢰 쌓기

현장에서의 다양한 만남에 대비해 가급적 자신의 연구에 관한 여러 가지 증빙서류들을 준비해 두는 등의 행정적 준비가 필요한 경우도 있다. 대학, 연구비 지원기관, 연구 발주기관의 소개장 등이 이에 해당한다. 대학의 소개장에는 연구자와 대학의 관계, 연구비 지급기관, 연구기간 등에 대한 설명을 포함시킨다. 하지만 대학 수업의 일부로 주변에서 현장을 선정해 단기간 연구를 하는 학생들은 현장에서 자신을 소개하고 사람들의 신뢰를 얻는 데 별다른 증명서나 서류가 필요 없는 경우도 많다. 상황에 따라서는 소속 대학과 전공, 수업과제 때문에 현장연구를 한다는 정도의 소개만으로도 현장에서 별 무리 없이 받아들여지기도 한다.

연구현장이 외국인 경우에는 당연히 이러한 문서들을 현지 언어로 작성해야 한다. 외국에 체류하며 행하는 현장연구의 경우 예방주사를 맞거나 장비나 물품의 이동과 신고에 대한 각 나라의 세관규정 등을 미리 알아보는 등 수많은 추가 점검사항들이 생길 수 있다. 따라서 외국에서의 본격적 현장연구에 대하여 다양한 자료들을 참고할 필요가 있다.

이리한 서류들을 철저히 준비해 가면 연구자가 연구목적 이외의 다른 나쁜 목적이 없다는 점을 현장 주민들에게 주지시켜 의심의 소지를 미리 차단하고 신뢰에 기초한 관계를 형성해 나가는 데 도움이 된다. 실제로 개발사업과 관련된 현장에 대한 연구는 이해관계가 첨예하게 얽혀 있는 상황에서 이루어지기 때문에 연구자가 특정한 정보를 캐내려는 정보원으로 의심받는 사례가 많으므로 그만큼 현장 주민들의 신뢰를 얻는 일이 중요하다.

이와 관련해 조사에 대해 궁금해하는 사람들에게 연구자가 현장에서 하고 있는 일을 어떻게 설명할 것인지도 미리 생각해 두는 것이 좋다. 대부분의 사람들에게 민족지적 현장연구자는 매우 낯설고, 그런 만큼 의문스러운 존재이기 쉽다. 현장 주민들의 의문과 오해가 쌓이다 보면 극단적인 경우 경찰 신고와 조사로 이어지는 일도 발생할 수 있다. 따라서 연구자는 자신이 누구이며, 현장에서 하려는 작업은 무엇이며, 얼마나 머물 것이며, 사람들에 관해 무엇을 알고 싶으며, 또 자신이 어떤 점에서 믿을 만한 존재인지 등을 어떻게 얘기할지를 미리 준비해 두도록 한다. 이런 얘기들을 전달할 때는 솔직하고, 간략하고, 일관성 있는 태도를 지니도록 노력한다.

하지만 연구에 따라서는 연구목적을 자세히 밝히면 연구 수행 자체가 어려워지는 경우도 있다. 한 예로 현장 주민들 간에 존재하는 다양한 갈등양상을 밝히는 것이 연구목적일 경우, 어떤 주민들은 외부인에게 내부의 갈등양상을 드러내는 데 거부감을 느낄 수도 있다. 그 외에도 연구에서 자신들이 어떤 존재로 표현될지 알 수 없기 때문에 현장 주민들이 연구자에게 거부감을 갖는 경우는 얼마든지 있을 수 있다. 특히 20대 초반의 대학생은 상대적으로 나이가 어리고 연구자로서의 전문성을 인정받기도 어렵기 때문에, 현장 주민들로서는 자신들이 그런 대학생들의 연구대상이 된다는 사실 자체가 내키지 않을 수 있다. 그런 상황이 벌어질 확률이 높아 보일 때에는 지도교수를 포함해 자신을 현장에 잘 소개해줄 수 있는 사람들의 도움을 적극적으로 고려해 본다. 연구자가 믿을 만하고 자격을 갖춘 사람이라는 것을 보증해 주고, 또 연구의 의미를 잘 전달해 줄 사람이 있으면 그만큼 자연스럽게 연구현장에서 받아들여질 수 있다.

3. 이리저리 탐색하기와 주요정보제공자 찾기

앞에서도 지적했듯이 민족지적 현장연구의 초기에 집중해야 할 작업은 빠른 시일 내에 현장의 전반적인 사회적 상황에 대한 일종의 '감'을 잡는 일이다. 즉 그 사회 내의 사회적 배치와 권력의 구조, 또 상징적 위계 등을 종합해 큰 그림을 그려 보는 작업이 요구된다. 그러자면 현장에서 벌어지는 다양한 사회적 상황에 대한 지식이 필요하다. 이를 위해 연구자는 다양한 사회적 상황에서 시간을 보내며 서성거리고 두리번거리며 관찰하고, 또 가능하면 구성원들에게 이런저런 말을 걸어 보며 탐색하는 일종의 '어슬렁거리기hang out'의 태도를 갖추어야 한다. '어슬렁거리기'라는 태도는 조금 역설적 표현일지는 몰라도 일종의 '있는 듯, 없는 듯'한 태도라고도 할 수 있다. 연구자가 너무 존재감을 드러내거나 상

황을 주도하는 것도 바람직하지 않지만, 또 너무 '없는 듯' 있는다면 오
히려 수상해 보일 수도 있다. 연구자에게는 다양한 사회적 상황에서 어
떤 식으로든 참여와 관찰이 가능하도록 자신의 자리를 만들어 나가려는
의지와 끈기가 중요하다. 요컨대 연구자가 연구현장에 들어가 가장 먼저
할 일은 외부자로서 그 사회를 연구할 수 있도록 사회적 관계망 내에서
사신의 위치를 설정하고 세우는 일이다.

하지만 이러한 작업이 장애에 부딪히는 경우가 많다. 연구현장에서 반
드시 좋은 관계를 맺어야 하는 사람들이 오랫동안 냉랭한 태도를 보이면
이쯤에서 연구를 포기해야 하나 싶은 생각이 들 수도 있다. 하지만 대부
분의 경우 냉랭함이 무관심을 뜻하지는 않는다. 실제로 현장의 사람들
은 표정을 잘 드러내지 않는 가운데 낯선 연구자를 지속적으로 관찰하고
평가하고 있는 경우가 많다. 이런 상황이 몇 주 동안이나 지속되어 연구
를 포기하고 싶은 생각이 들 때쯤 상대방이 돌연 태도를 바꿔 친밀하게
다가오기도 한다. 외부인으로서 일종의 '합격점'을 받게 된 것이다. 이용
숙·정진웅이 지도하던 덕성여대 현장연구 팀의 구성원들은 현장에 들
어간 지 두 달이 넘도록 차갑게 대하던 사람들이 갑자기 다정하게 대해
주자 지도교수에게 바로 전화를 걸어 울먹이는 목소리로 '감격'을 전해
오기도 했다. 그러므로 현장에서 관계 맺기의 어려움이 꽤 지속되더라도
쉽게 포기하지 않고 꾸준히 노력해 보는 태도가 필요하다.

이렇게 현장에서 자리를 잡는 과정에서 누가 주요정보제공자^{key informant}
가 될 수 있는지도 감을 잡게 되고, 연구에 필요한 다양한 사회적 통로를
구축해 나가는 계기들이 마련되기도 한다. 현장에 들어간 지 얼마 안 되
어 주요정보제공자를 만나는 행운을 누리는 경우도 있지만, 언제 어떤
주요정보제공자를 만나게 될지를 미리 알 수는 없다. 따라서 이 과정은

연구현장에 안정적으로 정착한 후에도 지속되어야 한다. 바람직한 주요 정보제공자는 자신이 속한 문화와 그 내부적 다양성을 잘 알고 있는 사람이다. 연구자의 입장에서 보면 주요정보제공자는 연구대상 문화와의 접점인 동시에 안내자이자 후견인이다. 이들은 연구자가 실수를 하거나 다른 사람들에게 불쾌감을 주는 일을 했을 때 이를 알려 주며, 낙담했을 때 위로가 되고 용기를 불어넣어 주며, 또 낯선 현장에서의 외로움을 덜어 주는 존재이다. 이런 점에서 호의적인 정보제공자의 존재는 연구자가 현장에서 겪게 되는 수많은 어려움을 헤쳐 나가는 데 중요한 버팀목이 되어 준다. 극단적인 경우이겠으나, 혹 연구자가 위험에 처하는 상황이 벌어졌을 때 이를 먼저 알려 주는 사람도 바로 이들이 될 것이다.

정보제공자informant라는 용어는 민족지적 현장연구의 맥락에서 널리 사용되는 용어이다. 면담의 대상이 되는 사람을 이렇게 부른다는 것은 면담의 주요한 목적이 관찰 등의 다른 방법으로는 알기 힘든 정보들을 얻는 것이라는 점을 시사한다. 이런 맥락에서 연구현장에 대해 잘 알아 연구자에게 많은 정보를 제공해 주는 사람을 주요정보제공자라고 부른다. 정보제공자라는 용어 대신 간혹 '제보자'라는 용어를 쓰기도 하는데, 이 용어는 '밀고자informer'라는 부정적 어감을 지닌 용어와 혼동되는 경우가 있어 근래에는 잘 사용되지 않는다.

면담 대상자들이 풀어 놓는 이야기들이 모두 '단편적 지식'이라는 의미의 '정보'는 아니다. 사람들이 하는 이야기에는 단순한 '정보'를 넘어서는 사람마다의 '의견'이나 '해석'들이 이미 포함되어 있기 마련이다. 또 어떤 경우에는 정보제공자가 연구현장에서 흔히 '외톨이'이기 쉬운 연구자에게 친구 같은 존재가 되는데, '정보제공자'라는 표현은 이러한 현장에서 이루어지는 인간관계의 다면성을 도외시하고 관계의 '도구적'

측면만 강조하는 느낌을 주기도 한다. 아직 상대적으로 드물기는 하지만, 이러한 이유들로 인해 현장연구에서 정보제공자의 역할의 중요성과 다양성이 충분히 인정되어야 한다는 취지에서 근래에는 '연구 참여자'나 '공동연구자'와 같은 용어를 사용하기도 한다.

이제까지 그 과정을 원활하게 하기 위해 미리 점검해 보아야 할 몇 가지 점들을 예시했으나, 아무리 꼼꼼하게 준비하더라도 현장연구의 과정에서는 예기치 못한 어려움을 피해 가기 어렵다. 현장에서 맞닥뜨리는 어려움들을 잘 극복해 나가려면 연구자 개인의 사회적 역량을 총동원해야 한다. 대부분의 연구자는 연구현장에서 사람들에게 잘 받아들여지려면 어떤 태도가 필요한지를 적극적으로 생각해 보게 되며, 또 사회적으로 인정받기 위해 노력하게 된다. 즉 현장연구를 잘 수행하기 위해서는 주어진 사회적 상황을 현장의 다양한 사람들의 입장에서 읽어낼 수 있는 사회적 감수성과, 열린 마음으로 사람들과 만나려고 노력하는 태도가 중요하다. 그뿐만 아니라 주어진 문제를 해결하려는 의지와 끈기, 참을성, 임기응변 능력, 사회적 순발력과 유연성 등의 복합적인 자질이 요긴한 경우가 많다. 한 개인이 이런 자질들을 골고루 갖추기가 어려운 만큼 현장연구의 어려움도 쉽게 극복하기 어렵다.

하지만 현장연구의 과정이 만만치 않다는 것은 동시에 현장연구의 독특한 매력이기도 하다. 시간이 지난 후 이 과정을 돌아보면 대부분의 연구자는 현장연구의 경험을 통해 자신이 인간적·사회적으로 성장했음을 느끼게 된다. 현장연구의 경험이 태도나 성격을 변화시키기도 한다. 한 대학생 연구자는 6개월에 걸친 현장연구가 끝난 후에 "선생님, 저 이제 사람들 만나도 얼굴 안 빨개져요"라고 말하며 기뻐하였다. 또 다른 연구자는 처음에는 동네 주민들에게 무엇 하나 묻기도 어려워하던 자신이,

연구가 끝날 즈음에는 우연히 만난 사람들에게도 자연스럽게 말을 걸고 있더라고 이야기하였다.

Ⅱ. 자리 잡기

연구현장에서 점차 자리를 잡으려면 현장의 다양한 사람들과 라포를 형성해 나가는 일이 중요하다. 라포rapport란 불어로 '친밀함'을 의미하는 데, 인류학에서는 연구자가 현장에서 시간을 보내면서 현장 사람들과의 친밀함과 신뢰에 기초해 형성한 관계를 뜻한다. 즉 라포를 형성한다는 것은 현장의 사람들과 속 터놓고 이런저런 이야기를 나누는 믿을 만한 관계를 구축해 나간다는 것을 뜻하며, 라포의 형성은 연구현장에서 자리를 잡는 과정의 핵심적 부분이라 할 수 있다. 라포에 기초한 관계를 구축하지 않고서는 현장 사람들의 삶과 경험에 대한 솔직하고 속 깊은 얘기를 듣기가 어려우며, 그만큼 의미 있는 자료를 구하기도 어려워진다.

1. 라포 만들기

앞에서 언급했듯이 현장에 들어가서 주민들과 긴밀한 신뢰관계를 맺어 나갈 수 있을지에 대한 불안감 또한 많은 연구자들이 공통적으로 경험하는 감정이다. 우선 조급한 마음에 무리하게 관계를 맺으려고 시도하다가는 오히려 부작용을 낳을 수도 있다. 일반적으로 연구의 초기 단계에서는 신중한 태도로 현장의 문화와 규범들을 배워 가는 것이 상대적으로 안전하다. 처음 만나는 사람들 간의 관계 맺기 방식에 대하여 현장

나름의 문화적 규범이 존재할 수 있으니 이를 언제나 염두에 두고 현장의 관습을 체득하기 위해 노력해야 한다.

라포를 잘 형성하기 위해서는 어떤 것들이 필요할까? 일반적으로 낯선 사람과 친해지는 데 도움이 되는 계기들은 라포의 형성에도 도움이 된다. 라포 형성에는 무엇보다도 다른 사람의 얘기에 대한 관심과 경청의 태도를 보이는 것이 중요하다. 사람들은 누구나 자신의 이야기에 관심을 보이고 집중해 들어 주는 사람에게 이야기보따리를 풀어 놓고 싶어지게 마련이다. 연구자의 경청하는 태도로 인해 우연히 시작한 대화가 예상보다 훨씬 길고 속 깊은 이야기로 이어지는 경우도 현장연구에서는 흔한 일이다. 개인들이 드러내는 허심탄회한 이야기와 사연들은 현장에 대한 연구자의 이해를 깊게 하는 중요한 자료들이다.

공통의 관심사나 취미에 관한 이야기를 통해 낯섦을 넘어가는 것도 라포 형성의 좋은 계기가 될 수 있다. 단지 대화에 그치지 않고 취미를 같이 즐기는 계기를 마련한다면 더할 나위 없을 것이다. 테니스가 취미인 한 연구자는 아는 사람이 전혀 없는 낯선 현장에 들어가 가장 먼저 한 일이 동네 테니스장을 매일 방문해 구경하는 것이었다. 얼마 안 되어 누군가가 연구자에게 말을 걸어 왔고, 같이 테니스를 치면서 그 테니스장을 이용하는 거의 모든 사람들과 자연스럽게 라포를 형성해 가게 되었다. 사람들은 연구자가 궁금해하는 것들을 알려면 누구를 만나야 하는지 알려 주고 소개해 주었다. 현장 상황에 따라서는 자신이 전문성을 가진 연구자라는 사실을 알려서 사람들의 신뢰를 얻는 것이 라포를 형성하는 데 도움이 된다.

이 외에도 현장에서의 라포 형성에 도움이 되는 접근방식의 예는 다양하지만 '어떻게 해야 라포 형성을 잘할 수 있을까?'라는 질문은 근본적으로는 '낯선 사람과 벽을 허물고 가까워지고 신뢰를 얻기 위해서는 어떻게 행동해야 좋을까?'와 같은 성격의 질문이다. 그런 만큼 이 질문에 정해진 답은 없으며 연구자의 특성, 성격과 대인관계 스타일, 또 현장의 상황 등등에 따라 접근법이 달라질 수밖에 없다. 예를 들어 택시기사와 면담을 할 때 "기사님, 오래 운전하시다 보면 별별 사람 다 만나시죠?"라는 식으로 말을 거는 방식은 상대방에게 자신이 일상적으로 겪는 어려움을 연구자가 잘 이해하고 있다는 느낌을 줌으로써 원활한 대화를 이끌어 내기에 적절한 시작이 될 수도 있다. 하지만 만일 택시기사가 나이 지긋한 초로의 남성이고 연구자는 갓 스물 정도의 여성이라면 상대방에게 '주제넘은' 질문이라는 느낌을 주어 도리어 역효과를 낼 수도 있다. 결국 다른 사람의 성공 사례나 스타일을 따라 한다고 꼭 좋은 결과가 나오지는 않는다.

현장연구에서는 연구자 자신이 연구의 도구인 만큼, 다양한 개인적 특성이나 자질에 따라 현장 적응방식이 다양해질 수밖에 없다. 이것이 현장연구에서 시도되는 다양한 기법들을 일종의 표준 매뉴얼로 제시하기 어려운 이유이다. 즉 연구자의 성별, 나이, 학력, 외모, 스타일 등만이 아니라 참을성, 적극성, 유연성, 호기심, 식성, 흡연과 음주 여부 등등의 수많은 개인적 요인들이 연구자가 현장에서 다양한 사람들과 관계를 맺어 나가는 과정에 관여하게 된다. 결국 평소에 다양한 상황에서 자신의 스타일로 사람들과 거리를 좁히고 관계를 열어 가는 경험을 많이 해보는 것이 도움이 된다. 현장연구에서는 연구자 자신이 지닌 개인적 장점들을 잘 활용하고 또 약점들을 성찰해 이를 보완해 나가는 노력이 필요하다.

사실 사람들과 좋은 관계를 맺고 유지하기 위해서는 타인이 처한 상황에 관심을 가지고 이해해야 하며, 그러기 위해서는 사회적 상황에 대한 판단력, 상황의 다양한 전개에 따라 사람들이 겪게 되는 사연들에 대한 감수성 등이 필요하다. 현장에서의 다양한 시도와 경험이 이러한 자질들을 키워 주는 측면도 있지만, 평소에 다양한 처지에 있는 사람들의 사회적 삶과 사연에 대한 관심과 호기심, 감수성과 이해력을 키우려는 태도와 노력이 현장연구의 상황에서도 빛을 발하게 된다. 결국 현장에서의 다양한 만남도 인간관계의 연장이므로 현장에서 신뢰에 기초한 좋은 관계를 맺어 나가는 것은 '요령'으로만 터득할 수는 없다. 주요정보제공자를 만나는 일과 마찬가지로 현장에서 사람들과 좋은 관계를 유지하려는 노력은 현장연구 기간 내내 지속되어야 하는 일이다.

2. 라포 만들기의 한계

사람과 관계를 맺는 일은 여러 변수에 좌우되기 마련이어서 아무리 사회성이 뛰어나다 해도 항상 라포 형성에 성공할 수는 없다. 사실 현장연구에서는 기대한 만큼의 라포를 형성하지 못하는 경우가 성공한 경우보다 더 많다. 연구자로서는 어찌할 수 없는 변수들이 라포의 형성을 어렵게 하는 경우도 많다. 한 예로 타이완에서 현장연구를 한 미국인 연구자는 여성인 데다 소속 대학이 타이완에서 그리 유명하지 않은 대학이라는 이유로 충분한 능력을 갖춘 연구자로 인정받거나 대접받지 못하는 경험을 하였다. 이 경우 두 이유 모두 연구자가 변화시킬 수 없는 요인이다. 또 현장의 사람들이 연구자에게 보이는 태도나 선입견은 이들이 외부사회와 접촉했던 경험에 기인하는 경우가 많은데, 이 또한 연구자가 변화시킬 수 있는 상황이 아니다.

어찌 보면 연구자에게 가장 필요한 태도는 현장에서 맞닥뜨리는 여러 가지 어려움에 쉽게 좌절하거나 포기하지 않고 현장을 잘 관찰하면서 다양한 시도들을 계속해 나가는 끈기와 인내라고도 할 수 있다. 연구현장의 상황에 따라서는 기가 꺾이고 좌절감을 느끼게 되는 일이 비일비재하게 일어날 수도 있으며, 이로 인해 당장에 연구를 그만두고 현장을 떠나고 싶은 마음이 들 수도 있다. 하지만 앞서 지적했듯이 현장연구에서는 라포의 형성이 불가능할 것 같던 사람들이 어떤 계기를 통해 갑자기 태도를 바꾸어 친근해지는 상황이 흔히 발생한다. 따라서 끈기와 인내가 그만큼 중요하지만, 끈기와 인내가 항시 모든 문제의 해결책이 될 수는 없다는 점도 명백하다. 즉 반복된 시도에도 불구하고 연구자가 변화시킬 수 없는 어떤 요인들로 인해 현장에의 접근이 근본적으로 어려울 경우에는 그 현장을 떠나 새로운 현장을 찾는 것도 고려해 보아야 한다. 연구현장 선정 시에는 이러한 다양한 가능성들을 미리 검토해야 한다. 하지만 일단 현장을 선정한 후에는 어떻게든 현장에서 자리를 잡아 나가기 위해 끈기를 가지고 지속적으로 노력해야 한다.

3. 현장에 정착하기

일단 현장에서 초기 단계의 만남들을 거치고 라포를 형성하더라도 연구자는 기본적으로 외부자이다. 따라서 어떻게 하면 외부자이면서도 현장에서 존재를 인정받을 수 있는가라는 문제가 중요한 과제로 남는다. 예를 들어 아직도 세계의 여러 지역에서는 아무런 연고가 없는 여성이 지역사회에서 혼자 살며 마음대로 마을을 돌아다니는 것은 있을 수 없는 일인 경우가 많다. 사모아에서의 현장연구로 잘 알려진 마거릿 미드는 현지 추장과의 의례적 혼인이라는 형식을 거쳐 사모아 사회 내에서 자신의 존재를 승인받았다. 나이든 여성이라면 누구의 아내가 되어야만 보호 받을 수 있는 사모아 사회에서 자리를 잡고 현장연구를 지속하기 위해서 는 형식적으로나마 이런 식으로 혼인관계를 맺어야 사회적으로 인정받 을 수 있다. 이렇게 현장에서 사회적 존재를 인정받는다는 것은 현장 사 람들이 부여하는 사회적 정체성을 받아들인다는 것을 의미하기도 한다.

일단 현장에서 연구자로서의 존재를 인정받는다 하더라도 그 사회 내 에서 안정적으로 정착하려면 유의해야 할 점들이 있다. 그중 하나가 그 사회에서 주변적 위치에 있는 사람들이 먼저 접근해 올 때 어떻게 대처 할 것인가라는 문제이다. 현장에서 먼저 연구자에게 접근해 말을 거는 사람들 중에는 때로는 그 사회 내에서 소외되거나 여러 가지 이유로 배 척받는 사람들도 있다. 그들과 친해지는 것은 한 사회 내의 주변적 입장 에서 그 사회를 보는 시각을 얻게 된다는 점에서 소중한 기회이기도 하 지만, 동시에 그 사회 내에서 잘 받아들여지지 않는 사람과의 친분으로 인해 나중에 다른 집단과 친분을 맺는 데 장애를 겪을 수 있다.

물론 그들과의 친분이 연구 진행에 어느 정도 부정적 결과를 초래한 다 해도 연구자는 그 관계를 유지할 수 있다. 하지만 적어도 라포를 형성 해 나가는 단계에서 각 개인이 그 사회 내에서 어떠한 위치에 있고 어떠 한 평판을 지닌 사람인가에 주의를 기울일 필요는 있다. 이는 적대적 관 계인 파벌들이 지역사회 내에 형성된 경우에도 마찬가지이다. 앞에서도 지적했듯이, 누구를 만나 어떤 관계를 형성할 것인가는 항시 현장의 상 황에 대한 판단에 기초하게 된다.

따라서 연구 초기에 현장의 사회적 지형도를 알아내는 데 힘써야 한 다. 그 사회의 주요 인물들의 이름과 책무, 그들 사이의 관계 등을 파악 하고, 촌락 연구의 경우 친족계보를 조사한다. 연구현장의 물리적 지형도에 관한 조사도 이 단계에서 병행하는 것이 좋다. 이는 공간구성상의 특성이 한 사회를 이해하는 데 있어 유익한 시사점을 주는 경우가 많기 때문이다. 직접 사람들을 찾아다니며 한 사회의 물리적·사회적 구성에 관한 정보들을 얻는 방법은 그 과정에서 사람들과 자연스레 라포를 형성해갈 수 있다는 점에서 도움이 되기도 하지만, 연구자가 일종의 스파이로 오해받는 등의 부작용도 있을 수 있으므로 유의해야 한다.

이 외에도 낯선 현장에서 장기간 연구를 진행할 때 유의할 사항들이 많다. 개인적 안전도 그중 하나로서 폭력이나 범죄의 대상이 될 가능성을 줄이는 일에 신경을 써야 한다. 여성의 경우 성별에 관한 특별한 규범이 존재하는지를 잘 살펴서 개인적 안전에 유의한다. 음식이나 주거 환경 때문에 고생할 수도 있고, 본의 아니게 정치적 이해관계가 상충하는 상황에 휘말려 어려움을 겪을 수도 있다. 가능하면 연구 초기에 이러한 상황에 대한 정보를 미리 얻어 어려운 상황을 피하도록 대비해 둔다.

어느 시점에 이르면 연구자는 이제 연구현장에 정착했다는 느낌이 들기 시작한다. 그 시점은 사람마다 다르다. 참여관찰과 면담 대상을 확보하고 주요정보제공자를 만나 본격적으로 자료를 모으기 시작한 때일 수도 있고, 현장에 적응해 연구활동의 리듬이 생긴 때일 수도 있다. 또는 다양한 행사에 참여할 만큼 현장에서 자신의 위상이 확립된 때일 수도 있고, 현장 여기저기에 '비빌 언덕'이 생긴 때일 수도 있다. 어떤 경우이든 정착했다는 느낌은 어느 정도의 안정감을 동반하게 된다.

4. 현장연구자로서의 마음가짐

낯선 연구자로서 현장에서 자리를 잡아 가는 데 있어 보다 근본적이고 중요한 점은 사람들을 통해 배우려는 진지한 태도를 견지하는 것이다. 모든 문화 혹은 하위문화는 나름대로의 관습과 규범을 지니고 있다. 연구자가 아무리 전문적 지식이 풍부하더라도 현장에서 통용되는 사소한 규칙이나 규범들을 모두 알 수는 없다. 따라서 현장에서는 그 사회에서는 거론하면 안 되는 이야기를 무심코 꺼내거나 경우에 맞지 않는 행동을 하는 등의 이런저런 실수들을 하게 마련이다. 현장에 따라서는 어떤 질문이 상황에 따라 가능할 때도 있고 불가능할 때도 있다는 점을 유념한다. 어떤 복장이 적절한지, 음주와 흡연에 대한 규칙이 있는지 등에도 주의를 기울여야 한다. 이러한 여러 상황적 규범을 배워 나가며, 실수하면 겸손하게 사과하고 악의가 없었다는 점을 밝히고 현장의 규범을 존중하는 태도를 보여 사람들의 신뢰를 얻어야 현장에서의 위치를 공고히 할 수 있다.

하지만 아무리 현장 사람들의 신뢰를 얻어도 연구자는 근본적으로 외부자이다. 현장연구자가 현장에서 자리 잡은 후에 범하는 잘못 중 하나는 자신이 '내부인insider'으로 인정받았다고 생각하거나 혹은 그렇게 되고 싶다는 욕구를 갖는 것이다. 연구자가 지역 사람들과 가깝고 신뢰하는 관계를 맺는 것은 바람직하지만, 연구를 마치면 현장을 떠날 연구자가 진정한 내부인이 될 수는 없다. 그런 욕심은 사람들에게 주제넘은 행동이거나 더 나아가 기만적인 태도로 비칠 수도 있다. 따라서 현장연구자는 자신이 연구하는 문화에 진지한 관심을 지녔으며 관용적이고 타 문화를 존중하는 사람이라는 정체성을 유지하는 것이 바람직하다.

호의적인 현장에서 연구가 비교적 무난히 진행되는 경우에도 현장연구에는 항시 어려움이 따른다. 현장연구자로서 자료를 구하는 자신의 능력에 회의가 들거나, 문화적 차이를 지속적으로 겪어 내야 하는 피곤함으로 인해 사람들과 만나는 것 자체가 싫어지기도 한다. 현장에서 생활하며 느끼는 고립감으로 인해 외로움이나 소외감 등의 정서적 어려움을 겪기도 하고, 반대로 프라이버시 개념이 약한 문화에서는 자신이 어항 속의 금붕어 같다거나 숨이 막혀 뛰쳐나가고 싶다는 느낌이 들기도 한다. 문제적 상황이 점점 악화되어 견디기가 너무 힘들어지면 연구현장을 잠시 떠나는 것도 고려해볼 수 있다. 적당한 간격을 두고 주기적 또는 간헐적으로 현장을 떠나 그동안 쌓인 스트레스를 푼 후 다시 현장으로 돌아가는 방법도 있다. 그러면 그동안 인간관계에서 쌓였던 앙금이 풀어져 전보다 즐겁게 사람을 만나고 관계 자체가 좋아지기도 한다. 어떤 경우든 낯선 상황에서 수없이 겪게 되는 어려움들이 자신이 연구자로서, 또한 인간으로서 한걸음 더 성장해 나가는 과정의 일부라고 생각하면 상황을 극복하는 데 도움이 된다.

Ⅲ. 떠나기

현장연구가 충분히 이루어졌다고 판단해 현장을 떠날 시기가 언제인가라는 문제는 기본적으로 연구자의 주관적 판단에 달려 있다. 어떤 연구자는 자료가 포화saturation 상태에 도달했다는 느낌, 즉 자신의 연구주제와 관련된 이야기를 만들어낼 만큼 자료를 충분히 수집했다는 느낌이 들면 현장을 떠난다. 또 어떤 연구자는 현장연구를 마칠 때마다 항상 자료 수집이 미진하다고 느끼기도 한다. 실제로 논문이나 책을 쓰는 과정에서 특정한 자료가 필요해져 연구현장을 다시 찾는 일이 발생한다. 하지만 가장 흔한 경우는 아마도 연구자금 문제나 현장연구에 할애할 수 있는 시간 문제 같은 현실적 문제들로 인해 연구를 마쳐야 하는 시점을 맞는 경우일 것이다. 대부분의 현장연구자는 이러한 다양한 요인들을 저울질하면서 현장연구의 종료 시점을 결정하게 된다.

현장연구자는 연구를 마치면 연구현장을 떠나지만 극히 드물게 연구자가 연구현장에 아주 정착하는 경우도 있다. 가령 빈민운동처럼 연구현장에서 진행 중인 특정한 정치적·사회적 실천의 취지에 동감하는 연구자가 연구를 중단하고 실천을 위해 현장에 남는 경우가 그러하다. 하지만 이 같은 매우 예외적인 상황을 제외하면 연구자는 아무리 현장의 주민들과 친해지더라도 연구가 끝나면 떠나야 하는 존재이며, 그런 의미에서 근본적으로 외부자이다. 따라서 연구를 마칠 때가 가까워 오면 친한 사람들에게 자신이 언제쯤 떠날 것이라는 사실을 미리 알리고 그동안의 호의와 도움에 감사를 표하는 예의를 갖춘다. 그 문화 나름의 만남과 헤어짐의 방식이 있을 때에는 이에서 크게 벗어나지 않는 방식을 취하면 좋을 것이다. 바람직하게 만나고 헤어진다면 연구자나 현장 주민 모두 서로에게 지닌 신뢰가 훼손되지 않고 지속될 것이다.

연구현장을 떠나는 것이 꼭 영원한 헤어짐을 의미하지는 않는다. 많은 연구자가 현장에서 친분을 쌓은 사람들과의 관계를 오랫동안 유지해 나간다. 학부 수업의 일환으로 행하는 단기적 현장연구일 때에도 연구 중에 하던 자원봉사 활동을 연구가 끝난 후에도 지속하는 이들이 많다. 특히 전문적 연구자들은 지속적인 연구를 위해 같은 현장을 장기간에 걸쳐 반복적으로 오가게 되는데, 이때 양자의 관계는 잠정적 관계를 넘어 지속적인 관계로 발전하는 경우가 많다. 때로는 연구자가 20~30년 후에 연구현장을 다시 방문해 옛 지인을 찾아 관계가 다시 이어지거나, 연구현장의 주민이 자발적으로 연구자를 찾는 경우도 있다. 하지만 연구자는 현장 주민들이 기대감을 가졌다가 실망감이나 배반감을 느끼지 않도록, 가능하면 현장을 떠난 후 관계가 전개될 양상에 대해 그들에게 미리 알리고 양해와 이해를 구하도록 한다.

　현장연구를 통해 맺게 된 관계도 보통 세상살이의 인간관계들이 지니는 갈등의 차원을 피해갈 수는 없다. 즉 현장에서 비롯된 만남도 사람과 사람의 만남과 헤어짐에 흔히 따라오는 후회와 반성, 아쉬움과 미련, 섭섭함과 배신감 등의 감정으로부터 완전히 자유로울 수 없다. 모든 인간관계는 지극히 인간적인 관계라 하더라도 정도의 차이는 있을지언정 한편으로는 도구적 성격을 지니게 마련이다. 특히 연구현장에서 맺는 인간관계는 처음부터 연구자가 자신의 연구목적을 달성하기 위해 주민들과 맺게 되는 관계이므로 도구적 성격이 비교적 명확하다. 그만큼 내가 혹시 이 사람들을 나의 연구목적을 위해 '이용'하는 것은 아닌지, 또 관계 속에서 자신이 보였던 친절함도 연구목적을 달성하기 위한 가식적인 모습은 아닌지, 나는 그들이 보여 주는 성의와 친절함에 충분히 보답하고 있는지 등을 의심하고 고민하는 일들이 종종 발생한다. 민족지적 현장연구는 그 출발부터 이러한 인간적·윤리적 차원의 고민이나 딜레마를 내재하고 있다. 이런 만만치 않은 고민들을 겪고 적절한 답을 찾기 위해 윤리적 질문을 안고 씨름하는 과정을 겪는다는 점이 인류학적 현장연구의 특징이라 하겠다.

　이런 문제에 대하여 명확하거나 깔끔하게 정리된 답은 없다. 때로는 "저쪽의 이익과 나의 이익을 견주었을 때 저울추가 너무 내 쪽으로 기울지 않도록 노력해야 한다"는 주장을 접한다. 하지만 인간관계의 의미를 그렇게 단순히 손익계산 차원의 '제로 섬 게임'으로 축소하는 것이 과연 바람직한 일일까? 인간관계의 경험의 다층적 의미를 단순히 주고받음의 손익관계로 축소하는 것이 바람직해 보이지 않아서, 가능하면 현장에서의 만남이나 대화의 경험이 그 자체로 현장 사람들에게 긍정적인 경험과 의미로 남을 수 있도록 하는 데 많은 신경을 쓰는 것을 중요시하는 연구자들도 있다. 우리에게 부모자식 관계, 친구 관계, 업무로 인해 만난 관계 등은 어떠한 의미이며, 또 우리는 각각의 관계마다 어떤 윤리적 입장을 취하고 어떻게 관계를 맺어야 할까? 현장에서 연구자가 관계를 맺을 때 부딪치는 인간적 · 윤리적 문제들 역시 사회적 관계마다 달리 상정할 수밖에 없는 이 같은 실존적 질문의 연장선상에 놓여 있다. 그런 만큼 현장연구자에게 필요한 태도는 이런 문제들에 대해 밖에서 정답을 구하기보다는, 주어진 관계마다 또 주어지는 다양한 장면 장면에서 끊임없이 질문하고 성찰하고 가능한 것들을 실천하는 것이다.

현장연구를 마치고 나면 연구 과정에서 겪은 일련의 경험들은 다양한 면에서 개인적 변화와 성장의 계기가 된다. 낯선 문화 속에 들어가 마치 '아이'와 같은 눈으로 주위를 살피며 세상에 대해 배워 나가는 경험, 사소한 일상적 현상의 의미를 보다 넓은 맥락에서 종합적으로 사유해 보는 훈련, 적극적으로 타인의 입장에서 세상을 보고 생각해 보는 경험 등은 평소의 자신과 자신이 속한 문화의 모습을 낯설게 성찰해 보는 계기가 되어 개인적 성장의 밑거름이 된다. 특히 체계적으로 현장연구를 기획, 실천하고 그 결과를 연구보고서로 작성해 발표하는 과정에서 상황에 대한 종합적 판단력, 문제설정 능력과 기획력, 추진력, 대인관계 능력, 글쓰기 능력, 수집한 자료를 종합하고 해석하고 조직하는 능력, 이를 체계적 발표의 형태로 전달하는 능력 등 다양한 영역의 실력을 쌓게 된다. 민족지적 현장연구의 과정을 충실히 겪어낸 학생들은 졸업 후 몇 년이 지나 학교를 방문해 후배들을 만나면 "그때 현장연구 경험이 없었으면 지금의나도 없다"는 취지의 이야기를 하곤 한다(이용숙 외 2009). 요컨대, 현장의 경험에 따라 개인적 차이는 있겠으나, 현장연구는 다양한 측면에서 개인적·사회적 성장을 촉진하는 계기가 될 수 있다.

4
참여관찰

I. 참여관찰이란 무엇인가?

본래적 의미의 '민족지적 현장연구'란 연구자가 직접 연구 대상자들의
삶의 현장에 참여하여 지속적이고 깊이 있는 인간관계를 맺어 가면서 일
상생활에 대한 연구 작업을 수행하는 것이다. 이는 연구자가 소수의 연
구 대상자들과 장기간에 걸쳐 지속적이고 반복적으로 상호작용을 하는
과정이기 때문에 현장연구자는 자기라는 하나의 인격 전체로서 연구 대
상자들과 관계를 맺게 된다. 그리고 연구 대상자들과의 상호작용 과정에
서 연구자 개인이 지닌 가치나 이념, 취향, 기질 때문에, 특정한 개인으
로서의 연구 대상자들이 자신에게 보이는 반응들 때문에 때로는 기쁨
을, 때로는 분노와 좌절감을, 때로는 슬픔과 우울함을 맛보게 된다. 이
런 까닭에 민족지적 현장연구는 연구자 자신의 몸을 도구로 한 매우 체

험적인 연구 과정이다.

연구대상 사회 속으로 들어가서 연구 대상자들의 일상에 참여하고 또 이를 면밀히 관찰하여 그 사회에 대한 이해를 이끌어 내는 참여관찰은 이러한 현장연구의 원리에 가장 충실한 자료수집 방법이다. 참여관찰은 현장연구의 특징적 요소를 잘 반영하는 가장 비중 있는 자료수집 방법 이기 때문에 흔히 현장연구와 동의어로 쓰이기도 한다. 그러나 실제 현장연구에는 참여관찰 이외에도 면담, 문헌자료의 수집, 구비 전승 자료나 담론 자료 수집, 각종 통계자료의 수집, 설문조사, 지도 작성, 친족계보도 작성, 사진이나 비디오 등 영상자료의 수집 및 직접 촬영 등 질적·양적 기법을 막론하고 다양한 자료수집 방법들이 복합적으로 활용된다. 따라서 이 장에서는 면담 등과 대비되는 자료수집 방법으로서의 참여관찰에 대해서만 다루기로 한다.

사실 타일러Edward Burnett Tylor나 프레이저James George Frazer 등 초기의 인류학자들은 참여관찰을 하지 않고 연구실에 앉아 선교사, 탐험가, 여행가, 식민지 관료 등이 모아온 자료와 기록을 분석하여 특정 사회에 대해 연구하였다. 이후 일부 인류학자들은 현장으로 조사를 나가긴 했지만 직접 연구 대상자들의 삶에 참여하기보다는 이들 중 일부를 따로 불러 인류학자가 관심을 가진 주제에 대하여 면담하는 방법으로 그 사회를 파악하고자 하였다. 19세기 후반 미국의 인류학자 쿠싱Frank Hamilton Cushing 등이 연구 대상자들의 삶의 현장에 들어가서 함께 먹고, 자고, 놀고, 일하고, 대화하는 등 일상을 함께하면서 자연스런 상황에서 참여관찰을 실시하였고, 이후 이러한 참여관찰방법은 말리노스키Bronislaw Malinowski와 미드Margaret Mead 등에 의해 민족지 연구의 핵심 자료수집 방법으로 발전하였다.

트로브리안드 섬에서 장기간의 참여관찰을 수행한 말리노스키의 다음 글은 일상적 상호작용과 관찰의 중요성을 강조하는 그의 참여관찰식 접근법이 특정한 주제에 대해 직접적으로 질문하던 면담 중심의 이전 현장연구와 어떻게 다른지를 잘 나타내 준다.

> 트로브리안드 군도의 오마르카나 섬에 자리를 잡게 되자 나는 곧 마을의 삶에 참여하기 시작하였다. 중요한 사건이나 축제를 찾아다니고, 떠도는 소문이나 마을에서 일어나는 일들의 전개 과정에 관심을 기울이고, 원주민들과 비슷한 아침을 맞으려 하였다. 나는 모기장에서 나와 주변 마을의 일상이 깨어나는 광경을 보았다. 또 사람들이 필요에 따라 일찍 또는 늦게 일을 시작했기 때문에, 시간이나 계절에 맞추어 아침부터 일하는 사람들도 보았다. 마을을 가로질러 아침 산책을 하면서 가정생활이나 화장실, 요리를 하는 과정, 식사하는 광경 등 사적인 장면도 세세히 볼 수 있었다. 또한 하루 일과를 협의하는 과정, 일을 시작하는 사람들, 무언가를 바삐 만드는 남성이나 여성 무리 등도 볼 수 있었다. 싸움, 농담, 가정 대소사 등 보통은 사소하지만 간혹 드라마틱한, 그러나 늘 중요한 일들이 그들뿐만 아니라 내 일상의 분위기를 이루었다. 원주민들이 나를 매일 지속적으로 보자 나에게 관심을 갖거나 경계하지 않게 되었고, 나의 존재를 별로 의식하지 않게 되었다는 사실을 주지할 필요가 있다. 나는 더 이상 야만인 공동체의 일상에 접근하는 신참자들이 흔히 그러하듯, 내가 연구하려는 원주민들의 일상을 침해하고 변화시키는 요소가 아니었다. (1922:7-8)

연구 대상자들의 삶의 현장에 일상적이고 장기적으로 참여한다는 것은 곧 이들과 구체적인 관계를 맺고 이를 발전시켜 나감을 의미한다. 이장에서는 인류학적 참여관찰을 이와 같이 '자연스런 상황에서 연구 대상자와 지속적인 상호작용을 통해 깊이 있는 관계를 맺고 이러한 관계를 발전시켜 나가면서 관찰 자료를 획득하는 방법'이라고 조작적으로 정의하고, 이를 중심으로 논의를 전개해 나갈 것이다. 이는 몇 시간 동안 특정 장소에 들러 관찰한 후 그 내용을 분석하는 활동을 중심으로 한 '짧고 피상적인' 방식의 조사방법은 참여관찰에 포함시키지 않음을 의미한다. 예를 들어 마케팅 연구 등에서 흔히 '참여관찰방법'이라고 소개하는 "소비자의 집에 찾아가서 서너 시간 동안 면담을 하면서 약간의 관찰도 하는" 식의 조사방법은 이 장에서 논의하는 참여관찰에 속한다고 보기 어렵다. 현장에 갔다는 사실만으로 넓은 의미에서 '참여관찰'로 볼 수 있다는 견해도 있지만, 이는 연구 대상자와의 지속적이고 깊이 있는 관계 맺음에 기반을 두고 한 사회를 심층적으로 이해하려는 인류학적 참여관찰방법과는 거리가 있다.

자료수집 방법으로서의 참여관찰은 우선 비참여적 관찰과 대비하여 그 특징을 살펴볼 수 있다. 사실 관찰은 학문의 기본적 도구 중 하나이다. 관찰을 통한 연구는 사회과학뿐 아니라 자연과학 분야에서도 활발히 이루어지고 있다. 그러나 비참여적 관찰이 연구자가 관찰대상자의 행위에 일체 관여하지 않고 보고 들은 것을 기록하여 자료화하고 이를 분석하는 방법인 반면, 참여관찰은 연구자가 직접 온몸으로 연구 대상자의 삶에 참여하여 그들과 관계를 맺음으로써 심층적 삶의 의미를 파악하는 방법이다. 참여관찰은 현장에서 눈으로 보고, 귀로 듣고, 입으로 대화하고, 가슴으로 느끼고, 몸을 움직여 행동하며, 머리로 사고하는 등의 전 과정을 포괄하며 이 과정에서 얻은 모든 자료는 연구자료가 된다. 이러한 과정은 연구대상으로부터 분리된 순수한 관찰자로서는 얻기 힘든 심층적 자료를 획득하는 과정이기도 하며, 연구자가 낯선 사회의 문화를 자신의 것으로 받아들이는 일종의 '재사회화' 혹은 '재문화화' 과정이기도 하다.

참여관찰은 상대적으로 자연스런 환경에서 비구조화된 방식으로 연구대상의 일상생활에 참여하여 자료를 모으는 과정이라는 점에서 면담과도 대비된다. 연구자는 참여관찰을 통하여 현장의 물리적 환경과 현장 구성원들의 생활방식, 상호작용, 의례, 사건, 사고 등을 자연스러운 일상적 환경에서 파악하여 그 사회의 구성·작동방식 및 사회 구성원들이 자신들의 삶을 의미화하는 방식을 이해하게 된다. 이렇게 연구자가 일상에 장기적으로 참여함으로써 연구자의 존재로 인한 사람들의 부자연스런 반응을 최소화할 수 있으며, 다양한 상황에서 나타나는 사람들의 행위를 이해할 수 있다. 이 과정에서 자연스럽게 내부자적 시각native point of view을 얻게 된다. 이렇게 획득한 내부자적 시각을 연구자 자신의 시각으로 이해해 나가는 과정이 참여관찰의 과정이다. 이 과정에서 연구자의 시각이 바뀌기도 하며, 이는 종종 대상 사회를 더 깊이 이해하는 출발점이 된다.

내부자적 시각을 얻는다는 것은 연구대상 사회의 명시적 측면뿐 아니라 암묵적 측면에 대해서도 배움을 뜻한다. 명시적 문화는 사람들이 의식하며 알고 있는 것, 즉 상대적으로 수월하게 소통할 수 있는 수준의 지식이다. 문화의 암묵적 측면은 대체로 의식의 바깥에 놓여 있어 언어로 표현되지 않는 경우가 많다. 규칙이 깨어졌을 때에야 비로소 구성원들은 불편함을 느끼지만 그 이유가 무엇인지를 쉽게 말하기가 어렵다. 예를 들어 우리는 누군가 얼굴 앞에 바짝 다가와 이야기를 하면 불편함을 느끼고 뒷걸음질쳐서 안전하게 느껴지는 거리를 만들지만 "우리 사회에서 서로 의사소통을 할 때 사람들이 안전하게 느끼는 거리는 몇 센티미터 내외이다"라고 인지하고 있는 사람은 거의 없다. 이러한 암묵적 지식은 의식되거나 언어화되지 않는 경향이 있으므로 면담 등을 통해서 얻기가 힘들어 그 사회의 일상에 참여해서 서서히 배워 가야 하는 종류의 정보이다.

한편, 인류학적 현장조사에서 내부자적 시각을 얻는 것을 강조한다고 해서 참여관찰을 실시하는 연구자가 직접 내부자가 되는 것이라고 오해해서는 안 된다. 현장을 관찰하고 자료를 수집하기 위해 연구자는 전문적 관찰자로서의 거리를 유지하면서 연구현장에 있는 사람들의 삶에 참여해야 한다. 따라서 참여관찰은 삶이 '내부자'에게 어떤 의미를 갖는지를 그들의 일상에 참여하여 내부자적 시각을 중심으로 배우는 동시에 '외부자'의 위치에 남는 과정이기도 하다. 내부자적 입장이 결여될 경우 현지인의 관점에서 연구를 수행할 수 없으며, 외부자적 입장이 부족할 경우 현지인이 되어 버려 관찰과 분석 과정에서 요구되는 성찰성과 분석 능력을 잃기 쉽다. 그런데 참여와 관찰을 동시에, 균형 있게 하는 것은 쉽지 않은 작업이다. 이런 의미에서 '참여관찰'은 사실 모순적 개념이며, 필연적으로 '참여'와 '관찰' 사이의 역동적인 긴장이 수반되는 과정이기도 하다.

참여관찰은 연구자 자신을 도구로 수행하는 연구이니만큼, 연구자의 존재presence가 연구 대상자들의 언행과 태도에 다양한 수준으로 영향을 준다는 점을 잊어서는 안 된다. 물론 영향의 정도는 연구자가 얼마나 자주, 오래, 그리고 깊게 현장에 참여하느냐에 따라 달라진다. 연구자가 오랫동안 일상적 참여자가 될수록 연구 대상자들이 연구자를 의식하는 정도가 낮아지므로 장기간의 참여관찰이 자연스런 상황에서 일상을 연구하는 데에 유리하다.

연구자 자신이 도구라는 사실은 현장에서 연구자의 위치, 입장 등에 따라 무엇을 주로 보고, 듣고, 느끼는지 등에 영향을 받을 수 있음을 의미한다. 예를 들어 연구자의 성별에 따라 혹은 사회적 지위에 따라 참여관찰이 용이한 상황 및 장소 등이 다르다. 같은 사회라고 할지라도 여성 연구자가 참여관찰하기 좋은 상황과 남성 연구자에게 유리한 상황이 다른 경우가 있듯이, 연구자의 성별은 참여관찰을 통해 획득하는 정보의 종류와 양에 영향을 끼친다. 정보 획득의 차이는 그 사회를 보는 관점에도 영향을 준다. 인류학사를 살펴보면 남성 인류학자들이 그려낸 특정 사회의 모습과 이후 여성학자들이 그려낸 모습에 큰 차이가 있는 경우를 종종 볼 수 있다.

현장에서 연구자의 사회적 위치나 입장뿐만 아니라 연구자의 평소 이론적·정치적 관점이나 입장 등도 참여관찰 과정과 그 결과 얻는 자료에 상당한 영향을 끼친다. 폭넓게 열어 놓고 참여관찰을 실시한다 할지라도 현장에 있는 모든 정보가 자료가 되지는 않는다. 현장에서 생산되는 수많은 정보 중 연구 자료로 선별되는 것들은 연구자의 문제의식이나 주제의식과 관련된 것들이기 쉽다. 마음을 열되 주제의식을 인식하고, 그것이 끼치는 영향을 자성하는 자세를 가지라는 일견 모순되어 보이는 요구를 얼마나 만족스럽게 수행하는가가 참여관찰을 통해 얻는 자료의 질을 상당 부분 결정한다.

이렇듯 참여관찰을 하는 연구자는 연구자의 존재가 연구대상 사회에 영향을 미칠 수 있다는 점, 현장에서 연구자 자신의 위치와 입장, 연구자의 이론적 관점 등이 참여관찰을 통해서 얻는 정보에 영향을 줄 수 있다는 점을 자성적으로 인식해야 한다. 어떤 학자들은 인류학자들이 참여관찰을 통해서 얻는 지식이 객관적 진실이라기보다 특정한 사회적 위치와 입장을 가진 인류학자와, 특정한 사회적 위치와 입장을 가진 연구 대상자들 간의 상호작용이 만들어낸 '상황적 지식situated knowledge'이라고 주장한다.

Ⅱ. 참여수준의 다양성

참여관찰에서 참여의 정도는 현장의 상황과 연구자의 입장, 참여관찰의 목적 등에 따라 달라진다. 명목상으로는 단순히 존재하는 것 이상의 참여가 어려운 경우부터 거의 현지인의 일원이 되는 경우에 이르기까지 연구자의 '현장참여' 정도는 다양하다. 그러나 이 장에서처럼 참여관찰을 연구 대상자와 지속적인 관계를 맺고 그 관계를 발전시켜 나가는 과정을 통해 자료를 얻는 조사방법이라고 정의한다면 대체로 일정 정도의 참여는 있기 마련이다. 그러나 그 안에서도 참여 정도는 다양하며, 특히 장기간의 현장연구 과정에서는 상황과 시기에 따라 들쑥날쑥하다.

그렇다면 현장연구의 어느 국면에서 연구자가 단순히 존재하는 것 이상의 참여가 어려운 상황에서 연구하게 되어 주로 관찰만 하게 된다면,

이를 '관찰'이 아닌 '참여관찰'이라고 할 수 있을까? 예를 들어 의료진이 아닌 연구자가 의사의 수술을 관찰하는 경우, 교사의 수업을 관찰하는 경우, 노사협상의 과정을 관찰하는 경우 등을 '참여관찰'을 수행한다고 말할 수 있을까? 연구자가 연구현장에 존재하기만 했지 적극적 참여가 거의 없기 때문에 이런 경우를 참여관찰이라고 하기 어렵다는 의견도 있지만, 참여관찰이라고 보아야 하다는 의견이 더 우세하다. 연구자가 단순히 현장에 존재하면서 적극적 참여 없이 관찰을 위주로 한다는 면에서 일반적인 '관찰'과 형태상으로 큰 차이가 없다고 해도 전체적인 현장연구의 맥락에서 보면 연속적 '참여관찰' 과정 중 한 단계 혹은 부분인 경우가 대부분이기 때문이다.

실제 인류학자의 현장연구에서는 다양한 정도와 양상의 참여관찰이 이루어지며, 참여관찰은 여러 조사방법 중 하나로 작용하기 때문에, 일견 순전히 '관찰'로만 이루어진 듯한 상황이 실재적으로는 상당한 정도의 참여적 요소로 작용하는 경우가 많다. 예를 들어 한경구는 일본의 기업문화에 대한 현장연구 과정에서 스스로 순수한 관찰이라고 생각했던 행위가 실제로는 아주 중요한 참여행위였음을 사후에 발견하였다(한경구 1994 참조). 그는 노사 협상이 한창이던 회사에서 현장연구를 실행하면서 사측과 노측의 대책회의를 모두 관찰하였다. 일종의 참관인으로서 양측의 회의 상황에 존재한다는 것은 한경구에게 '관찰' 맥락의 행동일 뿐이었다. 그러다 그는 노측의 회의 말미에 노측 대표들이 "우리가 회의하는 걸 한상도 다 봤다. 감출 것이 없다"라고 이야기하는 것을 듣고 그 회의에 본인이 존재했다는 사실 자체가 연구 대상자들에게 얼마나 큰 참여적 의미를 가졌는가를 깨닫게 되었다. 서로에 대한 신뢰가 부족한 노사 대립의 상황에서 인류학자가 양쪽의 회의석상에 있었다는 사실은 양쪽이 모두 '꼼수를 부리지 않았음'을 입증하는 증거가 된 것이다.

당장은 크게 의미를 두지 않았던 '관찰' 내용이 다른 맥락과 단계의 '참여'와 '관찰'이 쌓여 감에 따라 어느 순간 해당 사회를 이해하는 데 지극히 중요한 지식으로 의미화되는 경험 또한 민족지적 현장연구자에게 아주 흔한 일이다. 예를 들어 황익주는 아일랜드에서 현장연구를 할 때 주일마다 타운에서 차를 타고 성당까지 와서는 막상 미사에는 참석하지 않고 마당에 앉아 있다가 그냥 돌아가는 젊은이들을 목격하였다. 이 광경을 큰 의미 없이 반복해서 보던 어느 날, 그는 이러한 행위가 가톨릭 신앙이 공동체의 정체성을 구성하는 주요한 요소로 간주되는 사회적 상황 속에서 신앙심이 깊지 않은 젊은 세대들에 의해 발전된 '문화적 기독교cultural Christianity'의 실천 중 하나임을 이해하였다. 이들은 가톨릭이 지배적인 사회 분위기상 성당을 왔다 갔다는 알리바이를 만들어야 했지만 미사에 참여할 정도의 신앙심은 없었던 것이다. 주일마다 성당 마당에 앉았다가 그냥 돌아가는 사람들에 대한 이러한 '참여관찰'의 경험을 통해 황익주는 아일랜드 현장에서 기독교의 위상과 의미가 어떻게 변화하고 있는지를 통찰할 수 있었다(황익주 1995 참조).

이러한 사례들은 민족지적 현장연구자가 현장에서 일어나는 상황에 대해 최대한 넓고 다양하게, 주의를 기울여 지속적으로 관찰하고 또 성찰해야 할 필요성을 제기한다. 사소하고 큰 의미가 없어 보이는 관찰 결과가 종종 지속적인 참여관찰과 광범위한 공식적·비공식적 면담 등이 진행되는 과정에서 새롭게 해석되고, 또 이러한 과정을 맥락화하는 데 활용되기 때문이다. 이러한 맥락에서 일군의 인류학자들은 '참여관찰'이 특정한 구체적 행동의 프로그램이라기보다는 오히려 일종의 심적 상태state of mind라고 주장한다(크레인, 앙그로시노 1996).

참여가 전적으로 이루어지는 상황도 다양하게 존재한다. 토착인류학자 native anthropologist와 같이 자신의 일상적 상황을 연구 상황으로 전환했거나, 이미 연구대상 집단의 구성원으로서 참여하고 있는 경우이다. 이러한 경우에는 익숙한 상황을 낯설게 보려고 애쓰면서 열심히 기록하고 문화적 의미를 찾아야 한다. 예를 들어 한국사회의 문중문화를 연구하기 위하여 자신의 집안을 연구대상으로 삼는 경우, 자신이 재즈 음악가이면서 재즈 음악가들의 문화를 연구하는 경우, 수업문화를 분석하기 위하여 자신이 가르치거나 수강하는 수업을 현장으로 삼는 경우 등이 이에 해당한다. 이 외에도 연구자들이 자신이 속한 일상을 연구 상황으로 전환한 예는 수없이 많다. 그런데 이러한 경우, 일상생활에 대해 잘 알면 알수록 오히려 연구하기가 더 어려워지곤 한다. 너무나 익숙한 상황이기 때문에 암묵적인 문화적 규칙들을 당연히 여겨 지나치고 그냥 넘어가는 경우가 많기 때문이다. 따라서 참여가 전적으로 이루어지는 경우에는 현장에 대해 비판적 거리감과 성찰성을 가지도록 노력하는 것이 중요하다. 즉 평소에 당연하게 생각했던 것을 낯설게 보고 질문하며 비판적 해석을 이끌어낼 수 있어야 한다.

태생적인 토착인류학자 또는 연구를 시작하기 전에 이미 연구대상 집단의 구성원인 경우가 아니더라도, 연구주제에 따라서는 연구대상 집단의 주요 구성원이 되어 완전한 참여에 가까운 관찰을 하는 경우가 있다. 예를 들어 특정 사회운동에 활동가로서 참여하며 연구하는 경우, 자신의 참여가 상황을 변화시킨다는 뚜렷한 의식하에 목적의식적으로 활동하면서 동시에 기록하고 해석하는 작업을 병행한다. 환경운동을 연구하기 위하여 환경운동 단체에 회원으로 참여해서 여러 가지 옹호 활동을 함께 하면서 연구작업을 병행하는 경우가 이에 해당한다.

처음부터 연구대상 사회에 전적으로 참여하겠다는 목적을 가지고 연구를 시작하지는 않았으나, 연구가 진행되면서 연구자가 연구 대상자들의 삶에 깊이 개입하게 되어 나중에는 거의 연구 상황의 참여자 중 한 사람이 되는 경우도 있다. 앞서 참여관찰의 효시 중 한 명으로 언급한 미국 인류학자 쿠싱이 그러하다. 그는 인류학 탐험대의 일원으로 뉴멕시코의 주니 사회를 연구하러 들어갔다가 그들의 삶에 감화되어 그 사회의 일원이 되다시피 하였다. 처음에는 주니 사람들에게 자신들의 비밀을 캐러 왔다고 의심받았으나 시간이 흐르면서 공동체의 일원으로 받아들여졌고 '테나찰리Tenatsali'(약꽃)라는 주니 식 이름까지 얻게 되었다. 그는 미국 정부가 주니 공동체의 땅을 빼앗으려 할 때 신문에 이를 비판하는 글을 쓰는 등 주니 사람들의 권익을 위한 투쟁에 참여하였고, 이로 인해 손해를 본 미 상원의원이 미국민족학회에 쿠싱이 주니 공동체에 머무는 한 정부지원금을 주지 않겠다고 협박하는 상황에까지 이르렀다(Pandey 1972). 연구자로 시작한 쿠싱이 주니 공동체 안팎에서 주니 일원으로 인정받게 되는 과정은 일반적인 경우보다 훨씬 높은 강도의 '참여'를 수반하는 연구 과정이었다.

그러나 전적인 참여가 이루어져 연구자가 거의 연구대상 집단의 참여자 중 한 사람이 되더라도 참여관찰자는 단순 참여자와 다르다. 일반참여자는 단순히 어떠한 활동을 하기 위해서 그 상황에 있는 반면, 참여관찰자는 활동 외에도 그 상황에 대한 연구라는 또 하나의 목적을 가진다. 따라서 단순 참여자가 대체로 자신이 속한 상황의 문화적 의미를 의식하면서 행위하지 않는 반면, 참여관찰자는 지속적으로 그것을 의식하면서 '낯설게 보기'를 시도한다. 참여관찰자의 목표는 현장에의 참여 이상의 것, 즉 참여관찰을 통해 모은 자료에 대해 학문적으로 의미 있는 분석을 해내는 데 있기 때문이다.

대부분의 참여관찰은 단순히 존재하는 것과 전적으로 참여하는 것, 두 가지 극단의 중간 어디쯤에서 이루어지며, 어느 정도로 참여하면서 관찰하게 되느냐에 따라 스펙트럼이 달라진다. 또한 하나의 참여관찰 프로젝트 내에서도 시기와 장소에 따라 다양한 정도의 참여가 행해진다. 예를 들어 도서관에서 일어나는 일들을 연구할 때, 연구자는 도서관에 들어가서 책을 찾고 대출하고 책상에 앉아 독서를 하면서 도서관이 작동하는 원리를 파악하는 동시에, 주변 학생들과 상호작용하면서 타인들은 도서관에서 어떤 일들을 하는지, 그 동기는 무엇인지 등을 파악할 수 있다. 이는 다양한 형태와 정도의 '관찰'과 '참여'가 이루어지는 과정이기도 하다. 또한 학교에서 연구를 하는 경우에, 일반 수업 시간에는 소극적인 관찰만 하지만 점심시간에는 교사 또는 학생들과 함께 식사를 하면서 보통 정도의 참여를 하고, 방과 후 활동 시간에는 일주일에 한 시간씩 강사로 자원봉사를 하면서 적극적으로 참여할 수도 있다.

현장상황 외에 연구목적에 따라서도 참여의 정도가 달라질 수 있다. 학문적 이해를 주요 목적으로 하는 경우와 인류학적 지식으로 현실을 개선하기 위해 참여관찰을 하는 경우로 나누어볼 수 있다. 후자에는 응용인류학applied anthropology, 실천인류학action anthropology 등이 포함된다. 학문적 이해를 주요 목적으로 하는 참여관찰의 결과물도 궁극적으로 현실개선에 활용될 수 있으며, 따라서 전자와 후자의 경계가 아주 분명하지는 않다. 그러나 후자는 참여관찰 과정에서 현실참여라는 뚜렷한 목적을 가진 경우가 많기 때문에 연구자의 참여도가 높아지는 경향이 있다. 예를 들어 환경운동 단체에 대한 참여관찰의 경우, 이 단체의 회원으로 환경 개선 활동을 함께 하면서 동시에 연구를 진행할 때의 참여 정도는 일반적으로 소규모 사회의 의례를 이해하기 위해서 제사를 참여관찰하는 연구보다 훨씬 높아진다.

Ⅲ. 참여관찰은 왜 하는가?

참여관찰은 다른 자료수집 방법에 비해 많은 시간과 노력이 필요하다. 낯선 사회의 일상에 장기적으로 참여해서 자연스럽게 현장 사람들과의 관계를 발전시켜 나가면서 그들의 시각을 이해하여 의미 있는 해석을 이끌어 내는 것은 만만치 않은 과정이다. 그렇다면 이렇게 많은 시간과 노력이 드는 참여관찰을 하는 이유는 무엇인가? 참여관찰은 현장연구의 전체 과정에서 어떤 위치를 차지하며, 참여관찰을 통해서 연구자는 면담 등 다른 자료수집 방법을 통해 포착할 수 없거나 모으기 힘든 정보들을 수집할 수 있는가?

1. 현장의 전반적 맥락을 포착할 수 있다

자신이 이해하고자 하는 사람들의 일상적 삶에 참여하여 함께 먹고, 놀고, 이야기 나누고, 울고 웃는 과정을 통해 우리는 연구대상 사회 및 사람들의 삶 전반을 통찰할 수 있다. 우선 자신의 몸을 매개로 현장에 참여한다는 것은 그 현장에 대해 듣기만 한 것과는 차원이 다른 경험이다. 백문이 불여일견이라는 말은 간접적으로 듣는 것에 비해 직접 눈으로 보는 것이 얼마나 효과적인가를 표현한 속담이다. 그런데 참여관찰은 단지 보는 것만이 아니라 장기간에 걸쳐 직접 듣고, 냄새를 맡고, 대화하고, 느끼고 생각하는 전 과정을 포괄한다. 이러한 과정을 통해 참여자는 특정 주제를 더욱 전반적이고 심층적으로 이해하게 된다. 예를 들어 환경미화원이 열악한 환경에서 힘들게 노동하고 있다는 이야기를 읽거나 듣는 것과, 더운 여름 새벽부터 이들과 함께 고무 옷을 입고 냄새나는 쓰레기와 씨름하는 경험을 하는 것 중 어느 쪽이 이들의 삶을 이해하는 데 더 도움이 될까?

연구 대상자의 일상에 참여하여 그와 깊이 있는 관계를 맺는다는 것은 연구자가 자신의 주요 관심사인 특정한 주제를 넘어서서 연구 대상자가 처한 다양한 사회적 상황을 대면하고 현장을 구성하는 다양한 사람들과 상호작용하게 됨을 의미한다. 이를 통해 연구자는 연구대상 사회의 전반적 맥락에 대한 감을 잡을 수 있다. 다시 환경미화원의 삶을 예로 들어 보자. 환경미화원의 삶에 대한 인류학적 연구에서 참여관찰 대상은 쓰레기를 치우는 장면에 한정되지 않는다. 연구자는 주요 연구대상인 환경미화원들을 따라 쓰레기를 치우는 현장뿐만 아니라 이들이 하루를 준비하고 마무리하는 시공간, 잠깐씩 휴식을 취하거나 식사를 하는 상황, 사적·공적 모임 등 이들이 가는 주요 공간들을 가능한 한 많이 쫓아다닌다. 그 과정에서 이들과 이들의 동료, 가족, 상급 공무원, 일반 시민의 상호작용을 관찰하고 직접 만난다. 이를 통해서 연구자는 환경미화원들이 처한 물리적·사회적·문화적·경제적 환경과 이들의 행위와 의미, 관계 맺는 사람, 주요한 규범, 그리고 사건 및 사람들 사이의 관계 등을 전반적으로 이해하게 된다. 이로써 연구자는 환경미화원들의 삶의 전반적 환경에 친숙해지고 총체적 감을 잡아 독립적으로는 이해하기 어려운 이들의 특정행위나 말, 관계에 대하여 치밀하고 맥락화된 분석을 이끌어 낼 수 있다.

따라서 참여관찰은 민족지적 연구의 초기 단계부터 현장에 대한 감을 잡기 위해 수행된다. 민족지 연구의 초기 단계에 참여관찰을 해서 얻은 정보를 통해 연구자는 참여관찰 전에 파악하지 못했던, 연구주제를 이해하는 데 필수적인 요소를 발견할 수 있다. 이러한 요소는 연구과제 설계, 자료수집, 다른 자료의 분석에 필수적인 정보를 제공하여 면담 등 다른 자료조사 방법을 설계하는 데 사용된다. 어떤 사람들을 면담 대상으로 삼을지, 어떤 상황에서 어떤 방법으로 면담을 진행할지, 어떻게 접근 가능한지, 또 문화적으로 적절한 질문을 어떻게 구성할지 등을 결정하는 데 참여관찰에서 얻은 자료가 결정적인 역할을 한다. 면담 등을 진행하는 과정에서도 연구자는 참여관찰 과정에서 획득한 문화적 이해를 기반으로 대답의 미묘한 뉘앙스를 분별할 수 있고, 이를 바탕으로 더 적절한 후속질문을 추출해낼 수 있다. 참여관찰은 이렇듯 다른 방법론을 통해 얻은 자료를 맥락화하고 이해하는 데 도움을 줄 뿐만 아니라 그러한 방법론을 위한 질문을 새롭게 구성하는 데에도 기여한다.

2. 보다 자연스런 상황에서 자료를 얻을 수 있다

지속적 참여관찰을 통해서 연구자는 연구 대상자의 반응성을 줄이고 자연스런 상황에서 이들의 행위와 의미를 관찰하고 파악할 수 있다. 사람들은 흔히 낯선 사람에게는 경계심을 품고 조심스럽게 대응한다. 낯선 사람이 갑자기 다가와서 나의 말과 행동을 주의 깊게 살피거나 여러 가지 질문을 해대면 나는 어떠한 반응을 보일지를 상상해 보라. "이 사람이 누구지?" "왜 쳐다보지?" "왜 이런 질문을 하지?" "왜 나에게 묻지?" "어떻게 반응해야 하지?" 등등 의구심이 생기고, 특정한 판단과 의도하에 자신의 말과 행동을 조율할 가능성이 크다. 그러나 연구자가 나와 장기간 일상을 함께하며 친분관계를 쌓으면 이러한 의구심은 상당히 줄어들 것이다. 이렇듯 장기간의 참여관찰은 연구자가 연구 대상자와 라포를 형성하고 긍정적인 관계를 구축하는 데 도움이 되며 이는 연구 대상자의 경계심을 줄이는 데 기여한다.

또한 지속적이고 적극적인 참여관찰은 연구 대상자가 연구자를 낯선 타자가 아닌 일상의 한 부분으로 여기게 함으로써 자연스런 상황에서 연구대상 사회에 관한 자료를 얻을 수 있도록 한다. 장기간 일상생활 속에 존재하는 연구자를 일일이 의식하면서 일상을 영위하기란 쉽지 않다. 실제로 연구 초기에 연구자의 존재를 의식하고 손님으로 대접하며 말과 행동을 연출하던 사람일지라도 일상을 공유하는 시간이 많아지면 연구자의 존재를 의식하는 시간이 점점 줄어든다. 이는 곧 자연스런 상황에서 그 사회에 대한 자료를 얻을 수 있게 됨을 의미한다.

이수정의 현장연구 경험을 예로 들어 보자(Lee 2006 참조). 그는 1년여에 걸쳐 한 실향민 모임에 대한 현장연구를 수행하는 과정에서 다음과 같은 경험을 하였다. 북한의 한 지역 출신으로 6·25 전쟁을 전후하여 남쪽으로 온 이들은 서울에 있는 향우회 사무실에서 바둑을 두거나 화투를 치는 등 소일하였다. 이들의 고향은 6·25 전쟁 중 좌우 대립으로 인해 수많은 사람들이 목숨을 잃은 비극적 사건이 발생한 곳이며, 이들 중 다수는 '반공주의'를 사회구성의 핵심적 이념으로 삼아온 남한사회에서 이 사건에 대한 직간접적 경험을 기반으로 '반공투사'로서의 정체성을 발전시켜 왔다. 이들은 '반공투사'의 이름으로 북한 혹은 북한에 동조한다고 여겨지던 사회세력에 대한 규탄대회 등에 적극적으로 참여하였다. 그러나 이수정이 참여관찰을 시작한 1990년대 말은 소위 '민주화' 바람이 불 때였고, 이를 반공주의의 쇠퇴로 해석한 이들은 그러한 시대적 분위기를 못마땅해하고 또 불안해하고 있었다. 반공주의에 기반한 '적'과 '우리'의 이분법적 사고를 가진 이들에게 '민주화'나 '남북관계의 개선'은 곧 반공투사로서의 정체성에 대한 도전이자 '빨갱이 세상의 도래'를 알리는 신호로 해석되었다. 그러한 상황에서 이 실향민들에게 낯선 연구자는 어느 편인지 알 수 없는 위협적이고 불편한 존재였다.

따라서 이수정이 사무실을 방문하기 시작한 초기에는, 그를 초대한 한두 명의 실향민을 제외한 다수가 그의 존재를 무척 의식하여 행동하고 경계심을 보였다. 삼삼오오 흩어져 대화를 나누고 바둑을 두거나 화투를 치다가도 이수정이 다가가면 말수가 급격히 줄거나 화제를 다른 방향으로 돌렸다. 뿐만 아니라 "요즘 젊은 사람들은 우리 얘기를 이해 못해. 전쟁을 겪어 보지 않아서 그래"라거나 "우리 얘기가 김정일한테 가는 것 아니야?" 하며 노골적으로 불편한 기색을 보이는 이들도 있었다. 일부는 이수정이 사무실에 나타나면 하던 일을 멈추고 다가와 이것저것 질문하고 반공주의자로서의 자신의 삶에 관한 이야기를 폭포수처럼 쏟아내면서 반응을 살폈다. 물론 이러한 행위 자체가 주요한 연구 자료로 기록되고 분석되었지만, 참여관찰을 시작한 첫 한 달 동안은 이수정의 존재 자체가 실향민들의 행동에 결정적인 변수로 작용하여 자연스런 상황에서의 참여관찰이 불가능하였다.

그러나 시간이 흘러 그의 존재가 일상화되자 이러한 반응은 줄어들었다. 함께 밥 먹고 TV 보고 이야기하는 등 일상을 공유하는 시간이 늘어남에 따라 그는 실향민들과 친해질 수 있었고 그 공간의 일상적 구성원처럼 되어 갔다. '전쟁을 겪지 않은 젊은 세대'이니만큼 정치적 견해를 달리할 수 있다는 전제가 완전히 사라지지는 않았지만 적어도 '김정일의 첩

자일 수도 있다'는 의심은 사라졌고, 이수정이 나타나도 잠깐 눈인사를 보낸 후 하던 이야기를 계속하는 경우가 많아졌으며 인생 역정을 거창하게 늘어놓는 일도 점차 줄어들었다. 정치 이야기, 북쪽에서의 경험, 가족 이야기, 애인 이야기 등 연구자를 경계하여 잘 하지 않던 이야기도 자연스럽게 나와서 이들의 경험과 의식을 이해하는 데 결정적인 자료를 수집할 수 있었을 뿐만 아니라 면담 내용을 맥락화하는 데도 큰 도움이 되었다. 이들이 이수정을 더 이상 위협적 외부자로 느끼지 않아서 일어난 변화였고, 이는 일상적 만남을 통해 관계가 발전했기 때문에 가능하였다.

3. 개인적 체험을 통해서 중요한 깨달음을 주는 자료를 얻을 수 있다

앞서 설명했듯이 참여관찰은 체험적 성격이 매우 강한 방법론이다. 이 때문에 민족지적 연구는 어느 정도 주관적 성격을 띨 수밖에 없어서, 사회적 실재를 객관적으로 인식할 수 없다는 한계를 지닌 연구로 오해되기도 하였다. 그러나 대부분의 현대 인류학자들과 민족지적 연구방법론을 추구하는 많은 사회과학자들은 참여관찰의 체험적 성격을 결코 부정적으로만 볼 필요가 없으며, 오히려 연구자가 연구 대상자 문화의 특성을 파악하는 데 매개작용을 하는 것이라 여겨 긍정적이고 적극적으로 보는 입장이다. '참여관찰에서 가장 중요한 조사도구는 연구자 자신'이라는 말은 그러한 입장을 압축적으로 드러내는 표현이다. 실제 참여관찰 과정에서는 연구자와 결부된 에피소드가 계속 생기며, 이러한 에피소드가 연구대상 사회나 사람을 이해하는 데에 결정적인 요소로 작용하는 경우가 상당히 많다. 황익주가 아일랜드의 니나라는 소도시에서 참여관찰을 하던 중 체험한 바를 사례로 삼아 이 점을 살펴보기로 하자(Hwang 1992 참조).

니나의 농구 클럽에 감독 겸 선수로서 참여하고 있던 황익주는 어느 날 밤 연습을 마치고 몇몇 클럽 멤버들과 함께 농구 클럽 사람들이 가장 즐겨 찾는 인근의 단골 술집을 찾았다. 술자리의 흥이 별로 오르지 않는 것 같다는 느낌이 들기 시작했을 때, 리엄이라는 한 멤버가 그에게 자기가 개인적으로 가장 즐겨 찾는 다른 술집에 같이 가자고 제안했고, 황익주는 이를 흔쾌히 수락하였다. 두 사람이 찾아간 술집은 대만원이어서 테이블에 앉은 사람보다도 훨씬 많은 수의 사람들이 홀에 서서 끼리끼리 모여 대화를 나누며 술을 마시고 있었다. 리엄은 자기 단골집에 왔으니 자기가 먼저 한 잔 사겠다며 맥주 두 잔을 사서 황익주에게 한 잔을 주었고, 그들은 다른 사람들 틈에 끼여 선 채로 술을 마시며 이야기를 나누었다.

그런데 잠시 후 리엄은 홀을 가득 메운 손님들 중에 자기와 친한 사람 한 명을 발견하고는 다른 사람들과 어울려 홀 건너편에서 술을 마시고 있던 그를 자신들 쪽으로 불러내었다. 그가 오자 리엄은 황익주와 그에게 서로를 소개시켰고, 세 사람은 함께 담소를 나누었다. 5분쯤 지났을 때, 이번에는 홀 건너편의 또 다른 무리와 술을 마시던 어떤 인물이 리엄을 알아보고 자기네 쪽으로 불렀다. 생면부지로 만나 대화를 나눈 지 5분 정도밖에 안 된 인물과 단둘이 있게 된 황익주는 어색한 분위기에서 대화를 이어 가려고 애를 썼다. 그러나 그것도 잠시, 그는 황익주에게 '만나서 반가웠다'고 인사하고는 처음에 있던 무리로 돌아가 버렸다.

이제 황익주는 전혀 낯모르는 사람들에 둘러싸인 채로 하릴없이 맥주를 마시면서 리엄이 돌아오면 아까 한 잔 사준 데 대한 답례로 술을 사주기 위해 기다리고 있지 않으면 안 되었다. 그는 정확히 '낙동강 오리알'이 되었다. 최대한 천천히 마셨음에도 불구하고, 애당초 얼마 남지 않았던 맥주 한 잔은 이미 바닥을 드러낸 지 오래였지만 리엄은 전혀 돌아올 기미를 보이지 않았다. 어찌 생각하면 혼자 사람들을 헤집고 바텐더에게 다가가서 맥주 한 잔을 더 시켜 마시며 좀 더 기다릴 수도 있었을 것이다. 하지만 한국에서는 그런 상황에 직면해본 적이 전혀 없었던 황익주로서는 그것이 너무나 끔찍스럽게 느껴졌다. 마침내 그는 빈 술잔을 바텐더에게 건네주고 사람들 사이를 헤집고 술집을 빠져나와 숙소로 돌아갔다. 그런데 그를 더욱 당혹스럽게 만든 것은 며칠 후 농구 연습차 다시 만났을 때 리엄이 그 일에 대해 사과는커녕 아무 일도 없었던 듯 일체 언급하지 않았다는 사실이었다.

이 체험으로 황익주는 아일랜드인과 한국인의 음주 문화 간의 중요한 차이를 포착하게 되었다. 아일랜드인은 몇 개의 단골 술집을 두고서 상황에 따라 그에 걸맞은 술집을 찾아간다. 가령 어떤 운동을 하고 난 후에는 그 운동을 즐기는 사람들이 즐겨 찾는 술집을 찾아가고, 어떤 봉사단체나 취미활동 단체의 회합이 끝난 후에는 그 단체 사람들이 즐겨 찾는 술집을 찾아가고, 특별히 함께 갈 사람들이 없는 경우에는 혼자서라도 앞의 두 단골집이나 혹은 제3의 단골집을 찾아가는 것이다. 그러다 보니 사람들은 어느 술집을 가더라도 대화 상대가 될 만한 친구를 한두 명 정도는 찾을 수 있게 된다. 설사 술집에 들어설 때에는 그런 친구가 없더라도 바텐더가 있는 쪽의 개인용 의자에 앉아 바텐더와 이야기를 나누며 술을 마시다 보면 아는 친구가 나타나고 그와 함께 대화를 나누면 된다. 그런 까닭에 아일랜드인들은 처음부터 무리를 지어 술집을 찾아가는 횟수만큼 혼자서도 자주 술집에 간다. 그리고 일단 술집에 들어가면 설사 동반자가 있다 하더라도 각자 손님들 중 대화하고 싶은 사람들을 찾아 자유로이 이합집산을 해도 무방하다.

그에 반해 한국인의 음주문화에서는 처음에 무리를 이루었던 사람들 중에 일부가 먼저 술자리를 떠나는 경우를 제외하고는 처음 무리의 구성원들이 당연히 술자리 내내 함께 술을 마시게 된다. 함께 술집에 들어갔던 사람들이 뿔뿔이 흩어져 술을 마신다는 것은 도저히 받아들일 수 없는 일이다. 황익주는 이런 차이를 몰랐기 때문에 니나에서의 체험이 너무나 당혹스럽고 감정적으로 수용하기 힘들었다. 그러나 바로 그런 황당한 체험을 매개로 하여 황익주는 두 나라 음주 문화의 중요한 차이점을 명확하게 발견할 수 있었다.

물론 단 한 번의 체험으로 그런 결론을 내린 것은 아니다. 덜 극적이기는 했지만 그 일이 있기 전과 후에도 일련의 유사한 체험을 한 바 있고, 그가 관찰한 차이를 다양한 연구 대상자들과 면담하는 과정에서 확인하고 해석한 후 내린 결론이다. 이렇듯 참여관찰을 통해 연구자는 체험하지 않고서는 파악하기 어려운 그 사회의 주요한 문화적 요소들을 이해할 수 있게 된다.

Ⅳ. 참여관찰은 어떻게 하는가?

1. 참여관찰에 적절한 태도

1) 예의와 성찰

참여관찰은 사람들과의 일상적 상호작용을 기본으로 신뢰관계를 쌓아 나가면서 점차 그 사회에 관한 이해를 이끌어 내는 자료조사 방법이기 때문에 연구자가 연구 대상자에게 함께 생활하기에 편안한 사람으로 느껴지고 자연스럽게 현장에 스며들 때 대체적으로 좋은 성과를 거둘 수 있다. 이를 위해서는 그 사회의 구성원들이 공유하는 일상적 예의를 지키며 행동하는 것이 중요하다. 민족지적 현장연구자의 잦은 실수 중 하나는 '자료 및 정보 획득'에 지나치게 관심을 쏟은 나머지 너무 저돌적인 자세를 취해서 연구 대상자를 불편하게 만드는 것이다. 지나치게 직접적으로 꼬치꼬치 캐묻거나 일일이 쫓아다니면 연구 대상자는 연구자를 외부자로 인식할 뿐만 아니라 위협적이고 성가신 존재로 느껴 오히려 연구자가 자료를 얻기 어려워진다.

경험 많은 민족지 연구자들에 따르면, 연구 대상자가 연구자를 친구처럼 느끼면서 편안한 기분으로 대할 때의 행위나 이야기가 조사를 당하고 있다고 느낄 때보다 진실성이 높다고 한다. 그러나 모든 문화권에서 모든 사람들에게 통용되는 '적절한 행위'의 목록이란 없으므로 연구대상 사회의 문화를 적극적으로 배워 나가면서 적절한 행위를 하려고 애쓰되, 구체적인 맥락에서는 상황에 따라 판단해야 한다.

신뢰관계를 쌓아 나가는 데 있어 문화적으로 적합한 방식의 예의를 갖추는 것과 더불어 필요한 요소 중 하나는 연구자 스스로가 조사도구라는 점을 인식하여 자신의 특성에 대해 성찰하고, 그 특성에 맞추어 현장연구를 실행하려는 자세이다. 자신이 지닌 가치관이나 이념, 취향, 혹은 기질상의 특성을 잘 파악함으로써 현장연구 작업의 진행 과정에서 자신의 특성에 전혀 맞지 않는 방식으로 무리하게 현장연구 작업상의 세부사항들을 처리하려다가 실수를 범하는 일을 예방할 수 있다.

자신의 특성과 자원을 잘 파악하여 참여관찰 과정에서 연구대상 사회에 기여할 수 있는 부분을 찾는 것도 중요하다. 연구자에게 아무런 의무를 지지 않으면서도 기꺼이 자신들의 삶의 모습을 연구자에게 보여 주고 이야기를 들려주는 연구 대상자들에게 무엇인가 도움이 되는 일을 함으로써 장기적 연구에 필요한 관계의 호혜성을 증진할 수 있다. 즉 자신의 특성을 파악하는 것은 참여관찰 현장에서 스스로의 위치와 그로 인해 얻게 되는 정보 및 자료의 제한성을 성찰하고, 더욱 맥락화된 참여관찰과 해석을 할 수 있는 기반이 된다.

2) 분명한 목적의식과 열린 마음의 조화

연구 대상자의 일상을 따라가며 진행하는 참여관찰은 연구자가 통제할 수 없는 상황에서 이루어지는 경우가 많다. 그러다 보니 연구자는 자신이 현장에서 무엇을 하고 있는지에 대한 감을 잃어 막연히 시간을 보내거나 당황하곤 한다. 심지어 박사논문을 쓰기 위해 장기간의 참여관찰을 하는 인류학과 대학원생들조차 "내가 무엇을 하고 있는지 모르겠다"고 하소연한다. 이러한 방황의 과정은 자연스런 환경에서의 참여관찰이라는 조사방법의 성격상 불가피한 측면이 있지만, 지나치게 많은 시간과 노력을 허비하지 않으려면 자신이 무엇을 위하여 참여관찰을 하고 있는지, 즉 연구주제와 참여관찰의 목적에 대해 분명한 의식을 가져야 한다. 내가 지금 왜 여기 있는가에 대한 자성이 필수적이라는 것이다.

그러나 분명한 목적의식을 가져야 한다는 것이 참여관찰 현장의 구체적 상황과 상관없이 주어진 연구주제와 목적을 무조건 고수하라는 뜻은 아니다. 특정한 가설 아래 구조화된 질문을 가지고 조사하는 사회과학적 연구와 달리, 참여관찰을 수행하는 연구자는 미리 정해진 답이 없는 환경에 스스로를 던져 해당 사회와 사람들에 대해 배운다. 즉 참여관찰은 이전에 연구자가 상상하지 않은 일들에 부대끼고 놀라고 충격을 받으면서 새로운 것을 배우는 과정이며, 이러한 특징이 아마도 조사방법으로서의 참여관찰이 갖는 가장 큰 장점 중 하나일 것이다(Dewalt, Dewalt and Wayland 2000:267). 이는 연구자가 자신의 포괄적 연구주제에 맞는 자료를 모으는 과정인 동시에 스스로의 선입견을 자성하고 사람살이에 대한 새로운 가능성들을 엿보는 과정이다. 참여관찰은 계획한 시간대가 아닌 때에 계획한 장소가 아닌 곳에서 수행되는 경우도 많다. 일상의 모든 상황이 잠재적 현장인 까닭이다. 따라서 언제든 보고, 듣고, 이야기를 나누고, 기록할 준비를 해두는 것이 좋다.

3) 신중하되 여유로운 마음가짐

낯선 상황에서 참여관찰을 하면서 어색하게 느끼고 확신을 가지지 못하는 것은 아주 정상적이고 일반적인 현상이다. 다양한 종류의 새로운 자극에 직면했을 때 '문화충격'을 느끼는 것은 대부분의 연구자가 경험하는 일반적인 일이므로 이에 대해 너무 조바심을 낼 필요가 없다. 시간이 흐름에 따라 현장에 익숙해지면 훨씬 더 편안해지고 자신감이 생기기 때문이다(Dewalt, Dewalt and Wayland 2000:266-267).

낯설고 혼란스러운 상황에서 여러 가지 심리적 압박을 느끼다 보면 실수가 불가피한 순간이 있지만 대부분의 경우 시간이 흐르면 극복하게 되므로 이에 대해서도 너무 전전긍긍하지 말고 침착하게 대처해야 한다. 물론 어떤 종류의 실수는 너무 결정적이어서 연구 자체를 중단해야 하는 상황이 올 수도 있으므로 신중함을 잃지 않아야겠지만, 이미 벌어진 실수에 대해서 지나치게 불편해하고 집착한다면 연구 대상자들에게 부정적인 이미지를 증폭시켜 연구 자체를 위기에 빠뜨릴 가능성이 크다.

따라서 신중하게 행동하되 여유를 가지고 불편함과 실수로부터 배운다는 자세를 가질 필요가 있다. 특히 실수를 저질러 불편하고 괴로운 상황은 연구자의 기본적 태도나 규범이 연구대상 사회의 그것과 달라 충돌했기 때문일 가능성이 높다. 이는 연구대상 사회와 사람들에 대해 가장 중요한 것들을 배우는 순간임을 의미하므로 이를 잘 인지하여 통찰과 배움의 계기로 만들어야 한다.

4) 낯설게 보기와 거리 두기: 자문화 연구의 경우

자기 사회에 대한 참여관찰을 수행하는 것은 전통적 의미의 인류학에서는 드문 일이었지만, 서구에서 인류학 훈련을 받은 비서구 출신 인류학자들의 자문화에 대한 관심이 증가하면서 이제는 더 이상 이례적인 일이 아니다. 이처럼 '자문화 연구'는 대체로 식민지배를 받았던 비서구 인류학자들에 의해 주창되었고 점차 서구 출신 학자들도 자기 사회를 연구하기 시작하였다. 이때 자문화와 타 문화를 가르는 기준은 대개 출신 국가 단위였다. 그러나 사회의 분화와 더불어 '자문화'의 경계가 꼭 국가의 경계와 일치하지 않는다는 주장이 설득력을 얻고 있다. 한 국가 내에도 수많은 하위문화가 존재하기 때문에 출신 국가의 특정 문화를 연구한다는 것이 꼭 자문화를 연구하는 상황이 아닌 경우도 많다. 예를 들어 서울 출신 연구자가 호남의 굿문화를 연구하는 것을 '자문화 연구'라고 할 수 있는가에는 논란의 여지가 있다.

자문화를 연구하는 인류학자들에게 참여관찰은 익숙한 사회를 '낯설게 보는' 훈련을 하는 과정이다. 이는 자신에게 친숙한 사회와는 매우 다른 문화를 가진 사회에 들어가서 그 사회 구성원들의 행위의 의미를 그들의 입장에서 파악하기 위하여 일종의 재사회화·문화화 과정을 겪는 전통적 의미의 참여관찰과는 아주 다른 상황이다. 물론 자문화를 연구하는 '토착인류학자'들도 오랫동안 타 문화를 연구하면서 축적해온 인류학적 자산—자신의 문화를 보편화하지 않고 상대화하며 문화적 편견을 자성해야 한다는 시각—의 도움을 받는다. 그런데 자문화를 연구하는 경우에는 낯선 사회를 연구하는 연구자와는 조금 다른 방식으로 자신도 모르게 갖기 쉬운 문화적 편견을 자성해야 한다. 즉 낯선 사회를 연구하는 연구자가 자신의 문화적 편견을 기준으로 연구대상 사회를 판단하고 평가하는 태도를 경계해야 하는 반면, 자기 사회에 대한 참여관찰은 평상시에 당연하게 생각하던 것, 모두가 당연하게 가정하고 있는 것을 낯설게 보고 질문함으로써 연구자와 연구 대상자 모두 평소에 생각하지 못한 성찰을 할 수 있어야 한다. 그렇지 않다면 연구자는 그 사회의 구성원으로서 문화적으로 조건 지어진 익숙한 틀 내에서 당연한 해석을 할 수밖에 없다.

예를 들어 교실 상황에서라면 다음과 같은 질문들로 '낯설게 보기'를 시작할 수 있다. "교실의 물건들이 그런 식으로 배치된 이유는 무엇인가?" "수업시간이 지금처럼 짜인 이유는 무엇인가?" "왜 선생님과 아이들의 말투가 다른가?" 이렇게 일견 당연해 보이는 것들에 대해 거리를 두고 질문함으로써 인류학자는 자신이 소속된 사회의 독특한 문화에 대한 비판적 해석을 이끌어낼 수 있다. 마치 외국인이나 외계인이 된 기분으로 관찰하고 질문을 던지는 것이 중요하며 이러한 질문 능력을 갖출 수 있도록 감수성을 높여야 한다.

자문화에 대한 참여관찰을 수행하는 연구자들이 의식해야 하는 또 하나의 논점은 연구 대상자와의 독특한 관계와 관련된다. 자문화를 연구하는 연구자들은 보다 자연스럽게 내부인으로 인정받고 라포를 쉽게 형성할 수 있는 가능성이 큰 반면, 기존의 사회적 지위에 따른 행위와 관계를 요청받아 참여관찰자로서의 위치를 유지하기가 어려울 수도 있다. 예를 들어 경북 안동지역에서 안동김씨 문중에 대한 현장연구를 한 김광억은 자신이 안동김씨 출신이었기 때문에 자연스럽게 내부인으로 인정받고 참여관찰을 실시할 수 있었던 반면, 연구 대상자들에게 이미 각인된 문중 내에서의 사회적 정체성으로 인하여 스스로 원하지 않은 방식으로 관계가 형성되었다(김광억 2000). 연구대상인 안동김씨 문중의 사람들은 같은 문중 출신이자 서울대 교수인 김광억이 안동 양반문화를 유일하게 가치 있는 문화로 인정하고 그 가치를 현대적 언어로 번역하여 널리 알리기를 기대하였고, 학자로서 거리를 두고 이 문화를 해석하기를 원한 김광억은 그러한 기대를 협상하는 데 어려움을 겪을 수밖에 없었다.

자문화를 참여관찰하는 경우, 연구 대상자들은 연구자가 자신들의 사회에 대해 많이 알고 있다고 단정하거나, 그 사회의 비밀을 외부에 노출시킬까봐 두려워 참여관찰 대상이 되는 상황을 거북해할 수 있다. 따라서 연구자는 의식적으로 일정 정도 거리를 두어야 한다. 무엇보다도 중요한 점은 연구자가 학자라는 자신의 정체성을 잃지 않는 것이다. 과도한 개입이나 감정이입으로 인해 자신이 연구 대상자들과 똑같은 눈높이를 갖지 않도록 애쓰고, 연구 대상자들에게도 자신이 일정 정도 그 사회의 구성원이기는 하지만 궁극적으로 연구자임을 인지시켜 과도한 기대를 받지 않도록 주의한다. 참여관찰의 장점인 동시에 난제인 '참여'와 '관찰'의 절묘한 균형이 어떤 경우보다도 필요한 상황인 것이다.

2. 참여관찰에 도움이 되는 역량

참여관찰을 잘 하기 위해서 평소에 길러 두면 도움이 되는 역량으로는 연구대상 사회의 언어, 주의력과 기억력 및 분석능력, 기록기술, 상황

판단력 등이 있다. 연구대상 사회에서 어떤 일들이 벌어지는지 이해하고 연구 대상자와의 관계를 발전시켜 나가기 위해서 가장 필요한 능력이 그 사회의 언어구사능력이다. 참여관찰의 원칙은 자연스런 상황에서 연구 대상자와 상호작용하는 것이므로 연구 대상자와의 일상적 대화가 매우 중요하다. 통역자를 대동할 수 있는 공식적 면담과 달리 일상적 대화의 상황에서 그 사회의 언어를 알지 못하면 아주 난감해질 것이다. 성인이 되어 다른 사회의 언어를 배우려면 상당한 시간과 노력이 필요하므로 현장이 정해지면 미리 그 사회의 언어를 익혀 놓아야 한다. 일반적으로 최소한 일상생활을 영위할 수 있을 정도의 기본적 언어를 배운 후 현장에 들어가 연구 대상자들과 상호작용을 하면서 부족한 부분을 채운다.

언어구사능력은 타 문화를 연구할 때뿐만 아니라 자기 문화를 연구할 때에도 필요하다. 한 문화 내에서라도 집단에 따라 같은 어휘나 표현이 다른 의미로 통용되거나, 같은 의미인데 다른 어휘나 표현이 쓰일 수 있기 때문이다. 따라서 집단과 맥락에 따라 같은 언어가 어떻게 다른 의미와 활용도를 갖는가를 민감하게 파악할 수 있는 능력을 길러야 한다. 예를 들어 건설노동자들의 삶을 연구하고자 한다면 이들이 건설현장에서 사용하는 다양한 어휘와 표현을 익히는 것이 필수적이다.

주의력과 기억력, 분석능력을 향상시키려는 노력도 필요하다. 민족지적 현장연구자가 일상적으로 생활하는 현장은 그 사회에 대한 아주 다양한 정보를 담고 있다. 그러나 동일한 현장을 경험하더라도 인지하고 기억하는 정보의 양과 이를 해석해 내는 능력은 개인마다 다르다. 같은 상황을 경험했더라도 어떤 사람은 아무것도 보지 못한 반면 다른 사람은 무수히 많은 것을 보고 느낀다. 이러한 차이는 부분적으로 연구자의 이론적 지향이나 관심사의 영향을 받는다. 즉 자신이 보고 싶은 부분을 중심으로 보는 경향이 있다. 동시에 연구자의 주의력이나 기억력, 분석능력도 큰 영향을 끼친다. 보통 사람들이 지나치는 작은 단서들을 면밀히 관찰하고 기억하여 종합해 탁월하게 분석해 내는 셜록 홈스까지는 못 되더라도, 이런 능력은 일상적인 훈련으로써 어느 정도 키울 수 있다. 보이지 않는 것을 보고 기억하려는 노력, 이를 분석적으로 해석해 보려는 노력이 쌓이면 참여관찰을 실행할 때 큰 도움이 된다.

기억력을 높이는 훈련이 필요하지만, 참여관찰 과정에서는 크고 작은 무수한 일들이 동시에 일어나며, 이를 모두 기억하기란 쉽지 않음을 인지해야 한다. 따라서 나중에 기억을 되살릴 수 있을 정도의 짧은 기록을 현장에서 수시로 남겨야 한다. 그런데 연구 대상자들과 일상을 함께하면서 다발적이고 연속적으로 벌어지는 여러 가지 상황과 대화의 흐름을 해치지 않으면서 기록하기란 쉽지 않은 일이다. 짬짬이 중요한 사항을 기록하되, 그 행위가 일상의 관계와 흐름을 방해하지 않는 능력을 평소에 키워 두면 좋다. 평소에 메모하는 습관을 들이면 도움이 될 것이다(기록에 대해 더 자세히 알고 싶다면 이 책 제6장을 참고할 것).

면밀한 계획을 세우고 그 계획대로 진행하는 실험이나 구조화된 면담 등과 달리 참여관찰은 높은 상황성과 유동성이 특징이다. 일상에 참여하며 다양한 사람들과 상호작용하는 것이 기본인데, 일상이 어떻게 펼쳐질지 일일이 예상하고 준비하기는 쉽지 않다. 따라서 특정 상황이 어떠한 의미를 가지는가, 어떻게 대처해야 하는가를 잘 판단하고 행동할 수 있어야 참여관찰을 무난히 진행할 수 있다. 이러한 상황판단력과 대처능력은 갑자기 생겨나는 것이 아니므로 일상에서 꾸준히 단련할 필요가 있다. 삶의 과정에서 일어나는 다양한 상황을 맥락화하고 성찰적으로 바라볼 수 있도록, 그러한 성찰 속에서 행동할 수 있도록 다양한 방식으로 스스로를 훈련하는 노력이 필요하다.

3. 효과적 참여관찰을 위한 몇 가지 지침

연구자가 현장에 들어가면서부터 참여관찰은 시작된다. 현장연구의 목적 및 대상이 분명하고 제한된 경우, 미리 정해진 관찰 대상 및 행위를 중심으로 비교적 명확한 범위와 정도로 참여관찰을 진행할 수 있다. 그러나 대체로 민족지적 현장연구자는 연구하고자 하는 대상 집단의 일상에 가능한 한 폭넓게 참여하면서 이들의 행동과 사고방식 전반을 파악하고자 한다. 이는 뚜렷한 연구목적을 가진 경우에도 예외가 아닌데, 연구대상 사회의 전체적 맥락에 대한 감을 잡는 것이 연구주제의 위치를 잡는 데 도움이 되기 때문이다. 따라서 현장의 모든 것이 참여관찰의 대상이 될 수 있다.

낯선 현장에서 참여관찰을 시작해야 하는 연구자의 입장에서는 모든 것이 잠재적인 연구대상인 상황이 혼란스럽고 여기에 압도될 수 있다. 현장연구를 처음 시작한 연구자들은 보고, 듣고, 느껴야 하는 새로운 것이 너무 많아 어디서부터 시작해서 무엇을 의미 있게 보아야 하는지 난감해하곤 한다. 참여관찰의 상황이 워낙 다양하여 일률적으로 적절한 방법을 논의하기가 쉽지는 않지만, 대부분의 연구자에게 도움이 되는 몇 가지 지침은 다음과 같다.

1) 본격적 참여관찰의 시작점을 찾는 방법

첫째, 낯선 사회적 상황에 들어가서 사람들에게 접근하기가 어렵다면 우선 이리저리 다니면서 공간배치, 물건 종류 등 물리적 환경부터 관찰한다. 물리적 환경에 익숙해지면 어디에서 본격적인 참여관찰을 시작해야 할지 감을 잡는 데 도움이 된다. 예를 들어 이수정은 이산가족 연구를 위해 '통일회관'이라는 정부 소유 건물에서 참여관찰을 시작하기 전에 여섯 층으로 된 건물 곳곳을 배회하며 어떤 조직 및 사람들이 이 건물의 공간을 점유하고 있는지를 살펴보았다. 이를 통하여 통일회관에 1945년 8월 15일 당시 행정구역상 북쪽 지역에 있던 5개 도를 상징적으로 관리하기 위한 5개의 도지사실과 통합사무국 등의 정부기구와 도민회 및 민간연구소 등 실향민 관련 민간단체들이 자리 잡고 있음을 파악하였다. 또한 행사가 있는 날을 제외하면 유동인구가 많지 않다는 사실도 알았다. 이수정은 전반적인 공간구성과 이용양태에 대한 관찰과 이해를 바탕으로 그나마 유동인구가 가장 많아 접근하기가 쉬운 1층의 이북5도청 사무국에서 본격적인 참여관찰을 시작하기로 결정하였고, 이후 '정부기구'와 '민간단체'를 넘나들며 참여관찰을 효과적으로 수행하고 그 결과를 맥락화하였다.

둘째, 연구자가 가진 취미나 기술 등을 활용하여 가장 쉽게 접근할 수 있는 것들을 전략적으로 활용한다. 정진웅은 플로리다의 은퇴촌을 연구할 때 노인들과 라포를 형성하는 과정에서 자신의 테니스 실력을 잘 활용하였다. 은퇴촌의 테니스장에 가서 어슬렁거리다가 함께 테니스를 치는 방법으로 노인들과의 접점을 만들 수 있었기 때문이다. 같은 취미를 가진 사람들과 상대적으로 친해지기가 쉽다는 점을 잘 인식하고 자신이 가진 특기를 적절하게 활용한 경우이다.

셋째, 자신을 친절히 반겨주는 사람들이 있다면 그들과 충분한 시간을 보내면서 신뢰감을 쌓은 후 다른 곳으로 참여관찰 영역을 넓혀 나간다. 또는 연구 대상자들이 많이 모이거나 자주 가는 일상 공간을 파악하여 그곳에서 본격적인 참여관찰을 실시한다. 연구 대상자들에게 물어보면 이러한 공간이 어디인지 잘 알려줄 것이다.

넷째, 동시에 여러 사건이 발생하거나 진행될 때에는 '어떤 것을 선택하여 연구를 시작할 것인가'를 고민하게 된다. 이럴 때에는 연구목적에 더 맞는 것을 선택하거나 자신의 배경을 활용하여 비교적 잘할 수 있는 것을 선택한다. 예를 들어 장날 선거가 있고 종교의례가 행해지며 마을 사람들의 노래대회가 열리는 상황을 동시에 맞닥뜨렸다면 자신의 연구과제가 마을의 경제활동인 경우 장터에 참여함으로써, 마을 문화 전반을 연구하려는 경우 자신이 특정 종교 신자라면 종교의례에 참여함으로써 연구를 시작할 수 있다. 이도 저도 어렵다면 임의적으로 더 집중적으로 볼 것을 선택해서 참여함으로써 연구를 시작할 수 있다.

2) 참여관찰에서 특히 주목할 부분

중요한 의례, 사건

일찍부터 인류학자들은 연구대상 사회의 주요한 의례들, 즉 성인식, 결혼식, 장례식 등의 통과의례, 각종 종교의례, 명절 등 공동체 의례, 대통령 취임식, 국회의원 선거 등의 다양한 정치의례 등에 주목해 왔다. 의례는 그 사회의 문화적 규칙과 가치를 집약적으로 보여 주는 좋은 텍스트일 가능성이 크다. 따라서 참여관찰을 할 때 연구대상 사회의 주요한 의례가 무엇인지 잘 파악하고 세밀하게 관찰할 필요가 있다. 특정 의례의 물리적 측면(어디서 일어나는가, 어떤 물건들이 어떻게 배치되고 사용되는가 등), 인적 측면(몇 명이 참여하는가, 그들의 사회·문화·경제적 특성은 무엇이며 각각의 역할은 무엇인가, 참여자들 간의 관계는 어떠한가 등), 절차 및 과정(어떻게 시작되고 진행되며 또 끝나는가, 특정한 절차와 과정이 있는가 등), 목적과 상징(어떠한 목적을 가지고 진행되며 어떠한 상징이 사용되는가), 평가

(어떤 의례 및 사건이 성공 혹은 실패했다고 여겨지는가) 등 그 의례의 특성을 구성하는 요소들을 주의 깊게 살펴봄으로써 특정 의례에 대해서뿐만 아니라 그것이 중요하게 여겨지고 실행되는 사회 전체에 대한 통찰을 얻을 수 있다.

현장에서 일어나는 크고 작은 사건 또한 인류학자들이 주목하는 부분이다. 특히 갈등의 지점이 잘 드러나는 사건은 한 사회의 지배적 가치와 권력관계를 잘 보여 주며, 때때로 이러한 사건들이 축적되어 사회 변화를 추동하기 때문에 주의 깊게 살펴볼 필요가 있다. 이러한 사건들을 관찰할 때도 의례의 경우처럼 물리적 측면, 인적 측면, 절차 및 과정, 목적과 상징, 평가 등 그 사건의 특성을 구성하는 요소들에 주목하고, 더불어 사건의 장기적 전개 추이, 다른 사건들과의 관계 및 사회적 효과 등도 함께 살펴야 한다. 예를 들어 이수정은 2000년에 진행된 남북한 이산가족 상봉 과정과 현장상황, 다양한 참여자들의 행위와 이야기, 동원된 각종 상징, 상봉행사를 둘러싼 사회적 논란과 평가 등을 상세히 관찰하여 이 사건이 단순히 오랜 세월 헤어졌던 이산가족들의 만남의 장이 아니라 적대와 경쟁으로 특징지어졌던 남북한 관계가 화해와 협력 시대로 들어섰음을 보여 주는 상징적인 사건으로 위치 지어졌음을 파악하였다.

이렇듯 큰 규모의 역사적 사건event이 아닌, 일상에서 일어나는 작은 규모의 사건incident들도 연구대상 사회의 주요한 가치를 잘 보여 주는 창이 된다. 정진웅은 플로리다의 은퇴촌을 연구하는 과정에서 몇몇 작은 사건들을 통하여 그 마을에서 공유되고 있는 중요한 가치를 파악할 수 있었다. 테니스장에서 마을의 한 구성원이 무례한 행동을 하자 사람들이 직접적으로 대응하기보다는 하나 둘 사라지는 광경을 관찰하면서 그 사회에서 정제된 매너가 얼마나 중요하게 간주되는지를 파악할 수 있었다.

또 다른 상황에서 구성원 중 한 명이 자신의 과거 경력을 자랑하기 시작하자 역시 하나 둘 사라지는 것을 목격하면서 이곳 사회의 구성원들이 공유하고 있는 평등이라는 가치를 확인할 수 있었다. 이 사건들은 모두 그 사회의 암묵적 규칙이 깨지는 상황을 통해 그 규칙들의 힘을 발견한 경우이다.

구성원들의 특징과 관계

한 사회는 인종, 민족, 직업, 사회적 신분, 경제적 계급, 종교, 정치적 지향 등의 측면에서 다양한 위치를 가진 사람들의 집단들로 이루어져 있다. 개별 구성원이 어떤 집단에 속해 있는지, 특정한 지위나 입장을 가진 사람들 간의 관계는 어떠한지 등에 주목함으로써 그 사회가 작동하는 방식의 단초를 찾을 수 있다. 따라서 민족지적 현장연구자는 나이, 성별, 신체적 특징, 거주지, 하는 일, 옷 등 특정 개인이 어떤 사회적 그룹에 속하는지 알려 주는 표식들을 잘 살필 필요가 있다.

구성원들 간의 관계를 잘 파악하는 것도 중요하다. 누가 누구에게 얼마나 이야기하는가, 누가 대화를 시작하는가, 어떤 언어를 사용하는가, 어떤 톤의 목소리와 말투를 사용하는가 등을 중심으로 한 언어적 상호작용뿐 아니라 서로에 대한 태도 등 비언어적 상호작용을 통해서도 관계의 양상과 그 함의에 대해서 파악할 수 있다. 특히 사람들 간의 권력관계나 친소관계는 언어적·비언어적 상호관계를 관찰함으로써 대체로 파악할 수 있다. 눈에 띄는 사람이나 다른 사람들로부터 주목받거나 소외당하는 사람이 누구인지, 이러한 사람들의 특징 및 다른 사람들과의 차이점, 이들과 다른 사람들과의 상호작용의 특이성 등을 관찰함으로써 그 사회에서 바람직하거나 부정적으로 여겨지는 인간상, 권력이 부여되는 특성, 그리고 다양한 권력 위치를 가진 사람들 간의 관계의 특성 등도 파악할 수 있다.

비슷한 맥락으로, 특정 상황에서 누가 어떠한 공간적 위치를 점하는 지를 면밀하게 관찰하고, 누가 들어오고 나가는가, 사람들이 어디서 들 어오고 어디로 나가는가, 얼마나 머무르나, 그들은 누구인가, 혼자 또는 여럿인가 등을 중심으로 사람들의 이동양태를 잘 관찰하여 이러한 점들 이 그 사회에서 어떠한 함의를 갖는지 생각해볼 필요가 있다. 예를 들어 학급문화를 관찰할 때, 수업시간에 어떤 아이가 어떤 활동을 하는지, 쉬는 시간에 어떤 아이를 중심으로 모이거나 무리를 지어 교실을 드나드 는지, 어떤 아이가 홀로 있는지 등등 아이들 간의 대화와 상호작용을 면 밀히 관찰하고, 아이들 각각의 신체적, 사회경제적, 학업능력 측면의 특 징은 무엇인지 등을 함께 살피면 학급 아이들 관계의 특성과 함의를 파 악할 수 있다.

공간구성, 물건 배치

공간구성이나 물건이 배치된 형태는 연구대상 사회에 대해 많은 정보 를 알려 준다. 따라서 연구대상 사회의 공간이 어떤 원칙에서 어떠한 방 식으로 구성되는지, 물건들은 어떻게 배치되는지 등에 주목해야 한다. 어떤 마을을 연구한다면 마을에 어떤 성격의 건물들이 어떻게 배치되어 있는지 살피고, 가정을 방문했을 때 실내가 어떻게 배치되어 있고 어떤 가구나 비품이 있는지 관찰해야 한다. 예를 들어 마을의 중앙에 종교제 단이 있는 경우 그 사회를 구성하는 핵심요소로 종교에 주목해야 함을 알 수 있고, 가정을 방문했을 때 거실의 진열대에 전시된 물품이나 사진 등을 주의 깊게 살펴봄으로써 그 집 주인의 정체성과 식구들이 중요하게 여기는 가치 등에 대한 단초를 찾을 수 있다.

사람과 사람 사이의 거리나 공간, 물건과 물건 사이의 거리나 공간도 살펴본다. 근접공간지각학Proxemics은 공간 사용이 커뮤니케이션의 하나라는 이론적 입장 위에서 사람들이 공간을 어떻게 사용하는가에 주목한다. 이 이론을 개척한 에드워드 홀에 따르면 상대방과 마주보고 이야기할 때 편하게 느끼는 거리는 문화권마다 다르다. 예를 들어 상대방과의 거리가 20~30센티미터일 때 편안함을 느끼는 아랍인과 40~50센티미터일 때 편안함을 느끼는 미국인은 서로 상호작용을 하는 데 어려움을 느낀다. 두 사람이 대화할 때 아랍인은 무의식적으로 미국인에게 계속 다가서지만 미국인은 자신도 모르게 계속 뒤로 물러선다. 이 때문에 미국인은 아랍인을 사적 공간을 침범하는 위협적인 사람으로 느끼지만, 아랍인은 자꾸 멀어지는 미국인을 냉랭하고 오만한 사람으로 느끼게 된다. 이처럼 자연스럽게 여겨지는 사람과 사람, 사물과 사물 사이의 거리도 사실은 문화적 영향을 받는다는 점을 인식하고 관찰을 진행할 필요가 있다.

'공유된 무관심'의 영역

어떤 것이 그 사회에서 당연한 것으로 간주되는가에 주목한다. 자연스럽고 당연하게 받아들여지는 행위나 사실 중 많은 부분은 실제로 인류의 보편적 특성에서 기인한 일반적 현상이 아니라 특정 사회의 문화적 규칙들이 반영된 것이다. 그렇지만 이런 것들은 대체로 너무나도 자연스럽게 느껴져서 인식의 차원으로 들어오지 않으며, 구성원들이 최소한의 의문이나 관심도 갖지 않는 경향이 있다. 이러한 '공유된 무관심'의 영역이 무엇인지, 그 함의는 어떤 것인지 등에 대한 사실은 대체로 비교적 시각을 가질 때 잘 발견할 수 있다. 연구대상 사회의 구성원들은 당연하게 여기지만 다른 사회에서는 다른 방식으로 이루어지거나 의미화되는 일, 한 사회 내에서라도 공간이나 시간 혹은 주요 참여자에 따라 유사한 일이 각기 다른 방식으로 이해되는 일, 명시적 목표를 달성하기 위해 꼭 그렇게 할 필요가 없어 보이는데 그러한 방식으로 진행되는 일이 있는지 등에 주목하면서 그 함의를 찾아본다.

예를 들어 교실을 관찰한다면 교실 공간구성의 특성은 무엇이며 물건들이 어떻게 배치되어 있는지, 특수한 형태의 교실 의자는 어떤 함의를 갖는지 등을 질문해 보고 그 함의를 찾아본다. 교실 의자와 술집의 바 앞에 놓인 의자를 비교해 보면, 교실 의자는 움직임이 적은 형태로 만들어진 반면 술집 의자는 180도 회전이 가능한 형태로 만들어졌음을 파악할 수 있다. 다음으로 그 함의를 생각해 보자. 교실은 훈육의 공간이므로 학생들의 집중을 돕기 위해 교실 의자가 교단을 향해 고정된 경우가 많은 반면, 술집은 사교의 공간이므로 손님이 앞뒤좌우의 사람들과 편안하게 이야기할 수 있도록 180도 회전이 가능한 의자를 두었다는 해석을 이끌어낼 수 있다. 그러나 비교적 관점을 도입하여 교실 의자에 대해 질문하고 관찰하기 전까지는 교실 의자에 담긴 사회문화적 함의를 통찰하기가 쉽지 않다. 바로 이러한 부분이 일종의 '공유된 무관심'의 영역이다.

부재와 침묵

"왜 이런 것은 안 보이지?"라는 질문을 중심으로 한 관찰도 필요하다. 즉 있어야 할 것 같은데 보이지 않는 것은 무엇이며, 들려야 할 것 같은데 들리지 않는 것은 무엇인가를 잘 관찰한다. 여기에는 사람, 사물, 행위 등이 모두 포함된다. 있어야 마땅할 것 같은데 없는 사람, 사물, 행위는 연구대상 사회를 심도 있게 이해하는 출발점이다. 즉 참여관찰 과정에서 부재와 침묵에 주목할 필요가 있다. 예를 들어 한 사회의 기업문화를 연구할 때 간부층에 여성이 거의 없다는 사실은 기업문화 자체의 남성중심성뿐만 아니라 그러한 기업문화의 모태가 되는 사회의 젠더관계를 잘 드러내 주는 사례로 논의될 수 있다.

이처럼 참여관찰 시 특히 주목하면 좋은 부분들의 목록이 있다고 해서, 양적 연구의 관찰처럼 확인목록을 만들어 그것만 관찰한다거나, 사전에 개발한 특정한 관찰 범주나 준거를 사용하여 관찰하는 것은 진정한 방법이 아니다. 참여관찰은 현장의 상황을 있는 그대로 구체적이고 심층적으로 관찰하고 기술하여 연구 대상자의 삶이나 생활을 맥락화하여 이해하려는 목적을 가진 자료조사 방법이다. 이 방법의 특징은 연구자의 특정 분석 렌즈나 가정에 맞추어 분절적이고 범주화된 단편들을 중심으로 현상을 재구성하는 것이 아니라, 연구대상 사회와 문화를 심층적이고 맥락적으로 이해하는 것임을 잊지 말아야 한다.

5

면담

I. 민족지적 현장연구의 기본적 자료수집 방법으로서의 면담

민족지적 현장연구를 '참여관찰 연구'와 동일시하는 경우가 흔하지만 엄밀히 말하자면 더 넓은 개념이라는 점은 앞 장에서도 밝힌 바 있다. 현장연구에서 연구자가 구사하는 자료수집 방법은 참여관찰 외에도 면담, 문헌조사, 담론분석, 영상자료 수집, 통계자료 수집, 설문조사 등등 다양하기 때문이다. 그중에서도 면담^{interview} 방법은 인류학에서 현장연구의 방법론이 확립된 이래로 참여관찰 방법과 더불어 현장연구의 가장 기본적인 자료수집 방법으로 정착되었다. 뿐만 아니라 아직은 현장에 대한 연구자의 참여관찰이 관례화되지 않았던 인류학의 초창기에도 주요정보 제공자^{key informant}에 대한 면담은 인류학자들의 주된 자료수집 방법으로 활용된 바 있다. 각종 이유로 현장에 대한 연구자의 참여관찰이 허용되지 않는 현대사회의 다양한 연구 상황에서도 면담은 민족지적 현장연구자가 의지할 수 있는 주요 자료수집 방법이 되곤 한다.

민족지적 현장연구를 수행하는 과정에서 연구자가 직면하게 되는 대화 상황의 종류는 다양하다. 어떠한 의례나 행사 등을 참여관찰하는 과정에서 간헐적으로 연구자의 주의를 끄는 특정한 행동이나 언행에 관하여 그 현장에 참여 중인 현지인과 짤막한 질문과 대답을 주고받는 형태가 있는가 하면, 개인적으로 친밀해진 특정 현지인들과 수시로 만나 술이나 차를 함께 마시며 다양한 화제를 가지고 자유분방하게 나누는 대화 같은 형태도 존재한다. 나아가 연구자의 신분 및 연구의 목적, 질문하고자 하는 주요 내용 등을 사전에 공식적으로 통지하여 허락을 받은 후 지정된 장소에서 만나 제한된 시간 안에 대화를 마무리지어야 하는 형태도 있다. 민족지적 현장연구자는 이처럼 일련의 스펙트럼을 이루는 매우 다양한 유형의 대화 상황들에 직면하게 된다.

인터뷰, 면접, 면담

이 장에서 설명하는 개념인 'interview'의 우리말 번역어로는 '인터뷰', '면접', '면담' 등이 사용되고 있다. 이 중 '인터뷰'는 영어를 그대로 한글로 옮긴 것일 뿐이라는 문제점에 더하여, 언론인과 제보자와의 만남처럼 다분히 인위적이고 형식적인 대화 상황을 연상시킨다는 문제점이 있다. '면접'은 우리말이긴 하지만 일상생활의 각종 '면접시험'처럼 그 대상자가 일방적인 평가대상이 되는 대화 상황을 연상시킨다. 이런 문제점들을 감안하여 이 책에서는 이들보다 쌍방향적이면서도 덜 형식적인 대화 상황을 연상시키는 우리말 용어인 '면담'을 사용하기로 한다.

이처럼 다양한 대화 상황에서 오간 내용들은 모두 자료로서 연구자의 현장노트에 기록할 수 있으며, 이에 어떤 이들은 이런 대화 상황 모두를 면담이라고 간주한다. 그럴 경우, 현장연구자가 구사하는 하나의 자료수집 방법으로서 면담이 지니는 특성을 가려내고, 그에 비추어 어떤 면담 방법이 바람직한가에 대한 일반적인 논의를 전개하기가 곤란해진다. 이를 감안하여 이 책에서는 면담의 개념을 '연구자와 특정한 연구 대상자 사이에 전개되는 대화가 비교적 지속적으로 이어질 뿐만 아니라, 전체 상호작용 상황에서 지배적 구성요소를 이루는 대화 상황'이라고 조작적으로 정의하여 설명하고자 한다. 예를 들어, 현장연구 중인 연구자가 낯선 종교 절차에 따른 결혼식을 참여관찰하게 되어 예식 중에 옆에 있는 현지인에게 수시로 '지금 뭐하는 건가요?'라고 질문하여 대답을 들었다. 앞의 정의에 따르면, 이때 연구자가 현지인과의 간헐적 대화를 통해 수집한 내용은 면담 방법을 통해 수집한 자료라기보다는 참여관찰 방법을 통해 수집한 자료이다.

그러나 자료수집 방법으로서의 면담의 범위를 일정 정도의 지속성을 지니며 대화가 주요 구성요소가 되는 상호작용 상황으로 한정하더라도, 현장연구자가 직면할 수 있는 면담 상황의 유형은 대단히 다양하다. 어떤 사람들은 면담이 공식적인 사전 요청을 거쳐 성립했는가 아닌가에 따라 공식적 면담과 비공식적 면담으로 구분한다. 면담 중에 연구자가 던지는 질문들이 사전에 꽉 짜인 형태를 구조적 면담, 반대로 전혀 미리 짜인 틀 없이 자유분방하게 진행되는 형태를 비구조적 면담, 그 중간에 해당하는 것으로 어느 정도 짜인 틀이 있으면서도 면담 대상자의 이야기 내용에 맞추어 연구자가 수시로 임의의 질문들을 추가하는 형태를 반구조적 면담이라고 구분하기도 한다. 면담 대상자의 수에 따라 개별 면담과 집단 면담으로, 면담 소요 시간에 따라 장시간 면담과 단시간 면담으로, 면담에서 오가는 대화 내용의 깊이에 따라 심층 면담과 그렇지 못한 면담으로 구분할 수도 있다.

이처럼 각종 분류 방식에 따라 면담 유형을 세분해볼 수는 있겠지만, 그중 어떤 것은 민족지적 연구에 부합하는 방식이고 다른 것은 부합하지 않는 방식이라고 확연히 구분 짓는 생각은 민족지적 현장연구의 목표에 대한 오해를 불러일으킬 위험이 있다. 왜냐하면 연구 대상자들의 행동과 사고방식을 그들이 처한 사회문화적, 환경적, 역사적 제반 조건들과의 연관 속에서 최대한 총체적으로 파악하기 위해 현장 상황에 걸맞은 다양한 자료수집 방법들을 융통성 있게 구사하는 것이야말로 민족지적 연구가 지향하는 바이기 때문이다. 또한 민족지적 현장연구는 비교적 장기간에 걸쳐 연구 대상자들과 라포를 형성해 나가면서 이루어지는 연구이다. 그런 까닭에 어떤 연구 대상자와 초기에 이루어진 면담에서는 대단히 형식적이고 피상적인 대화밖에 못 나누었다가, 라포가 형성됨에 따라 현장연구 후반기에는 비형식적이고 심층적인 대화를 나누게 되는 경우가 매우 흔하다. 하지만 이러한 변환이 연구자가 현장에서 만나는 모든 개인들과의 관계에서 발생하지는 않는다. 그 결과, 민족지적 현장연구의 전 과정을 통해서 연구자가 구사하게 되는 면담 방법의 유형은 매우 다양하기 마련이다.

Ⅱ. 민족지적 연구에 사용되는 면담 방법의 특성

참여관찰 방법이 민족지적 연구에서 탄생하였고 현재까지도 다른 연구 유형들에서는 구사되지 않는 자료수집 방법인 반면, 면담은 민족지적 연구뿐만 아니라 다른 유형의 연구에서도 종종 구사되는 방법이다. 나아가 면담 방법은 인문사회과학적 연구뿐만 아니라 정신분석 면담, 수사 면담, 언론 인터뷰, 취업 인터뷰 등에서 보듯이 현대 생활의 여러 영역에서 널리 사용되는 정보수집 방법이다. 예컨대, 경찰이나 검찰 등 수사기관에서 최근에는 사건에 관한 진술이나 증언을 청취할 때 피의자나 증인 혹은 피해자로 하여금 자신들에게 친숙한 언어나 설명방식을 사용하여 최대한 자발적으로 진술 혹은 증언을 하도록 이끄는 방식이 각광받고 있는데, 이런 새로운 방식을 종래의 신문interrogation에 대비하여 수사 면담 investigative interview이라고 부른다. 그런 만큼 우리는 민족지적 연구의 면담 방법이 다른 분야들에서 사용되는 면담 방법과 비교해 어떠한 특성을 지니는가를 이해할 필요가 있다. 이러한 특성은 민족지적 연구에서 사람들의 행동과 사고의 방식을 인식하는 독특한 관점에서 생겨난다.

1. 참여관찰과 병행하여 사용된다

가장 먼저 지적할 특성은, 민족지적 연구에서 면담 방법은 불가피한 경우 외에는 연구 대상자의 자연스런 행동방식의 관찰을 보완해 주는 방법으로서 병행적으로 사용된다는 점이다. 즉 민족지적 현장연구자는 면담을 진행하는 동시에 참여관찰을 최대한 수행한다. 따라서 일반적으로 현장연구에서의 면담은 가능한 한 정보제공자의 일상생활이 전개되는 장소에서—그곳이 가정이든 일터이든 간에—실시하는 것이 바람직하다. 왜냐하면 그런 장소에서 관찰하여 얻는 각종 맥락적 정보를 통해 연구자는 정보제공자의 특성을 파악할 수 있기 때문이다. 나아가 그것들은 정보제공자가 말한 내용에 맞추어 후속질문 내지 심지어 예상할 수조차 없었던 새로운 질문들을 던지는 데 단서가 되어 주기도 한다. 인류학에서 참여관찰을 중심으로 삼는 연구방법론이 중시되어온 주된 이유는, 바로 인간 행위와 사고를 사회적으로 공유하는 틀로서의 문화가 행위 주체들에게 너무나 당연시되어 아예 언급되지조차 않는 경우가 많기 때문이다. 그런 만큼, 참여관찰과 병행하여 면담 방법을 사용함으로써 현장 연구자는 정보제공자의 이야기에서 무심결에 생략되는 맥락적 정보들을 통해 연구대상 문화의 성격을 파악하는 데 매우 중요한 실마리를 얻을 수 있다.

아일랜드 공화국에서 상류층 또는 중상류층에 속하는 정보제공자들의 집을 방문하여 면담을 실시한 황익주는 거실을 장식한 물건들 가운데 말과 관련된 각종 스포츠나 여가 활동—경마, 승마, 사냥 등—에 관련된 사진이나 공예품이 많고, 면담이 진행되는 동안에도 사람들이 TV를 켜놓고 경마나 승마 중계방송을 시청하는 경우를 관찰하게 되었다. 한국인으로서 그러한 현상에 대해 전혀 무지했던 연구자는 면담 중에 우연히 발견한 이 같은 참여관찰 내용을 단서로 삼아 이후의 현장연구 작업에서 일련의 새로운 연구 질문들을 추가로 제기하게 되었으며, 결국 아일랜드 사회에서의 계급별 하위문화의 특성에 관한 중요한 연구 결론을 도출할 수 있었다(황익주 1995 참조).

2. 정보제공자들에게 친숙한 언어로 대화한다

두 번째로 지적할 민족지적 연구에서의 면담 방법이 지니는 특성은 민족지적 연구가 행위자 자신의 관점에 대한 이해를 우선적으로 추구한다는 점과 연관된다. 따라서 민족지적 현장연구자는 참여관찰을 병행함으로써, 정보제공자들이 너무나 당연히 여겨 왔기 때문에 연구자에게 언급조차 하지 않는 그들의 문화 혹은 하위문화의 특성을 포착하기 위해 노력해야 한다. 그리고 면담에서 정보제공자가 자신들의 (하위)문화의 특성을 설명해줄 때 연구자를 위해 평소에 잘 쓰지 않는 언어를 사용하느라 자연스런 생각의 흐름이 방해받지 않도록 최대한 배려해야 한다. 문화란 무엇보다도 일상의 자연스런 행동과 사고의 틀인 만큼, 이를 연구자가 면담을 통해 정확히 포착해 내려면 정보제공자가 일상적으로 사용하는 친숙한 언어로 설명해 주는 내용을 들어야 하기 때문이다. 이처럼 정보제공자에게 일상적이고 친숙한 언어로 대화하는 것이 그들의 (하위)문화를 정확히 인식하는 지름길이 된다고 믿기 때문에, 인류학에서는 민족지적 현장연구의 방법론이 확립된 이래로 통역자의 도움 없이 의사소통을 할 수 있도록 정보제공자들이 사용하는 일상 언어를 학습하는 것이 현장연구자가 갖추어야 할 필수 덕목 중 하나로 간주되어 왔다.

하지만 민족지적 현장연구에서 정보제공자에게 친숙한 언어로 대화한다는 것의 의미는 현지어로 의사소통을 한다는 데 그치지 않는다. 연구자와 정보제공자가 같은 모국어를 사용한다 할지라도 각각이 속한 사회집단의 하위문화가 다른 경우에는 의사소통에 각종 장애가 발생할 소지가 다분하기 때문이다. 예컨대 정보제공자가 각종 은어나 인터넷 신조어를 사용하거나 비속어 또는 욕설을 과도하게 사용하는 등 특정한 언어습관을 가진 사회집단의 구성원인 경우, 현장연구자는 정보제공자가 연구자를 의식하여 자신의 일상 언어를 보다 '품위 있는' 언어로 바꾸어 말하느라 신경 쓰지 않도록 배려해 주어야 한다. 정보제공자가 사용하는 낯선 어휘, 표현방식, 분류법 등을 처음 접했을 때 현장연구자는 다각도에서 부연설명을 요청하지만, 일단 이해하고 나면 그것들을 직접 사용하여 질문을 던지는 방식으로 대화를 이끌어 가는 이유는 바로 정보제공자에게 친숙한 언어로 대화하기 위해서이다. 정보제공자가 특정한 사회적·역사적 쟁점과 관련하여 연구자와 상충하는 입장을 드러내고, 그중 어떤 부분은 연구자가 보기에 명백한 오류 내지 왜곡이라고 여겨지는 경우도 있다. 이런 때에도 민족지적 현장연구자는 정보제공자의 입장에 정면으로 반박하거나 도전하기보다는 부연설명을 요구하는 질문들을 통해 정보제공자로 하여금 자신이 취하는 입장의 배경 맥락을 스스로의 언어로 진술하도록 대화를 이끌어 나간다.

3. 비형식적이고 자유분방한 대화 형태를 지향한다

세 번째로 지적할 특성은, 민족지적 현장연구에서는 친구 간의 대화와도 같은 비형식적이고 자유분방한 대화를 면담의 이상적인 형태로 추구한다는 점이다. 앞서 언급한 면담의 세부 유형분류에 의거해서 말한다면, 사전 요청을 거쳐 이루어지는 공식적 면담보다는 비공식적 면담이, 사전에 짜인 틀에 따라 연구자가 질문을 던지는 구조적 면담보다는 비구조적 면담이 보다 바람직한 형태의 면담으로 간주된다. 그 이유는 참여관찰 시 연구 대상자들이 낯선 외부자로서의 연구자에 대한 경계심으로 제어하지 않고 최대한 자연스럽게 취하는 행동을 포착하고자 하는 것과 유사하다. 즉 정보제공자가 편하고 자유롭게 느끼는 상태에서 들려주는 이야기가 자신의 행동과 사고의 방식에 관한 실재의 모습에 보다 가까운 진술이라고 믿기 때문이다.

이처럼 민족지적 현장연구에서 이상적인 형태로 상정되는 비형식적이고 자유분방한 형태의 면담에서는, 전체 면담 과정의 일부분만 놓고 보면 마치 연구자와 정보제공자의 역할이 뒤바뀐 듯한 상황이 발생하기도 한다. 즉 대화 중 등장한 특정 화제가 단서가 되어 오히려 정보제공자가 연구자의 사회에서는 이와 관련해 어떤 양상이 나타나냐며 질문을 하는 것이다. 이런 상황은 특히 연구자가 전혀 다른 문화적 배경을 지닌 사회에 들어가 현장연구를 수행하는 경우에 종종 발생한다.

황익주는 영국의 한 소도시에서 현장연구를 할 때 그곳 마라톤클럽의 회장과 운영위원을 맡고 있는 부부의 집을 방문한 적이 있다. 이미 한국의 마라톤클럽을 참여관찰해본 연구자는 몇 개월에 걸쳐 해당 마라톤클럽에서 참여관찰을 수행하는 동안에 목격한 한국과 영국 간의 각종 차

〈영국 마라톤클럽 회장 부부와의 면담 화제의 흐름〉

거실에 걸린 가족사진들과 관련한 연구자의 질문과 회장 부부의 답변

⇩

연구자가 집을 찾아오는 도중에 겪은 바에 기초한
영국인의 운전습관에 관한 연구자의 질문과 회장 부부의 답변

⇩

한국 사회와 문화의 전반적 특징에 관한 회장 부부의 질문과 연구자의 답변

⇩

연구자가 한국에서 수행한 마라톤클럽 문화에 관한 연구 내용의 설명

⇩

영국 마라톤클럽 활동과 운영의 세부사항에 관한 연구자의 질문과 회장 부부의 답변

⇩

영국의 커뮤니티 스포츠에 대한 현장연구를 수행하면서
연구자가 겪은 각종 어려움에 관련한 쌍방향적 대화

⇩

마라톤클럽이 소재한 영국 소도시에서의 커뮤니티 스포츠의 전반적 양상 및
연구자의 주요 접근통로들에 대한 회장 부부의 설명

이점들과 관련해 수십 개의 질문거리를 수첩에 메모해 간 참이었다. 하지만 클럽 회장 부부 역시도 자신들이 가본 적이 없는 나라인 한국에서 온 연구자를 클럽의 활동을 통해 접하면서 여러 가지를 궁금해하고 있었는데, 마침 자기들 집을 방문해준 연구자와 편하게 오래 이야기를 나눌 기회를 얻었다며 반가워했다. 무려 네 시간에 걸쳐 진행된 이날의 면담에 등장한 주요 화제들의 흐름은 앞의 그림과 같다. 민족지적 현장연구에서 면담은 일방적으로 연구자가 질문하고 정보제공자가 답변하는 형태가 아니라 질문자와 답변자의 역할이 수시로 뒤바뀌는 상당히 자유분방한 형태를 취할 수도 있다.

4. 라포 형성에 기초한 심층적 이해를 추구한다

네 번째로 지적할 민족지적 연구에서의 면담 방법이 지니는 특성은, 연구 대상자의 행동 및 사고의 방식을 보다 심층적으로 이해하기 위한 방편으로 라포를 전제로 그들이 연구자에게 진솔하게 털어놓는 이야기를 듣기 위하여 각종 노력을 기울인다는 점이다. 연구 대상자와 라포를 형성하기 위한 주된 방법으로서 참여관찰이 행해진다는 점은 앞에서도 언급한 바 있지만, 민족지적 현장연구자는 수시로 얻는 면담의 기회도 라포를 형성하는 기회로 활용한다. 이런 일이 가능하려면 정보제공자가 이전에 했던 면담에서 좋은 느낌을 받아야 할 것이다. 즉 연구자가 자신의 이야기를 경청하고 그 내용에 걸맞은 질문들을 던지려고 성의를 다했다든가, 연구자의 문화에 관해 질문했는데 흥미로운 이야기를 들었다든가, 인생에 관한 공통의 화제로 연구자가 기분 좋은 대화 상대가 되어 주었다든가 등 연구자에게 좋은 인상을 받은 경험이 있어야 한다. 그런 까닭에, 면담에 임하는 민족지적 현장연구자는 특정 면담 상황에서 정보제공자가 자신이 일방적으로 조사 내지 심문을 당하고 있다는 느낌을 받지 않도록, 연구자와의 만남에서 가능한 한 좋은 느낌을 얻도록 배려하고 노력한다.

여기서 한 가지 명심할 사항은, 라포 형성을 위해 많은 공을 들여 확보하려는 면담의 심층성이란 어디까지나 내용적인 것이지, 면담 형식 자체에서 생겨나는 결과물이 아니라는 점이다. 이를 언급하는 까닭은, '심층면담'이라는 표현의 어감이 매우 좋아서 많이 사용하다 보니 종종 심층면담이라는 형식이 따로 있는 것처럼 오해하는 사람들이 있기 때문이다. 가령 한두 시간 동안 제법 장시간에 걸쳐 이루어진 면담이면 자동적으로 '심층면담'이 된다고 간주하는 것은 잘못된 생각이다. 물론 라포가 형성된 정보제공자들과 현장연구자가 나누는 면담은 한두 시간 이상씩 걸리곤 하지만, 짧은 대화더라도 내용상으로는 대단히 심층적인 경우가 민족지적 현장연구에서는 흔하기 때문이다. 또한 이와는 반대의 경우가 라포가 형성되지 않은 사람과의 면담에서 종종 발생한다. 즉 시간상으로는 한두 시간이 걸렸지만 연구자가 던진 각종 질문에 대해 정보제공자가 짤막한 답변으로 일관했다든가, 장황하지만 사안의 민감한 핵심부들을 교묘히 비껴가는 답변만 했다면 이런 면담을 심층적이라고 평가하기는 곤란하다. 민족지적 현장연구에서 추구하는 바는, 장시간이지만 피상적인 면담이 아니라 라포 형성을 통해 가능해지는 내용상의 심층적인 면담임을 유념해야 한다.

Ⅲ. 면담 방법은 왜 필요한가?

앞서 설명한 바와 같이 민족지적 현장연구에서 면담 방법은 연구 대상자들의 행동과 사고의 방식을 최대한 자연스럽고도 심층적으로 파악할 수 있도록 참여관찰 방법과 병행하여, 또한 그 자체가 연구 대상자들과의 라포를 형성하고 강화하기 위한 노력의 일환으로서 사용된다는 특성을 지닌다. 그렇다면 면담 방법은 왜 필요한가? 달리 말해서, 면담 방법을 활용함으로써 민족지적 연구자는 연구 대상자의 행동과 사고방식에 관하여 그 밖의 자료수집 방법, 특히 참여관찰 방법을 통해서는 포착하기 어려운 어떠한 정보들을 수집할 수 있는가?

1. 참여관찰로 연구자가 직접 확인할 수 없는 정보를 수집할 수 있다

면담 방법은 연구자가 참여관찰을 통해 확인해 보고 싶어도 그럴 수가 없는 사항에 관한 정보를 수집할 수 있는 차선책이다. 이러한 사항들의 종류는 매우 다양하다. 우선, 과거에 발생한 중요한 역사적 사건에 대한 증언이 있다. 한국 사회에서 일제 강점기 말부터 해방과 남북 분단, 6·25 전쟁으로 이어진 격동의 시기에 대한 경험담이라든가 4·19나 5·18 같은 정치적 격동에 대한 경험담 등이 그 대표적 예이다. 비록 연구대상 사회 전체의 거시 역사적 맥락에서 중대한 의의를 지닌 사건이 아닐지라도 정보제공자가 속한 지역사회 혹은 사회집단의 미시 역사적 맥락에서는 중대한 의의를 지닌 사건에 대한 경험담도 면담 방법을 통해 효과적으로 수집할 수 있는 주요한 정보이다. 예컨대 서울의 북촌 한옥마을에 대한 김근영의 연구(2003)는, 이 지역에서 수십 년간 거주해온 사람들에 대한 면담을 통해 1970년대 후반부터 이루어진 서울시 당국의 일련의 보존지구 지정 정책들을 계기로 북촌 한옥에 산다는 것이 '부자동네에 산다'는 의미에서 '한국의 전통 가옥에 산다'는 의미로 변환되었음을 잘 보여준다.

긴 세월에 걸쳐 진행된 사회문화적 변동 추세의 결과로 과거에는 사람들이 일상적으로 행했으나 오늘날은 더 이상 행하지 않는 각종 의례나 생활 관습에 대한 정보를 수집하는 데에도 면담 방법은 매우 유용하다. 예를 들어 초창기 미국 인류학계에서 이루어진 북미 원주민 문화에 대한 연구 성과들 중 대다수는 자료수집 방법으로 면담에 크게 의존하였다. 즉 미국 연방정부가 지정한 원주민보호구역 내에서 생활하는 원주민 가운데에서 선정된 기억력이 뛰어난 주요정보제공자들과의 면담 자료를 토대로 하여 해당 종족들이 원래의 터전에서 생활하던 시절에 행했던 여러 일상적 의례나 관습의 양상을 재구성하였다. 이와 유사하게, 한국 학계에서 그동안 생산된 각종 민속연구들 역시 주요정보제공자와의 면담을 기반으로 하여 과거의 일상 의례나 생활 관습의 양상들을 재구성한 것들이 주류를 이루고 있다.

이제는 사라진 과거의 모습이 아니라 현재에도 연구 대상자들이 행하는 활동임에도 불구하고 이런저런 이유로 연구자의 참여관찰이 허락되지 않는 활동에 대한 정보를 수집하는 데도 면담 방법은 매우 요긴하다. 연구자의 젠더와는 반대편에 해당하는 남성 혹은 여성만이 들어갈 수 있는 공간에서 거행되는 활동이나 의례가 그 대표적 예이다. 가령 수많은 부족사회에서 대단히 중요한 성인식은 무수히 많은 인류학적 연구에서 소재로 다루어 왔지만, 성인식은 젠더별로 따로 거행되는 까닭에 인류학자는 자신과 다른 젠더의 성인식에 관한 정보를 면담을 통해 수집할 수밖에 없었다. 현대 한국 사회에서도 젠더별로 이용자가 특화된 공간들이 다수 존재하는데, 이 공간들에서 나타나는 사람들의 행동방식에 대해 민족지적 현장연구를 하고자 할 경우 연구자 자신과 다른 젠더의 사람들만 들어갈 수 있는 공간에 대한 정보를 수집하는 데도 면담 방법이 유용하다. 나아가 인간 생활에는 비교적 가시적인 젠더 같은 요인 말고도 종파, 계급, 정파, 단체회원 자격 등등 비가시적 요인에 따라 참여자를 제한하는 활동이나 의례가 다수 존재한다. 종종 민족지적 현장연구자라는 이유로—특히 외국인의 경우—이런 활동이나 의례에 특별히 참여관찰이 허락되기도 하지만, 그렇지 않은 경우 연구자로서 해당 활동이나 의례에 대한 정보를 수집하는 최선의 대안은 거기에 참여했던 사람들을 심층적으로 면담하는 것이다.

2. 참여관찰만으로 포착되지 않는 행동이나 사물의 의미를 이해할 수 있다

설령 연구자가 참여관찰을 할 기회가 있더라도 그 상황이 다수의 사람들과 사물들 간의 상호작용을 포함하는 매우 복합적인 것이라면, 특히 연구가 아직 초기 단계라 연구자의 현장에 대한 이해도가 깊지 않은 상태에서는 참여관찰만으로는 사람들의 행동, 말, 혹은 등장하는 사물들이 지니는 의미들을 전체적으로 파악해낼 수가 없다. 이런 경우에 연구자가 크게 의지할 수 있는 방법이 바로 면담이다. 현대 한국 사회의 장례식장을 통해 이 점을 설명해 보자.

어느 서구인 인류학자가 생전 처음으로 한국의 종합병원 장례식장을 참여관찰한다고 가정하자. 그는 낯선 모습들을 대단히 많이 목격하게 될 것이다. 분향실 입구에 놓인 책상에 앉아 있는 사람에게 조의금을 담은 흰색 봉투를 건네고 방명록에 서명하는 조문객들의 모습, 분향실 안팎에 가득 진열된 화환과 화환에서 떼어낸 리본들에 보낸 사람의 직위명과 성명이 굵게 씌어진 모습, 분향 의례 때 고인과 상주들에게 인사를 올리는 상이한 방식들, 분향을 마치고 나온 사람들이 접객용의 큰 홀로 가서 끼리끼리 둘러앉아, 때로는 현장에서 아는 사람을 만나 테이블을 옮겨 다니면서 술과 음식을 먹으며 대화를 나누는 모습, 테이블에 술과 음식을 나르고 손님들의 신발을 관리하는 등 봉사하는 사람들의 모습, 분향실에서 조문객들을 맞이하는 짬짬이 접객홀에 와서 자신의 손님들이 앉아 있는 테이블을 찾아다니며 인사하고 대화를 나누는 상주의 모습 등등. 이 광경들은 그 자체로서 대단히 복합적인 장면이어서, 각각은 다시 수많은 행동, 말, 사물들로 구성된다. 종합병원 장례식장이라는 하나의 사회적 상황을 구성하는 요소인 행동과 말과 사물들 중 상당수는 관찰만으로는 왜 그런 양상이 나타나는지를 이해할 수 없다. 따라서 한국 장례식장의 광경에 친숙하지 않은 외부 연구자로서는 참여관찰만으로는 상황의 전체적 의미는 고사하고, 상황을 구성하는 부분 요소들로 어떤 것들이 있으며, 그 각각의 의미는 무엇인지조차도 파악하기가 쉽지 않다. 바로 이런 경우, 일단 참여관찰을 해보고 난 후에 현대 한국의 다양한 장례식 현장에 참여해본 경험이 있는 정보제공자와 면담함으로써, 민족지적 현장연구자는 장례식장의 상황을 구성하는 수많은 부분 요소들에 담긴 의미는 물론, 종합병원 장례식장이라는 장소가 현대 한국 사회에서 지니는 의미를 파악하는 데 필요한 주요 단서들을 얻게 된다.

  앞에 든 장례식장의 예에서 현장연구자가 면담을 통해 얻는 정보는 보통 프라이버시에 관련된 문제로 인식되지 않는 만큼, 해당 정보제공자와의 라포가 없더라도 연구자가 수집할 수 있는 성격의 정보이다. 반면 현장연구자가 직면하는 연구 대상자들의 행동이나 언행 중에는 라포를 전제로 한 심층적 면담을 해당 현장이 아닌 시간과 공간에서 별도로 실시해야만 비로소 그 참된 의미를 파악할 수 있는 것들이 너무나 많다. 특히 해당 현장에 함께 있는 어떤 사람(들)에게 행위자의 속마음이 읽히면 안 되는 민감한 사안일 경우에 이러한 행동이나 언행이 흔히 나타난다. 그 대표적인 예를 직장 상사와 부하직원 간의 상호작용에서 찾아볼 수 있다.

한국의 한 IT 분야 중견 벤처기업의 기업문화에 대한 문우종의 연구(2006)는 이런 양상을 파악하는 데 면담 방법을 잘 활용한 예이다. 연구 대상 기업에서는 사장부터 말단 직원에 이르기까지 모든 사원들이 탁 트인 한 공간에서 업무를 수행하고 있었다. 이는 IT 분야 벤처기업에서는 최대한 의사소통이 자유로워야 하므로 직위의 위계서열 구조에 맞춘 회사 내의 전통적 공간 배치구조(즉 사장이나 기타 고위급 임직원들의 사무실이 따로 있는 구조)를 과감히 타파할 필요가 있다고 생각한 사장의 개인적 소신에 따른 것이었다. 그런데 사장의 승낙을 얻어 사무실에서의 참여관찰을 포함하는 현장연구를 수개월간 수행한 연구자는 퇴근 후 사무실을 벗어난 장소에서 실시한 평사원들과의 면담을 통해 대단히 흥미로운 사실을 발견하였다. 즉 사장이나 고위 간부들의 사무실이 따로 없는 특수한 공간구조 때문에 평사원들이 사장이나 고위 간부들이 안 보는 곳에서 뒷담화를 나누며 스트레스를 풀 기회가 줄어들어 오히려 기업 내의 의사소통이 차단되는 역설적 결과가 초래되었다는 점이다.

3. 참여관찰이 전혀 불가능한 연구 대상자들의 의식 세계를 이해할 수 있다

민족지적 현장연구에서는 연구 대상자들이 말하는 내용과 방식은 그들의 행동 및 그들 사이에 존재하는 사회관계의 성격을 파악하기 위한 근거자료가 되기도 하지만, 그중 어떤 것들은 면담을 통해 꼼꼼히 수집할 경우 그 자체로서 연구 대상자들의 의식 세계를 조망하게 해주는 훌륭한 연구 자료가 된다. 연구 대상자들의 생활세계 내에서 생존과 관련하여 중요성을 지니는 사물들에 대한 분류체계는 이러한 종류의 언설 자료로서 일찍부터 인류학자들의 관심을 끌어 왔다.

그 대표적 사례에 해당하는 것이 바로 방목하는 소에서 얻은 우유와 고기를 주식으로 삼는 동아프리카의 여러 목축 민족들이 소의 종류를 세분하여 부르는 방식이다. 이 민족들에 관한 인류학적 연구들 중에서도 가장 고전적인 연구로 꼽히는 것이 수단의 누어족에 관한 에번스프리처드의 연구이다(Evans-Pritchard 1940). 누어인은 몸체의 색깔(색상, 색상들의 조합 양태, 몸체 부위에 따른 색상 분포 등), 뿔의 모양, 소유주 표시용으로 귀 끝을 잘라낸 모양, 나이, 성별 등등에 따라 소를 수십 가지의 명칭으로 세분하여 부른다. 우리가 주목하는 바는, 그러한 분류체계를 찾아내기 위해 민족지적 현장연구자들이 구사한 방법이 바로 면담이었다는 점이다. 행위 당사자인 누어인은 소에 대한 수많은 명칭들이 어떠한 분류의 차원들이 복합적으로 작용하여 나타난 결과물인지를 의식하지 않은 채 그때그때 상황에 맞추어 특정한 명칭으로 소를 부른다. 게다가 행위자들 중에 이 명칭들의 목록을 전체적으로 잘 아는 사람은 드물다. 따라서 이처럼 복잡한 분류체계를 파악해 내기 위해 민족지적 현장연구자는 그에 관해 풍부한 지식을 보유한 주요정보제공자와의 심층적 면담을 여러 차례에 걸쳐 수행하면서 관련된 수많은 어휘들을 판별하고, 각 어휘들의 용례들을 통해 그 어휘들 사이에 존재하는 논리적 관계를 꼼꼼히 밝혀내는 작업을 수행해야 했다.

거지 (얻어먹는 사람)							
떼지		삐끼					
서울역떼지	영등포떼지	양아치	꽃제비	붙박이	철새	꽃지	노숙자

'얻어먹는 사람'의 분류법

꼬지										노가다	
생꼬지								삐끼질	대가리		
짤짤이	커피꼬지	담배꼬지	주차꼬지	절꼬지	교회꼬지	잔치꼬지	반꼬지			개잡포	대마치

'얻어먹는 방법'의 분류법

　특정한 사회집단이 지니는 이 같은 특수한 분류체계는 비단 자연환경의 동식물에 대해서뿐만 아니라 인간 및 인간의 특정한 행동 영역에도 적용된다. 한국 노숙자들의 인지체계를 통해 노숙자의 생활양식을 조망한 안준희의 연구(2000)는 이를 잘 보여 주는 흥미로운 사례이다. 노숙자들은 자신들을 '얻어먹는 사람'이라는 의미의 '거지'로 총칭하지만 '거지' 속에는 '떼지', '삐끼', '붙박이', '철새', '꽃지', '노숙자' 등의 은어로 지칭되는 여섯 가지 하위범주가 있고, 그중 '떼지'와 '삐끼'는 다시 두 종류의 하위집단으로 세분된다. 또한 노숙자들의 생활양식에서 가장 중요한 부분이 얻어먹는 일이다 보니 얻어먹는 방법에 대한 분류체계도 매우 세분화되어 있다. 일차적으로는 '꼬지', '삐끼질', '대가리', '노가다' 등의 은어로 표현되는 네 가지 범주로 구분되고, 이 중에서도 가장 비중이 큰 '꼬지'라는 범주는 다시 이차, 삼차의 하위범주들로 세분된다. 한국 노숙자들의 이처럼 복잡한 분류체계는 동아프리카 목축 민족들의 소에 대한 분류체계와 마찬가지로 현장연구자가 주요정보제공자들과의 심층적 면담을 통해 밝혀낸 성과였다.

면담에서 정보제공자들이 말하는 내용뿐만 아니라 그들이 말하는 방식 또한 인류학의 민족지적 연구에서는 매우 중요한 자료가 될 수 있다. 정보제공자들이 자신들의 삶에 대해 이야기하는 방식은 최근에 인류학뿐만 아니라 인문사회과학의 여러 학문분야에서 주목받고 있는 구술생애사 접근법에서 특히 중요시된다. 구술생애사를 통해 충청남도의 한 농촌 마을 할머니들의 삶을 조명한 윤택림의 연구(2001)에 따르면, 이 할머니들의 삶의 연대기는 한국사 교과서에서 일반적으로 언급되는 근현대사의 연대기와는 다른 형태를 띠고 있다. 이 여성들은 자신들이 살아온 삶을 기억하고 말함에 있어서 혼인을 전후로 한 가족생활의 중요 사건들을 중심으로 연대기를 구성한다. 그러다 보니 전체 한국 사회의 역사에서 획기적인 중요성을 지니는 해방이나 6·25 전쟁 같은 사건이라 할지라도 자신의 가족생활에 별 영향을 미치지 않았던 것은 중요한 사건으로 간주되지 않는다. 반면 전체 한국 사회의 역사에서는 특별한 사건으로 언급되지 않는 경제성장과 산업화에 따른 가난 탈피 및 물질생활의 편리화를 이 여성들은 자신들 생애의 중요한 사건으로서 이야기하였다.

이처럼 정보제공자들이 과거의 사건에 대해 말하는 방식뿐만 아니라 현재 사회의 특정한 면모에 대해 말하는 방식도 민족지적 연구자에게는 중요한 자료가 될 수 있다. 이와 관련하여 특히 주목할 점은 현재 자신들의 사회에 존재하는 사회적 불평등 현상, 특히 사회계층화 현상에 대해 사람들이 말하는 방식이다. 가령, 현대 한국 사회가 몇 개의 사회계층으로 나뉘어 있다고 인식하며, 그것들을 각기 무슨 명칭으로 부르고(예컨대 '상류층'이나 '빈민층' 같은 표현을 사용하는가 아니면 그에 대해 거부감을 느껴 다른 표현을 사용하는가), 상이한 계층 집단들 사이에 존재하는 사회적 관계의 성격을 어떤 것이라고 보고, 그러한 계층 구조 속에서 자기 자신은 어떤 위치를 점유하고 있다고 말하는가(예컨대 '중산층'의 범위를 얼마나 넓게 보며, 자신을 중산층의 일원으로 생각하는가) 등등의 문제이다. 이러한 문제들에 관해 사람들이 말하는 방식은 현대 한국 사회의 계층화 질서가 한국인의 행동과 사고방식에 어떻게 작용하는가를 조망하는 데 매우 유용한 단서들을 제공한다.

Ⅳ. 어떻게 면담하는 것이 좋은가?

이상에서 우리는 민족지적 현장연구에서 면담 방법이 참여관찰과 쌍벽을 이루는 기본적인 자료수집 방법으로서의 위상을 지니고 있으며, 연구 대상자들의 말과 행동에 관한 정보를 최대한 자연스럽고도 심층적으로 포착하고자 하는 민족지적 연구의 근본 취지에 부합할 수 있도록 몇 가지 특징적인 방식으로 구사된다는 점을 살펴보았다. 또한 우리는 면담 방법이 참여관찰이나 그 밖의 방법으로는 포착하기 어려운 정보를 수집하는 데 매우 유용한 자료수집 방법이 될 수 있다는 점도 살펴보았다. 이

절에서는 민족지적 현장연구에서 면담을 어떻게 실시하는 것이 좋은가를 몇 가지 지침 형태로 요약하여 설명한다.

1. 면담할 때 던질 질문의 목록을 미리 정리해 둔다

면담을 하기에 앞서서 현장연구자는 정보제공자에게 무슨 질문들을 던질 것인지를 정리해볼 필요가 있다. 그냥 마음속에서 정리해볼 수도 있지만, 가급적 수첩이나 노트북 컴퓨터의 메모장 기능 등을 활용하여 질문들을 분류하여 기록해 두는 것이, 즉 목록으로 만들어 보는 것이 바람직하다. 경우에 따라서는 온전한 문장 형태가 아니라 키워드나 구절만 나열하는 식으로 목록을 만들 수도 있다. 민족지적 현장연구에서는 예기치 않게 면담이 이루어지는 경우가 매우 흔한 만큼, 현장연구자로서 조만간 어떤 정보제공자를 만나면 어떤 질문들을 던질 것인지를 생각해 보고, 키워드 메모 같은 방식으로 간단하게라도 질문 목록을 미리 정리해 둔다.

질문을 분류할 때에는 전체 면담을 최대한 자연스럽고 매끄럽게 이끌어갈 수 있도록 주제 내지 세부주제별 순서에 따라 질문을 배치하고, 유사한 (세부)주제에 관련된 복수의 질문들에 대해서는 일반적인 질문들 밑에 세부적인 질문들을 배치하는 식으로 정리해 둔다. 이렇게 미리 질문들을 정리해 두면, 꼭 물어보아야 할 중요 질문을 빠뜨리는 실수를 예방할 수 있거니와, 면담을 진행하는 중에 정보제공자가 들려주는 이야기의 자연스런 흐름을 존중하느라 화제가 연구자가 예상했던 방향에서 사뭇 비껴가는 경우에도 자신이 원래 준비해둔 질문으로 대화의 흐름을 되돌리기가 용이하다.

질문 항목에는 해당 정보제공자가 남들보다 더 잘 알고 있는 사안이라고 주위 사람들이 일반적으로 평가하는 내용뿐 아니라, 사안과 관련해서 그가 지닌 개인적 배경 내지 관계를 파악하기 위한 항목도 집어넣는다. 어느 시민운동 단체의 초창기 양상을 증언해줄 수 있는 인물을 면담한다고 가정해 보자. 해당 단체의 초창기에 벌어진 주요 사건들은 무엇이며 그것들 사이의 연관 내지 인과 관계는 어떠한지, 초창기 멤버들의 기억에 또렷이 남아 있는 힘들었던 경험은 무엇인지에 대한 이야기를 이끌어 내기 위한 질문을 당연히 목록에 넣어야 할 것이다. 그에 더하여 정보제공자는 어떤 개인적 배경에서 해당 단체에 참여하게 되었으며, 참여 동기라든가 참여 양상 면에서 다른 멤버들과는 어떤 공통점과 차이점이 있었는지 등을 파악하는 질문도 넣는 것이 바람직하다. 실제 면담이 진행되는 과정에서 연구자가 사안의 민감성을 감지하여 개인적 맥락에 관한 질문들을 생략하기로 즉석에서 결정하는 상황은 민족지적 현장연구에서 다반사로 발생한다. 그럼에도 불구하고 이런 질문들을 미리 염두에 둔 채 면담에 임하는 것과 그렇지 않은 것 사이에는 면담 내용의 질 면에서 큰 차이를 낳을 수 있다.

2. 정보제공자가 편안한 마음으로 임하도록 면담 분위기를 조성한다

정보제공자들이 편안하고도 자유로운 기분에서 하는 이야기, 형성된 라포 덕분에 꾸밈없이 자신의 속내를 드러내는 이야기일수록 보다 심층적 진실을 담게 된다고 보는 것이 민족지적 현장연구의 토대를 이루는 신념이다. 따라서 현장연구자가 면담에서 보다 심층적인 진실이 담긴 이야기를 이끌어 내려면 정보제공자가 가능한 한 편안한 마음으로 면담에 임할 수 있도록 분위기를 만들어야 한다.

우선, 정보제공자가 가장 편리한 장소와 시간을 잡도록 배려한다. 사전에 장소와 시간을 조율하여 이루어지는 면담의 경우에는 특히 그러하다. 현장연구자의 입장에서만 보자면 앞서 말한 바와 같이 정보제공자의 집이 그의 일상생활의 단면에 대한 참여관찰을 병행할 수 있다는 점에서 가장 좋은 면담 장소로 여겨질 수 있다. 하지만 서구 사회나 현대 한국 사회처럼 가족적 프라이버시의 관념이 강한 사회에서는 현장연구자를 자기 집으로 맞아들여 면담하는 것을 사람들이 달갑지 않게 여길 개연성이 높다. 설령 정보제공자의 집에서 면담을 할 수 있더라도 면담 시간을 정할 때 현장연구자의 방문이 가족의 생활리듬에 미칠 영향을 고려해야 한다. 가령 30분~한 시간 후면 정보제공자의 가족이 식사를 하는 시간이 되는 때에 집을 방문하여 면담을 시작하는 것은 현명하지 못한 행동이다. 비단 식사시간뿐 아니라 정보제공자나 그 가족의 종교활동이나 여가활동 시간을 고려하여 면담 시간을 정해야 한다.

집의 대안으로 정보제공자의 일터도 좋은 면담 장소가 될 수 있지만, 이는 정보제공자가 자신의 일터를 보여 주는 데에 거부감이 없고 해당 일터의 여건이 허락할 경우에만 가능하다. 일터에서 면담을 하는 경우에는 업무에 미치는 영향을 최소화할 수 있는 시간대를 잡는 것이 여러 모로 현명하다. 업무로 바쁜 시간에 일터를 방문하여 면담을 수행하면 아무래도 면담 내용에 원하는 질과 양의 정보가 담기기 어려울뿐더러, 그런 가운데에 이루어진 면담에서 정보제공자가 현장연구자에게 좋은 인상을 받게 되어 해당 면담 자체가 라포 형성을 위한 기회로 효율적으로 활용될 가능성은 그다지 크지 않기 때문이다. 한편 집이나 일터 모두가 적당한 대안이 아닌 경우에는 어쩔 수 없이 찻집이나 술집 같은 제3의 장소를 찾아야 한다. 이 경우에도 첫 번째 고려사항은 정보제공자가 편하게 느끼는 장소와 시간을 선정하는 것이다.

　면담을 위해 정보제공자와 만났을 때도 단도직입적으로 준비해온 질문 목록에 따라 질문을 던지기 시작하는 것은 별로 현명한 접근법이 아니다. 특히 해당 정보제공자와 처음으로 만나는 자리이거나 이전에 만난 적은 있어도 아직 친밀한 관계라고 하기 어려운 사이인 경우에는 만나자마자 본격적인 질문들을 던지기보다는 가벼운 제3의 화젯거리로 대화를 시작하는 것이 바람직하다. 이는 비단 민족지적 현장연구뿐 아니라 여타 분야의 면담에서도 가장 널리 통용되는 방안이다. 화젯거리는 그날의 날씨가 될 수도 있고, 정보제공자의 어린 자녀들이 놀고 있는 모습이 될 수도 있으며, 연구자가 도착했을 때 마침 TV에 나오던 프로그램의 내용이 될 수도 있다. 면담 초두에 현장연구자와 정보제공자 모두가 느끼는 서먹함과 긴장감을 덜어줄 수 있다면 화제의 내용이 무엇인가는 별 문제가 아니다.

3. 최대한 구체적으로 질문한다

　면담이 본격적으로 시작되어 준비해둔 질문들을 던질 때 연구자는 모든 질문들을 최대한 구체적으로 표현하도록 한다. 추상적인 표현을 사용하는 질문일수록 정보제공자가 본의 아니게 연구자가 염두에 두었던 바와는 동떨어진 내용의 답변을 하게 될 위험성이 커지기 때문이다. 수십 년에 걸친 경제발전과 도시화의 결과로 근교 농촌 주민들의 소득수준은 향상된 반면 주민 상호간 유대관계는 크게 약화된 상황에서 농촌 주민들이 자신들의 삶의 질을 어떻게 평가하는지에 대한 현장연구를 어떤 연구자가 수행한다고 가정해 보자. 만약 연구자가 마을 주민을 면담하면서 '삶의 질'이라는 추상적 표현을 그대로 사용하여 "당신은 이 마을의 삶의 질이 40년 전에 비해 향상되었다고 보십니까?"라고 질문한다면, 정보제공자는 마을의 주민 상호간 유대관계는 과거에 비해 많이 약화되었다고 생각함에도 불구하고 '삶의 질이 크게 향상되었다'고 답할 수 있다. 정보제공자는 자기 나름대로 소득 수준, 가옥의 질, 대형 가전제품이나 자동차 같은 것들의 보유량, 교통 통신의 편리화 등등 주로 생활의 물질적 측면을 기준으로 삼아 삶의 질을 평가하였기에 삶의 질이 향상되었노라고 답변하였다. 이러한 의사소통상의 오류를 예방하기 위해 면담에 임하는 민족지적 현장연구자는 항상 자신의 질문들을 구체화할 필요가 있으며, 나아가 정보제공자의 답변에서 추상적인 표현이 등장하는 경우에도 후속질문을 통해 그에 대하여 보다 구체적인 설명을 요청하는 것이 바람직하다.

그런데 최대한 구체적으로 질문을 던지고자 마음먹더라도 관련된 질문이 여러 개 존재하는 주제의 경우, 현장연구자는 일반적·포괄적 질문을 먼저 하는 것이 좋은가, 아니면 세부적 질문을 먼저 하는 것이 좋은가라는 문제에 직면하게 된다. 이때에는 대개 일반적·포괄적 질문을 먼저 던진다. 예컨대 근년에 한국 사회의 고질병처럼 되어 버린 청년 실업난이 대학생의 학교생활에 미치는 영향을 파악하기 위한 연구 작업의 일환으로 특정 대학 특정 학과의 학생회장을 면담한다고 가정해 보자. 정보제공자에게 학생회라는 주제 영역에 관련하여 질문할 수 있는 내용은 학생회의 조직 과정, 학생회의 역할 분담 방식, 학생회의 연간 활동 내역, 학과 내의 임원이 아닌 일반 학생들의 참여 양상, 학생회가 당면한 어려움 등등의 소주제들로 세분되며, 이 소주제들은 다시 몇 가지 세부

질문으로 이루어질 것이다. 우리가 강조하고자 하는 바는, 이 정보제공자에게 학생회 구성 과정이라는 소주제 영역의 세부질문에 해당하는 질문 중 하나인 "학생회의 임원진은 언제 구성됩니까?"라는 질문보다는, "요즘에는 학생회 활동을 하기가 어떻습니까?"라는 일반적인 질문을 먼저 던지는 쪽이 바람직하다는 것이다. 전자의 질문에 대한 정보제공자의 반응은 'O월입니다'라는 짤막한 답변에 그치기 십상이고, 이에 연구자는 "학생회장에는 몇 학년생이 입후보할 수 있습니까?"라는 세부질문을 다시 던져야 할 것이다. 그에 반해서 후자의 질문에 대하여 정보제공자는 가령 "요즘은 학생회장을 맡으려는 사람들이 없어서 학생회를 구성하는 것 자체가 몹시 힘듭니다"라고 답할 수 있고, 이는 다시 해당 정보제공자가 학생회장으로 선출되고 학생회 임원진이 구성되기까지 어떤 힘든 과정이 전개되었는지, 나아가 이후 학생회의 활동 과정에서 어떤 어려움에 봉착했는지에 대한 긴 설명을 정보제공자로부터 이끌어 내는 질문들을 연구자가 자연스럽게 던지는 상황으로 이어질 것이다.

세부적인 질문보다 일반적인 질문을 먼저 던지는 방식이 지니는 또 다른 장점은, 그런 질문에 대한 정보제공자의 자발적인 답변 속에서 때로 연구자로서 미처 예상치 못했던 연구 대상자들의 생활세계 내 사물들 간의 연관 관계에 대한 단서를 얻을 수 있다는 점이다. 만약 앞에 든 가상 사례의 일반적 질문에 대한 정보제공자의 답변 중에 가령 "요즘은 하도 취업난이 심각하다 보니 소위 '스펙 쌓기'의 차원에서 학생회 임원 경력을 추가하려는 대학생들도 제법 생겨서 학생회를 조직하는 것 자체는 그리 어렵지 않다"라는, 연구자의 예상과는 반대되는 내용이 있다고 가정해 보자. 이러한 답변을 단서로, 연구자는 '어떤 특성을 지닌 학생들이 그러한 스펙 쌓기 전략을 취하는가', '학생회 임원직을 맡고자 하는 학생들의 증가는 학생회 활동을 활성화하는가' 같은 새로운 질문들을 해당 정보제공자에게 추가로 던질 수 있을 것이다.

대개 세부적 질문보다 일반적 질문을 먼저 던지는 것이 바람직하지만, 세부적 질문을 먼저 던지는 것이 적절한 경우도 있다. 이는 특히 행위 당사자들이 자신들의 평소 행동의 일반적 패턴을 생각해본 적이 없는 주제에 대해 연구자가 탐구하는 경우에 효과적인 접근법이 될 수 있다. 가령 기업문화를 연구하는 어떤 현장연구자가 기업체 내의 부서별 회의에서는 주로 누가 발언하며 다른 참가자들의 반응은 어떠하고, 의사결정은 어떤 식으로 이루어지는지 등을 알아보려 한다고 상정해 보자. 만약 연구자가 특정 직원을 면담하면서 "이 회사에서 회의 진행은 보통 어떤 식으로 이루어집니까?"라고 일반적인 질문을 던지면 정보제공자는 답변하기가 매우 난감할 것이다. 하지만 "오늘 아침 회의는 어떻게 진행되었습니까?"라고 물으면 정보제공자는 비교적 수월하게 답변할 것이고, 그에 이어 "그런 진행방식이 일반적인 방식인가요, 아니면 오늘 회의가 평소와 달랐나요?"라는 후속질문을 하는 식으로 접근하는 대안이 가능하다. 이처럼 일종의 귀납적 접근법을 취하면 연구자는 정보제공자와의 면담을 통해 그 회사에서의 부서별 회의의 진행 패턴에 대한 해당 정보제공자의 해석을 도출할 수 있게 된다.

4. 정보제공자가 들려주는 이야기의 흐름에 맞추어 적절한 반응을 보여준다

초반의 긴장과 어색함을 잘 극복하고 대화가 본궤도에 올랐더라도 현장연구자는 여전히 정보제공자가 편안하고 기꺼운 마음으로 질문들에

답하면서 자신의 이야기보따리를 펼칠 수 있도록 이야기의 흐름에 맞추어 적절한 반응을 보여 주면서 대화 상황을 이끌어 나가야 한다. 그러한 반응 중에서도 가장 중요한 것, 즉 면담에 임하는 민족지적 현장연구자에게 요구되는 제일의 덕목은 정보제공자가 하는 말을 경청하는 모습을 보여 주는 것이다. 자신의 삶에 관한 이야기를 해주어야 할 아무런 의무가 없는 외부인인 현장연구자의 요청을 받아들여 하게 된 면담에서 연구자가 자신의 말을 경청하지 않는다는 인상을 받으면 정보제공자는 큰 실망감을 느끼기 쉽다.

어찌 보면 너무나 당연하게 여겨지는 이런 사항을 굳이 지침으로서 제시하는 데는 그만한 이유가 있다. 민족지적 현장연구자는 대단히 다양한 부류의 사람들을 만나게 되는데 그들 가운데는 가치관이나 인생에 대한 기본적 태도, 정치적 입장, 지적 수준, 습관, 기질 등등 여러 측면에서 연구자와 너무나도 이질적인 사람들이 불가피하게 포함되기 마련이다. 뿐만 아니라 그들과 나누는 대화의 화제 역시 너무나 다양해서, 때로는 연구자로서 평소에 전혀 관심을 가져본 적이 없는 주제를 두고 대화하는 경우가 있는가 하면 때로는 이미 무슨 말을 할 것인지가 대개 예측되는 지경에서 장광설처럼 들리는 이야기를 하릴없이 듣고 있어야 하는 경우도 발생할 수 있다. 더구나 현장연구자도 인간인지라, 때로는 심신이 지쳐 본의 아니게 정보제공자의 이야기를 집중해서 듣기가 힘들 수도 있다.

그러나 이 모든 어려움에도 불구하고 민족지적 현장연구자는 면담에 임할 때 정보제공자의 말을 경청하는 모습을 지속적으로 보여 주어야 한다. 만약 그렇지 않은 모습에 불쾌감을 느낀 정보제공자가 주변 사람들에게 현장연구자에 대하여 부정적 이야기를 퍼뜨린다면 현장연구자가

치러야 할 대가가 너무나도 크기 때문이다. 여기서 덧붙일 사항은, 정보제공자의 말을 단순히 연구자가 잘 듣기만 하면 되는 것이 아니라 연구자의 모습이 상대방에게 경청하는 모습으로 비쳐야 한다는 점이다. 다시 말해서, 아무리 연구자 자신은 상대방의 말을 잘 챙겨서 듣고 있다 할지라도 연구자의 표정이나 시선 혹은 몸짓 등이 정보제공자에게는 마치 이야기에 귀를 기울이지 않고 딴생각을 하고 있는 듯이 비쳐서는 안 된다는 뜻이다. 정보제공자의 동의를 얻어 그가 보는 앞에서 간략하게 현장 노트를 작성하는 행동은 그 자체로서 연구자가 이야기를 경청하고 있음을 보여 주는 효과적 방안이 될 수 있다.

이와 관련하여 깊이 유념해 두어야 할 사항은, 면담을 진행하는 동안 연구자가 적절한 방식으로 정보제공자와 눈을 맞추고, 이야기의 흐름에 맞게 적절한 추임새—예! 아! 정말이요? 등등—나 몸짓 등으로 반응해 주어야 한다는 점이다(이와 유사한 것이 소위 '미러링mirroring'이라 하여 심리상담이나 수사면담 등의 분야에서 정보제공자가 말을 하면서 무의식적으로 짓는

표정이나 몸짓 등을 면담자가 따라 하는 방안이다). 소위 '에코echo 방법'이라 하여, 정보제공자가 한 말의 끝부분을 연구자가 반복하고 난 뒤에 다음 번 질문을 던지는 방식도 연구자가 이야기를 경청하고 있음을 정보제공자에게 확인시켜 주는 데 매우 효과적인 반응 방식이다. 또한 정보제공자가 이야기를 하다가 감정이 매우 격앙되는 모습을 보일 때는, 정도 차이는 있을지언정 연구자도 공감하고 있음을 표정이나 감탄사 등으로 표현하여 전달하는 것도 적절한 반응이 될 수 있다. 그런가 하면 정보제공자가 이야기를 펼치는 도중에 일시적으로 적당한 표현 방식이 떠오르지 않아 말문이 막히면서 침묵이 흐를 때, 너무 성급히 연구자가 개입하여 정보제공자의 자연스런 생각의 흐름을 방해하거나 화제를 딴 데로 돌리는 잘못을 범하지 않도록 주의한다. 정보제공자가 일단 화제를 돌리자고 제안하지 않는 한, 연구자는 매우 길게 느껴지는 침묵의 시간일지라도 정보제공자가 적당한 표현방식을 찾아내어 이야기를 재개할 때까지 참고 기다려 주는 것이 바람직하다.

그런데 정보제공자의 이야기에 대한 연구자의 반응이 분명 주의를 집중하여 듣고 있는 모습으로 비치는 경우에도 피해야 할 함정이 하나 있다. 그것은 바로 연구자의 어떤 태도나 표정 혹은 질문에 사용하는 표현이나 말투가 빌미가 되어, 정보제공자가 해당 면담 상황을 연구자가 일방적으로 질문하고 자신은 '혹시라도 틀리거나 꼬투리 잡힐 만한 답변을 하게 되면 어쩌나?' 하고 걱정하면서 대답해야 하는 상황으로 인식하는 것이다. 면담에 임하는 현장연구자는 항시 정보제공자를 인간적으로 존중하기에 그의 말을 경청하고 있다는 인상을 상대방에게 심어 주도록 자신의 태도, 표정, 언어 표현, 말투 등을 면담이 진행되는 동안 지속적으로 관리할 필요가 있다.

정보제공자가 자신이 일방적으로 심문당한다고 느끼게 되는 것을 상당 정도 예방해줄 수 있는 방안, 그리고 낯선 사회에 이방인으로서 들어가는 민족지적 현장연구자들이 효과적으로 활용할 만한 방법이 있다. 그것은 바로 정보제공자의 이야기 속에 등장하는 내용이 연구자가 속한 사회에서 비슷하게 혹은 다르게 나타나는 양상들을 정보제공자에게 수시로 소개해 주는 것이다. 황익주는 아일랜드와 영국 사회에 대한 민족지적 현장연구들을 수행하면서, 한국 사회에 나타나는 관련 양상들을 정보제공자에게 소개해 주면 정보제공자가 연구자에게 한국의 사회와 문화에 대해 자발적으로 질문하는 모습을 자주 목격하였다. 그리고 마치 면담자와 정보제공자의 역할이 바뀐 것처럼 그런 질문에 기꺼이 대답해 주던 연구자가 얼마 후 대화의 흐름을 바꾸어 다시 준비해둔 질문을 던지면 정보제공자는 조금 전보다 편안하고 자발적으로 대답해 주었다.

5. 대화의 자연스런 흐름을 타면서 융통성 있게 면담 상황의 변동에 대처한다

면담을 진행할 때 현장연구자는 자신이 준비한 문항들의 내용과 순서에 집착하기보다는 정보제공자와의 대화가 펼쳐져 나가는 자연스런 흐름을 타면서 질문의 내용과 순서를 융통성 있게 조율할 줄 알아야 한다. 특히 질문 순서는 가변성의 여지가 매우 크다. 정보제공자와 만나 인사를 나누며 긴장을 풀기 위해 선택한 화젯거리에서 시작된 대화가 예상외로 연구자가 준비해둔 특정 문항과 연결될 수 있다. 이런 경우, 굳이 준비한 질문 순서를 따르기 위해 대화의 흐름을 끊고 준비한 첫 번째 질문을 던지기보다는 해당 문항 및 관련된 일련의 문항들을 먼저 질문한 후

에 미리 준비한 첫 번째 질문을 던지는 것이 바람직하다. 나아가, 먼저 던진 일반적 질문에 대한 정보제공자의 답변 중에서 미리 준비해둔 질문에 포함되지 않은 새로운 질문을 유발하는 단서가 예상외로 떠오르면 연구자는 이 새로운 질문들까지도 모두 던지고 난 후에야 비로소 당초 준비한 첫 번째 질문을 던지게 될 수도 있다.

이처럼 현장연구자는 대화의 흐름에 맞추어 면담의 질문 순서를 재조정하고 새로운 질문을 즉석에서 생각해내 던지는 융통성을 발휘해야 하지만, 반대로 미리 준비해둔 질문들 중 일부를 예기치 못했던 면담 상황의 변동에 맞추어 과감히 포기하거나 추후로 미루는 융통성도 발휘해야 한다. 가령 연구자가 던진 질문에 대해 정보제공자가 동문서답을 하거나 답변을 회피하는 듯하다면 무리하게 원하는 내용의 답변이 나올 때까지 집요하게 반복해서 묻기보다는 해당 질문들을 아예 포기하거나, 나중에 다시 면담 기회가 생길 때 물어보는 방향을 선택하는 것이 현명하다. 그런가 하면 연구자의 질문에 정보제공자가 성의껏 답변해 주고는 있지만, 몸이 안 좋아서 그러는지 아니면 다른 볼일을 보러 갈 시간이 되어서인지 정확한 이유는 알 수 없어도, 정보제공자가 어느 시점부터인가 이번 면담을 이 정도로 끝내고 싶어 하는 듯한 반응을 보이는 경우가 있다. 이때에도 연구자는 정보제공자를 배려하여 면담을 일단 마무리하면서도 다음 기회에 다시 만나 못다 한 이야기를 나눌 수 있도록 상호작용의 상황을 조성하는 융통성과 임기응변을 발휘해야 한다.

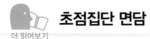
초점집단 면담

　최근에는 면담 방식 중 하나로 초점집단 면담focus group interview; FGI 이라고 불리는 방법이 주목받고 있다. 초점집단이란 특정한 주제와 관련된 사람들의 행동이나 사고방식을 연구하기 위하여 전체 연구 대상자 집단에서 선정된 소수의 개인들(보통 5~10명 정도)로 이루어진 소집단을 일컫는다. 초점집단을 연구하는 구체적 방법으로 가장 흔히 사용되는 방법은 집단 면담이다. 특히 마케팅 연구와 정치선호도 조사 등 사회조사, 매스미디어 연구 등에서 초점집단 면담 방법이 널리 사용되고 있는데, 그 전형적 방식은 특정한 상품, 여론 혹은 TV나 라디오 프로그램에 관해 초점집단의 구성원들이 한데 모여 자유토론을 통해 각자의 생각들을 이야기하게 하고, '모더레이터moderator'라고 불리는 면담 진행자는 개입을 최소화하여 토론 진행자 정도의 역할만을 하면서 전체 대화 내용을 녹취하는 것이다.

　이를 위해서 많은 기업체와 리서치 회사가 '좌담회'라고도 부르는 초점집단 면담을 위한 특별한 방을 사무실 안에 마련해 놓고 있다. 방 안에서 보기에 거울이나 벽처럼 보이는 위치에 마련된 옆방(관찰실)에서 연구 의뢰자나 리서치 회사의 연구 관리자들이 초점집단 면담이 이루어지는 방 안을 들여다보면서 대화상황에서의 상호작용 장면을 볼 수 있고, 추가하고 싶은 질문 등 필요한 지침을 면담 진행자에게 중간 중간 전해줄 수 있다.

　1940년대에 라디오 프로그램에 대한 사람들의 반응을 살펴보기 위한 방법으로 미국 컬럼비아 대학교 연구진이 최초로 개발한 초점집단 면담 방법은 이후 마케팅 및 매스미디어 분야에서 커다란 상업적 성공을 거두었다. 이 방법은 1970년대 후반 이후 다른 사회과학 분야에서도 각광받는 방법으로 발전하였으나 인류학계에서는 아직까지도 별로 큰 호응을 얻지 못하고 있다. 그러나 특정한 사안에 관련된 다양한 연구 대상자들의 행동이나 생각을 참여관찰 및 개별 면담을 통해 파악하는 일이 접근 가능성이나 시간 및 비용의 문제 등으로 인해 여의치 않은 현대의 연구 상황에서, 초점집단 면담 방법은 민족지적 현장연구자들로서도 적극적으로 활용해볼 만한 가치가 있다고 본다. 운영하기에 따라서는 참여관찰에 버금갈 정도로 비교적 자연스런 언설 자료들을 수집할 수 있을뿐더러, 그에 더하여 초점집단 내의 상호작용에서 나타나는 연구 대상자들의 행동방식에 대한 관찰 자료까지도 수집할 수 있는 방법이기 때문이다.

한국 인류학계에서는 드문 사례로서 초점집단 면담 방법을 본격적으로 활용하여—물론 전체 연구에서 주축을 이룬 것은 참여관찰과 개별적 면담의 방법이었지만—수행한 연구로 중국 농촌 여성의 자살 문제를 다룬 이현정의 박사학위 연구(Lee 2009)가 있다.

현대 중국의 농촌에서 유달리 젊은 여성들의 자살률이 높게 나타나는 현상의 원인과 의미를 밝혀내기 위해 수행된 이 연구에서, 연구자는 각기 6~9명의 연령대 및 혼인 지위가 다른 남녀들로 구성된 6개 초점집단에 대한 면담을 실시한 바 있다. 각기 1시간 30분씩 할당된 이 초점집단 면담에서 연구자는 참여자들에게 공통된 질문 다섯 가지를 던졌는데, 그 내용은 다음과 같다.

① 자살이라는 단어를 접할 때 처음 떠오르는 것은 무엇입니까? 당신 머리에 제일 먼저 떠오르는 어떤 이야기든, 감정이든, 생각이든, 경험이든 자유롭게 말씀하십시오.

② 당신은 남자들의 자살과 여자들의 자살 사이에 원인이든, 수단이든, 결과이든 어떤 면에서 차이가 있다고 생각하십니까?

③ 왜 그리고 어떤 맥락에서 사람들이 자살을 택한다고 생각하십니까? 당신은 자살을 시도한 사람들을 불쌍하다고 느끼십니까, 아니면 나쁘게 평가하십니까?

④ 최근 연구결과에 따르면 농촌에서는 남성보다 여성의 자살률이 높다고 하는데 그 이유는 무엇이라고 생각하십니까?

⑤ 이 마을에서 현재 이루어지고 있는 자살 예방 프로그램이 자살 건수를 줄이는 데 실효성이 있고 도움이 된다고 생각하십니까?

연구자 이현정 박사는 이렇게 초점집단 면담을 수행함으로써 거둔 성과로서, 조사지역 내의 다양한 연령 집단 및 구역들에서 참여자를 선발함으로써 지역 주민들이 공유하고 있는 자살의 의미를 빠른 시간 내에 포착할 수 있었다는 점, 한 참여자의 이야기가 다른 참여자의 기억을 자극하거나 말할 용기를 북돋워 줌으로써 만약 개별 면담이었더라면 얻기 힘들었을 정보들을 수집할 수 있었다는 점, 다른 지역주민들과 함께하는 자리이다 보니 낯선 연구자와의 일대일 대화보다 연구 대상자들이 마음 편하게 느낀다는 점 등을 지적하였다.

6
기록과 자료 관리

　현장연구는 참여관찰과 심층면담을 중심으로 이루어지며, 이러한 방법으로 수집된 자료는 연구자가 기록을 해야만 장기적으로도 분석이 가능한 자료로 남게 된다. 그러나 인류학적 현장연구 상황에서 기록(필기, 녹음, 사진 등)이 항상 가능하지는 않으며, 가능하다고 해도 어떤 내용을 얼마나 기록할 수 있고 할 필요가 있는지는 연구의 목적이나 연구 상황에 따라서 상당히 다르다.

　현장연구에서의 기록이란 항상 선택의 과정이다. 참여관찰이나 면담에는 의식적·무의식적인 선택의 과정이 내재해 있다. 무엇을 골라서 어떻게 기록할 것인가를 결정하는 과정 역시 선택의 과정이라 할 수 있다. 이 장에서는 현장연구의 과정에서 기록이 갖는 의미와 기록의 종류, 그리고 기록 자료를 어떻게 관리할 것인가를 살펴본다.

I. 현장연구에서는 왜 기록을 하는가?

현장연구 방법은 현장에서 시행착오를 겪으며 배우는 것이라는 생각이 인류학자들 사이에 오랫동안 공유되어 왔다. 따라서 연구방법 강좌가 마련된 것도 상대적으로 늦었으며, 이런 강좌들에서도 기록방법에 대해서는 별로 다루지 않았다. 그러나 기록방법과 기록자료 관리방법을 체계적으로 학습해 두면 민족지적 현장연구를 할 때 매우 유용하다.

어떤 내용을 얼마나 기록할 필요가 있는지는 연구목적이나 상황에 따라서 다르지만, 현장연구자는 기억과 관련하여 다음과 같은 한계를 가지고 있음을 염두에 두어야 한다. ① 기억은 부정확하며 ② 시간이 갈수록 사라지고 ③ 남는 기억은 점점 '선택적selective'이 되어 간다. 그러다 보니 시간이 많이 지나면 자신의 경험인지, 들은 이야기인지 또는 어디에서 읽은 것인지에 대한 구분도 점점 모호해진다. 많은 연구자들은 현장노트나 현장일지를 몇 달 후 읽어 보면서 '이런 일도 있었나? 중요한 일이었는데 왜 기억을 못하지?' 하며 놀란 경험이 있다. 중요하다고 생각한 내용도 몇 달 후에는 기억하지 못하는 경우가 많으므로 세부적인 내용을 기억하기 어려운 것은 두말할 나위가 없다.

시간이 가면서 기억이 사라질 때, 일부 기억만 선택적으로 남아 기억되는 경향이 있다. 같은 상황에 대하여 두 명이 각기 달리 기억하고 있어 다툼이 일어나는 일은 흔히 관찰된다. 특히 이해관계가 서로 다를 때에는 기억의 차이가 각자에게 어느 쪽이 유리한가를 반영하는 경향이 있다. 이해관계가 없더라도, 더 강한 인상을 준 사건이나 자신이 관심 있어 하던 주제와 관련된 것만 기억하고 다른 사건들은 당시에 일어나지 않았다고 생각하게 될 수도 있다.

현장연구자가 기록을 하지 않아서 실제 일어난 일 중 자신의 선입관에 맞는 내용만 있었던 일로 기억하는 것은 현상을 왜곡되게 해석할 수도 있다는 점에서 단순한 기억의 사라짐보다 더 큰 문제를 유발한다. 예를 들어 자신이 소속한 집단 학부모들의 교육 경험에 대한 논문을 쓴 한 대학원생은 면담 대상 학부모들의 이야기가 대개 아는 내용 같아서 '나중에도 기억할 수 있겠지'라고 생각하여 거의 기록을 하지 않았다. 그러나 논문심사 과정에서 "학부모 면담이 중요한 연구방법 중 하나였는데도 이들의 경험 이야기는 조금밖에 들어가지 않았다"는 지적을 받고, 같은 학부모들을 대상으로 다시 면담을 하게 되었다. 이번에는 녹음한 면담 내용을 다 풀어 쓴 후 재분석을 하자 자신이 알고 있던 것과는 전혀 다른 교육 경험의 범주가 여러 개 발견되었다. 즉 이 대학원생의 경우 기존의 생각과 다른 내용은 기억에서 거의 사라지고, 기존의 생각을 지지한 내용만 기억하여 논문 초안을 작성했다가 낭패를 보았던 것이다.

'선택적 기억'은 연구 대상자들에게도 일어나므로 이들의 기억을 되살리는 방법을 개발하거나 기억이 사라지기 전에 이들의 말과 행동을 기록해 놓고, 몇 달 후 '같은 주제에 대해서 의견이 달라져 있는지'와 '같은 상황에서 행동을 다르게 하는지'에 중점을 둔 관찰을 하는 것이 중요하다. 예를 들어 수업과제로 친구 대상 면담을 실시한 학부 학생 A는 지난 학기에 함께 수강했던 수업에 대해서 친구가 이야기하는 바가 당시와 많이 달라져 있다는 사실에 놀라게 되었다. 학기말 이후에 그 수업에서 배운 것이 많았다고 생각하게 된 친구는 수강 당시 자신이 수업방식에 대한 불만을 많이 이야기했고 불성실한 학습태도를 보인 것을 잘 기억하지 못하였다. A는 자신이 그 수업에 대해서 중립적 입장에 있었기 때문에 친구의 발언 내용이나 수업태도를 더 정확히 기억하는 것 같다고 하였다.

이처럼 연구자나 연구 대상자 모두 한정된 기억의 문제를 가지고 있기 때문에 상황이 허락하는 한 구체적으로 기록해둘 필요가 있다. 구체적으로 기록하기 어렵다면 중요한 참여관찰이나 면담 내용만이라도 반드시 요약해 놓는다. 현장에서 기록이 불가능하다면 화장실이나 돌아오는 차 안에서라도 틈틈이 기록해 두는 것이 좋다. 작성한 기록은 그날 중으로 보완하는 것이 바람직하며 고유명사 등은 나중에라도 재확인해야 한다. '구체적 기록'의 중요성을 보여 주는 사례를 하나 들어 보자. 이용숙은 비슷한 시기에 이루어진 두 곳의 미국 학교 현장연구에서 기록의 충실성에 따라서 연구 성과가 어떻게 달라질 수 있는지를 경험하였다. 박사학위 논문을 쓰기 위해 이용숙은 90일간 풀타임 수업관찰을 하였다. 수업관찰 내용은 매번 기록하였으나, 현장노트의 보충을 미룰 때도 있었고 그 분량이 매우 적을 때도 있었다. 두 번째 현장연구는 지도교수의 연구 프로젝트의 일환으로, 4명의 연구자가 각자 한 학교를 담당하여 36일간

4시간 이상씩 수업관찰을 하였다. '현장노트'와 '현장일지'(현장노트와 구분되는 것으로 뒤에 소개함)는 다른 3명의 연구자도 읽어야 하므로 그때그때 충실하게 기록해야 했으며(해석 포함), 2주씩의 집중관찰 기간 중간중간에 현장노트 보충 시간을 충분히 할애하였다. 그 결과 수업관찰 시간은 첫 번째 연구에 비해서 3분의 1 정도밖에 안 되는데도 불구하고 오히려 더 충실한 자료를 얻게 되었다.

구체적 기록의 장점으로는 위에 언급한 ① 기억의 한계를 보완한다는 점 외에도 ② 현장 상황을 더 잘 기억하게 된다는 점, ③ 더 풍부한 해석이 떠오르게 된다는 점이 있다. 기록 없는 관찰의 경우 연구자가 당장 관심 가는 내용을 기억하는 데 집중하느라 배경적 상황을 기억하는 데는 소홀할 가능성이 높다. 예를 들어 카페에서 몇 명의 상호작용에 중점을 두는 관찰을 하면 대화만 기억하고 테이블 배치와 같은 배경적 내용은 잘못 기억하기 쉽다. 그러나 구체적 기록에는 이들이 어디에 앉아서 어떻게 대화했는지에 대한 설명이 포함되므로, 현장에서 기록하지 못하는 상황이라도 추후 기록을 염두에 두고 상호작용에 영향을 미칠 수 있는 배경적 상황까지 정확히 기억하려고 노력할 가능성이 높아진다.

기록을 하면 참여관찰 시 생각하지 못했던 해석이나 질문들이 떠오른다는 것도 커다란 장점이다. 현장연구를 실시한 날 현장일지를 쓰면서 적어 놓은 해석에 상당한 통찰이 숨어 있는 경우도 많기 때문이다. 이용숙은 초등학생의 학습시간과 학습의 의미에 대한 연구(이용숙 외 1990)를 진행하는 과정에서 두꺼운 노트로 10권 이상의 현장일지를 기록하였는데, 연구 후반부에 수집한 자료 분석에 집중하느라 초기에 쓴 현장일지를 다시 읽지 못한 채 보고서 초안을 작성하였다. 이후 현장일지를 처음부터 다시 읽기 시작했는데, 아직 2주 정도의 분량밖에 읽지 못했을 때

보고서 초안에서 가장 중요한 분석결과 중 하나가 현장일지에 표현만 다르게 거의 그대로 들어 있음을 발견하고 크게 놀랐다. '온갖 자료를 체계적으로 분석하여 얻은 결과가 결국 현장에서 2주 동안 참여관찰을 하면서 얻었던 통찰 내용을 확인한 것'이었던 셈이다.

이처럼 기록 행위 자체가 통찰력 있는 해석을 더 많이 유도한다는 점에서도 기록을 빨리 할 필요가 있다. 기록하는 시기가 뒤로 미뤄질수록 기록 양은 줄어들고, 따라서 해석의 풍부함도 줄어들기 때문이다. 한편 위의 사례는 기록만 중요한 것이 아니라 기록 내용을 연구자가 주기적으로 읽어 보는 것도 중요하다는 사실을 보여 준다. 해석의 보완이나 이후 수집된 자료와의 비교 등을 통하여 연구의 방향을 새롭게 정해 나가는 데 활용할 수 있기 때문이다.

인류학자가 기록을 해야 하는 이유로서, 당장 연구에 필요한 자료라는 의미를 넘어서 기록 자체가 지니는 역사적 자료로서의 의미도 점차 주목받고 있다. 최근에는 초기 인류학자들의 현장기록들이 사료이자 후대의 연구 자료로 이용되는 경우가 증가하고 있다. 이에 따라 한국연구재단에서는 인류학자들의 현장노트를 아카이브로 남기는 프로젝트를 실행하였다. 또한 현장일지가 책으로 출판되거나 학술 저널에 실리는 경우처럼 그 자체로도 학술적 자료로서의 의미를 인정받고 있다. 예를 들어 초등학교에서의 학습시간과 학습의 의미를 주제로 한 연구(이용숙 외 1990)에서 수집한 자료 중 서울 소재 영국 초등학교와 한국 초등학교의 3학년 한 학급 학생들의 하루 생활 전체를 기록한 현장노트는 시간대별로 두 학교 학생들의 생활을 비교하는 형식으로 출판되었다(이용숙 1993). 같은 연구팀의 이재분은 경기도 산골의 한 분교에서 작성한 현장일지 전체를 『우리의 학교 우리의 아이들』(1992)이라는 제목의 책으로

출판한 바 있다. 그러므로 현장연구자들은 자신의 기록이 후대의 연구
자료가 될 뿐만 아니라 그 자체가 한 권의 책이 될 수 있다는 점을 기억
할 필요가 있다.

II. 현장연구 기록의 종류는 무엇이며 어떻게 기록하는가?

현장연구 기록의 종류는 여러 가지이기 때문에 연구 성격에 맞는 기록
유형을 미리 생각해서 계획을 세우면 유용하다. 현장연구 기록을 어떻
게 분류할 것인가에 대해서는 의견이 분분하지만, 여기에서는 비교적 많
은 인류학자들이 기록을 분류하는 방식인 ① 현장노트 및 현장노트의
보완, ② 현장(연구)일지, ③ 기타 기록(예: 연구자가 필기한 기록을 보완하
기 위한 영상기록이나 문서자료 등의 중요한 보완자료)으로 나누어서 살펴보
도록 한다[모든 학자들이 이런 이름을 사용하지는 않는다. 예를 들어 '참여관
찰 노트', '참여관찰기록지', '참여관찰일지'라고 부르기도 한다. '머릿속 기록
mental notes, head notes', '현장메모jotted notes', '현장노트field notes'(보완된 현장노트
에 해당)로 구분하는 학자도 있다(Emerson 외 2007)] .

한편 연구자에 따라서는 '현장노트'와 '현장일지'를 통합한 현장 저널
field journal 한 가지만 쓰기도 한다. 전체 연구를 통틀어 한 가지 방식으로
만 기록하는 경우도 있고, 연구현장에서 직접 쓰는 현장노트를 별도로
작성하되, 현장노트 보완 단계에서는 현장일지를 작성하면서 중요한 보
완도 함께 하는 경우도 있다. 특히 연구자에게 충분한 기록 시간이 없거
나 그날그날의 마음 상태를 기록하는 성찰reflection 중심의 기록이 매우 중
요한 연구라면 통합적 현장일지만 작성할 수도 있을 것이다. 또한 영상

인류학 분야에서처럼 영상 기록이 '보완자료'가 아니라 연구의 가장 중요한 자료가 되는 경우도 있다.

1. 현장노트 및 현장노트의 보완

현장노트의 작성은 기록 작업이 언제 이루어지는가에 따라서 연구현장에서 이루어지는 현장노트 작성 단계와 추후 여유 시간에 이루어지는 현장노트 보완 단계로 나누어볼 수 있다.

1) 연구현장에서 작성하는 현장노트

현장노트는 연구자가 연구현장에서 메모장이나 공책 또는 노트북 컴퓨터 등에 기록한 것을 말한다. 현장노트 기록 방식은 다양하다. 연구자의 스타일이나 현장기록에 대한 인식, 조사 내용, 현장 상황 등에 따라서 핵심 단어나 요점 중심의 메모만 할 수도 있고, 서술적 기록을 할 수도 있으며, 특별한 기록 양식을 만들어서 그것에 맞추어서 기록해 나갈 수도 있다. 같은 시간과 상황에서도 기록하는 양과 방식은 연구자에 따라서 상당히 다르다. 또한 같은 연구자라고 해도 조사 내용이나 여건에 따라서 다양한 방식을 사용한다. 예를 들어 해석 중심으로 기록하면서 그런 해석을 뒷받침하는 근거만 간단히 적을 수도 있고, 당장 발생한 일을 충실히 기록하는 데 집중하면서 최소한의 해석만 추가할 수도 있다.

면담의 경우에도 면담 내용 자체는 물론 화자의 표정이나 어조, 듣는 사람의 반응까지 모두 필기하면 도움이 되는 경우가 많다. 주요 주제 중심으로 간단히 요약할 수도 있는데, 이 경우 녹음 자료를 보관했다가 추후에 필요할 때 다시 상세하게 풀어서 쓸 수 있다. 이러한 여러 가지 차이에 따라서 1년간 두꺼운 노트 한 권 정도를 쓰는 연구자가 있는가 하면 하루에 노트 한 권을 쓰는 연구자도 있다. 어떤 경우이건 녹음할 때에도 필기를 병행하는 것이 중요하다. 녹음 파일에 어떤 내용이 들어 있는지를 간단히 살펴보기에도 좋고, 실수로 녹음 내용이 손상되더라도 손실을 최소화할 수 있으며, 나중에 녹음 내용을 들을 시간이 없는 경우 필기한 내용만이라도 읽을 수 있기 때문이다.

어느 정도 상세하게 기록하는 것이 가능한 상황이라면 보고 듣고 경험한 것 중 의미 있다고 생각되는 것과 연구자의 느낌이나 해석 등을 자유서술형으로 기록한다. 녹음을 하면 요점만 간단히 쓸 수 있지만, 녹음하지 않는다면 주요 내용을 상세히 기록하고자 노력해야 한다. 특히 각종 행사나 졸업식, 결혼식, 회의, 제사, 수업과 같이 전체적인 절차나 각 장면에 대한 기록이 중요한 경우에는 보고 들은 것을 순서대로 구체적으로 기록하는 것이 중요하다.

그러나 기록이 연구에 방해가 되는 상황이라면 연구대상 사회의 구성원들과 자연스럽게 어울리는 데 신경 써야 한다. 예를 들어 파티에 초대받았다면 기록하기보다는 손님으로서 예의바르게 행동하는 것이 알맞다. 이런 경우에는 중요한 상황을 기억하려고 노력했다가, 틈틈이 기록이 가능한 곳에서 핵심 단어만이라도 써놓고, 가능한 한 빨리 보완하는 것이 바람직하다. 현장에서 급히 쓰느라고 부정확하게 적었거나 단어의 일부만 적어 놓은 내용을 보완하는 일은 반드시 그날 중으로 하거나 늦어도 다음 날까지는 마쳐야 한다. 또한 기회가 닿을 때마다 연구현장의 사진을 찍거나 그림, 지도 등을 현장노트에 함께 집어넣으면 현장 상황을 이해하고 생생한 느낌을 주는 보고서를 작성하는 데 도움이 된다.

연구현장에서 무엇을 어떻게 기록해야 할지를 판단하기는 쉽지 않다.

연구계획서의 연구주제나 연구목적, 연구내용 등이 지침이 되기는 하지만 순간적으로 우선순위를 판단하기도 어렵고, 기록하지 않았다가 나중에 후회할 것 같아 불안한 마음이 들기도 한다. 이로 인해 초보 연구자는 스트레스를 받기도 하는데, 이는 대부분의 현장연구자가 경험하는 일이므로 의기소침해질 필요는 없다. 연구의 목적과 내용에 비추어 중요한 것이 무엇인가에 대한 자신의 판단을 믿는 것이 중요하다. 눈에 들어오거나 귀에 들리는 수많은 것 중 어떤 것이 연구에 도움이 되는 자료인지를 즉석에서 판단하여 기록하고, 돌아간 후에 그 기록 내용을 반복하며 읽으면서 중요한 주제나 반복되는 패턴 등을 찾다 보면 연구 후반부로 갈수록 점차 기록에 자신감이 생기게 된다. 또한 보고 듣는 것에 대한 자신의 느낌이나 자신의 행동 중 의미 있는 것도 기록해야 한다. 현장에서 갑자기 중요하게 여겨지거나 특별히 흥미롭게 느껴지는 것들의 기록도 중요하다. 자신의 판단이 변하는 것에 대해서 겁낼 필요는 없다. 현장연구에서는 연구의 목적 자체가 달라지는 일도 비일비재하다.

현장노트를 기록할 시간이 부족한 경우, 녹음자료가 있으면 녹음되지 않은 참여관찰 내용부터 정리한다. 녹음을 하지 않았다면 '더 중요한 내용이 어떤 것'이며 '더 기억하기 힘든 내용은 어떤 것인가'라는 두 가지 기준에 따라 우선순위를 정한다. 관찰한 내용 간의 모순이나 관찰한 내용과 면담한 내용 간의 불일치는 특히 중요한 분석 대상이다. 이러한 내용이 있을 때에는 반드시 구체적으로 기록하면서, 이러한 불일치가 어떤 의미를 지니는가에 대한 해석을 가능한 만큼이라도 시도해야 한다.

다른 현장연구자들이 개발해 놓은 기록에 관한 지침들을 충분히 숙지해 두면 도움이 될 것이다. 선행연구 및 저자들의 경험을 토대로 기록할 때의 일반적인 주의사항을 제시하면 다음과 같다.

〈기록을 할 때의 일반적인 주의사항〉

- 기록을 한다고 노트만 보고 있어서는 안 된다. 연구자의 시선은 되도록 관찰 상황이 일어나는 곳을 향해야 하므로 노트를 보지 않은 채 기록하는 연습이 도움이 된다. 면담을 할 때에도 대화하는 분위기에 가까울수록 면담이 잘 이루어지므로 기록할 때에도 시선은 정보제공자를 향하는 것이 바람직하다.
- 커다란 동작과 말한 내용뿐만 아니라 표정, 말투와 톤, 뉘앙스 등도 기록한다.
- 배경에서 일어나고 있는 일이나 상황도 반드시 기록한다.
- 현장 구성원들의 언어 사용은 조사자의 언어 사용과 다른 경우가 많으므로 이를 마음대로 바꾸지 않도록 조심해야 한다. 참여관찰이건 면담이건 들은 것을 '말한 그대로 가능한 한 상세하게' 쓰는 것이 중요하다.
- 언제 어떤 수준으로 기록하는가는 연구자가 현장 상황에 맞추어서 융통성 있게 결정한다. 때로는 기록에서 해방되어 현장 구성원들과 함께 즐기면서 편하게 대화함으로써 더 좋은 자료를 수집할 수도 있다.
- 녹음을 하더라도 풀어 쓸 시간은 항상 부족하므로 현장노트에 되도록 많이 기록하며, 속기를 위한 기호를 최대한 사용하면 도움이 된다.
- 녹음테이프나 파일 자료는 풀어 쓴 후에도 확인을 위해 다시 들어볼 수 있도록 지우지 말고 보관한다.

이처럼 준비한다고 해도 연구 초기에는 보이고 들리는 대로 정신없이 기록하는 경우가 많은데 '시간 여유가 있다면 이런 경험을 하는 것도 나쁘지 않다'는 것이 인류학자들의 공통된 의견이다. 시간이 지나면서 비슷한 상황이 반복되는 것에 대해서는 기록하지 않게 되며, 더 열심히 기록해야 하는 것은 무엇인가에 대해서도 생각해볼 여유를 갖게 되기 때문이다.

2) 현장노트의 보완

현장노트의 보완은 현장에서 기록한 내용을 보완하고 재구성하여 해석까지 곁들여서 정리하는 지속적인 과정이다. 즉 1차적 기록을 토대로 계속 손보고, 관련된 내용을 연결해 보거나 추가해석을 붙이고, 추가자료 수집을 위해서 필요한 내용의 목록을 만들거나 주제별로 묶어 보는 등 다양한 작업을 하는 것을 의미한다. 따라서 1회로 끝나는 것이 아니라 몇 번이고 다시 읽으면서 떠오르는 내용을 중간 중간 집어넣기도 한다. 어떻게 보완하는가는 연구자나 상황에 따라 다양하다. 예를 들어 녹음 자료를 모두 풀어서 참여관찰 내용과 함께 쓰고 해석을 붙일 수도 있고, 주요 내용만 요약할 수도 있으며, 서술적 기록을 요약적으로 하다가 중요한 부분만 상세하게 할 수도 있다. 어떤 양식을 선택할 것인가는 연구의 목적과 여건, 독자의 특성 등에 따라서 달라지지만, 어떤 경우이건 현장노트를 보완할 때에는 해석과 분석을 많이 시도하는 것이 바람직하다. 다음과 같은 상황에서는 보완 작업이 특히 중요하다.

〈기록의 보완 작업이 특히 중요한 상황〉

- 불충분한 기록의 보완: 중요한데도 기록이 불충분하다고 느껴지는 것이 있다면 현장에 대한 기억이 남아 있을 때 보완해야 더 정확하고 풍부하게 보완할 수 있다. 핵심 단어를 중심으로 기록하였지만 중요한 부분에 대해서는 구체적인 대화 내용까지 문장으로 기록해 놓고자 할 때나, 해석을 충분히 써놓지 못했다고 느낄 때 보완이 필요하다. 또한 새로운 해석이 나중에 떠올랐을 때나 1차적 해석을 뒤집는 상황이 나중에 일어났을 때에도 몇 번이고 기록을 보완해야 한다.
- 맥락화를 위한 정보의 보완: 상황을 적절히 이해하는 데 현장 상황을 잘 맥락화contextualize하는 것이 필요하다고 판단된다면 맥락화에 도움이 되는 정보

를 찾아 보완해야 한다. 예를 들어 회의 중에 일어난 두 직원 간의 말다툼을 상사가 어떻게 해결했는지를 기록했는데, 나중에 다른 두 직원이 비슷한 일로 다투었을 때 상사의 해결 방식이 달라졌음을 관찰했다고 하자. 처음 다툰 두 직원과 상사의 관계가 두 번째 경우와 어떻게 다른지를 알아본다면 상사의 태도 차이가 어떤 맥락에서 일어났는지를 더 잘 이해할 수 있을 것이다. 이를 위해서 이들이 과거에 말다툼을 자주 했는지, 말다툼 전에 두 직원 간에 또는 상사와 이 직원들 사이에 의미 있는 사건이 발생했는지 등에 대해 보완할 필요가 있다. 또한 상사가 평상시 직원들의 회의 중 말다툼에 대해서 어떤 입장을 가지고 있으며, 어떻게 대응해 왔는가에 대한 정보도 도움이 될 것이다.

- 서로 일치하지 않는 자료에 대한 확인: 두 가지 자료가 일치하지 않는 일이 발생했을 때 현장노트를 보완해야 한다. 예를 들어 정보제공자의 이야기와 연구자가 알고 있는 객관적인 사실이 다를 때(특히 사람 이름, 지명, 사건의 순서, 비용 등), 정보제공자가 지난번과 다른 이야기를 할 때, 입장에 따른 견해 차이가 나중에 확인되었을 때, 정보제공자에 의하여 체계적인 왜곡이 있었을 때 등이 이에 해당한다. 이런 경우 추가 조사를 하거나 기존 기록을 재분석하여 확인된 내용을 보충할 필요가 있다. 또한 정보제공자가 이야기를 번복하거나 체계적으로 왜곡했을 때에는 그 이유도 가능한 한 기록해 놓아야 할 것이다.

- 녹음 내용을 활용한 보충: 녹음한 내용이 있다면 대개 두 가지 중 한 가지 방법으로 보충하게 된다. 전체 녹음 내용을 완벽하게 풀어 쓸 필요가 없는 경우에는 녹음 내용을 천천히 들으면서 중요한 부분만 보충하는 것으로 충분하다. 그러나 연구대상 사회 구성원들이 사용한 단어 하나에 따라서 그 의미가 전혀 달라지는 내용이라면 녹음 내용을 토씨 하나 틀리지 않게 풀어서 쓴다. 이 과정에서 중요한 것은 녹음 내용을 들었기 때문에 새롭게 기억나는 관찰 내용을 최대한 보충하려고 노력함으로써 더 충실히 기록하게 된다는 점이다. 예를 들어 매장 직원의 안내 방식에 따른 구매자와의 상호작용이 연구주제라면 사용한 단어는 물론 억양이나 미세한 표정도 매우 중요한 의미를 가질 수 있으므로 가능한 한 섬세하게 기록해야 할 것이다.

- 미래의 분석을 위한 텍스트 만들기: 미래의 분석을 위해서 요약된 내용을 풀어서 완전한 텍스트를 만드는 작업을 할 때나 손으로 쓴 것을 워드 문서로 옮기는 작업을 할 때에도 보충을 하게 된다. 요약한 내용을 입력하거나 문장으로 고치다 보면 새롭게 생각나는 내용이 많이 생길 수 있기 때문이다.
- 추후 작업을 위한 보완: 현장연구를 기록할 때에는 추후 작업을 위해서 더 조사할 사항의 목록이나 면담을 위한 질문 목록 등을 끊임없이 새로 만들고 확인해 나가야 한다. 또한 어떤 현상에 대하여 새롭게 생각하게 된 의미를 뒷받침해 주는 조사 내용이나 확인해야 하는 내용 등도 보충해 놓을 필요가 있다.

다음의 〈기록 사례 1〉은 주요 내용의 요약 중심으로 작성한 현장노트의 보완 사례(이수정이 〈한국 이주자 커뮤니티의 초국적 공간과 문화적 지형〉 프로젝트 중 작성한 '보완 현장노트'의 일부)이다. 이 사례에서는 현장노트를 두 부분으로 나누어서, 왼쪽에는 보고 들은 내용 중심으로 현장노트에 적었던 내용을 거의 그대로 기록하였고 오른쪽에는 주요사항과 참여관찰의 배경, 연구자가 기억해야 할 내용, 첨가할 사항, 해석 등을 기록하였다.

〈기록 사례 1: 주요 내용 요약 형식으로 참여관찰 내용을 정리한 사례〉

분류번호: trans20110424
일시: 2011년 4월 24일(일) 4~8시
장소: 안산 고향마을(사할린 '귀환자'들을 위한 임대아파트 단지)
주요 정보제공자: ***, ***, ***

현장연구 내용(현장에서 수첩에 적은 내용을 거의 그대로 옮긴 것)	주요 사항(추후에 기록한 것)
– 어제 오늘, 할머니들과 전화 연락 되지 않음. 외부 행사가 있거나 할머니 방에 가서 놀고 계신 듯. 아침	*** 4월 27일 5시 연구진과 미팅 확정. 마을 측 회장단

에 몇 번 연락을 취해 보다 일단 마을로 출발.
- 오후 4시경 아파트 단지 도착. 주차장에 차 대자 경비아저씨 다가와 방문 이유 물음. 설명. "부활절이라 다들 교회 가고 아침저녁으로 교회 가고 노인정에 아무도 없다." 본인은 사할린 교포 아니라고 함.
- 서너 명씩 짝 지은 할머니, 할아버지 어디론가 가는 모습. 교회로?
- 할머니들 여전히 전화 X. 아파트 전경 촬영. 8개 동과 중앙의 마을회관 두 채. 한켠의 상가. 이토록 차가 없는 아파트는 처음. 몇 개 동을 제외하고는 주차장 입구를 바리케이드로 막아 둠. 사진 찍고 주민회관으로. 의외로 많은 사람들이 노인회 사무실에 있음(경비 아저씨가 모른 듯?). 회관 사람들 확인하고 동네 빵집 들러서 롤케이크 2개를 사서 다시 회관으로. 아까보다 인원이 많이 줄었음. 노인회 사무실 앞에서 마주친 남성 노인 두 명이 방문 이유를 물음. "고향 마을에 대해 알고 싶어서······" 하자 회장실로 안내.
(중략)
- 수요일(27일) 5시에 연구진과의 미팅 결정. 시청 파견 직원 동석 여부는 연구진과 의논 후 알려드리기로 함.
(중략)
- 회장실 나와서 Cmak 위치 확인. 예약하려 했으나 문 닫혀 있음. 신기할 정도로 주변 상가에 러시아 관련 문구, 글자 등 없음. Cmak 외 하나가 눈에 띄어 지나가는 할아버지께 문의. "식당이고 7을 뜻하는 것"일 거라고 자신 없게 말씀. 제천에서 누님 댁 다니러 왔다는 할아버지는 토마토를 사고 있던 할머니를 부르며 "우린 1년밖에 안 되어서 한국말도 잘 못하고 그래서 잘 가르쳐 주지도 못 한다" 하심.
(중략)
- 아파트 단지 및 주변 사진 몇 장 더 찍고 돌아오려다 다시 *** 할머니께 연락 시도. 계심. 댁으로. 주민총회 다녀오셨다고(북적이는 사람들. 주민총회 때문이었음). 러시아 과자와 티 대접. 벽면에는 각종 사진. 일제시대 가족사진(부모님과 형제들. 흑백. 한복 차림). 사할린에서의 부부 사진(흑백, 양장), 최근 기공 공연 사진. 베란다에는 위성방송을 볼 수 있도록 설치된 '접시'가 눈에 띔(한, 일, 러시아 방송을 보신다고). 5월 **일부터 7월 **일까지 영국 체류 중인 딸 방문 예정.
(후략)

+trans연구팀. 회관에서 간담회 후 Cmak(러시아식 음식점)으로 옮겨 저녁식사 예정. 내일 중 시청 파견 직원 동석 여부 논의 후 알리기.
- 지난 인터뷰 이후 근 한 달 만의 방문. 다음 주 연구진 방문 주선이 주목적. 인터뷰 약속이 없어서 오히려 여유롭게 마을과 주변 지형 등을 살핌.
- 환경 관찰+*** 노인회장과 짧은 인터뷰 및 수요일 미팅 일정 확정+*** 할머니 댁 방문+***, *** 할머니와 저녁 식사 후 귀가.
- 가장 흥미로운 점은 역시 텅 빈 주차장과 고향마을이 이주민 마을임을 나타내는 상징(외국어 등)을 단 가게 등이 별로 없다는 것. 마을 주민들의 생활/소비수준과 연령을 나타냄.
- 이러한 주변 물리적 환경은 글로벌/초국적 이주민으로서의 고향마을 주민들과 초국적 공간으로서의 집안 환경과 대조적. (러시아산 식료품 등은 어디에서 왔는지, 각국 방송을 보는 시간 비율 등 체크 요)
- 다른 지역에 정착한 사할린 '귀환동포'와의 네트워크 및 마을 주민들의 국제적 네트워크(사할린+기타) 주목하기.
- 마을과 주요 종교단체와의 관계도.
- 현재 마을 주민 489세대. 780명. 3세대가 비었으나 곧 채워질 예정.

면담 내용을 보완할 때에도 녹음 내용을 풀어 쓰면서 화자와 대화 내용을 모두 제시할 수도 있고 면담 내용을 요약해서 제시할 수도 있다. 다음 사례는 서울대 인류학과 학부의 연구방법론 수업 중 채현정이 실시한 90분간의 면담 내용 중 일부이다. 채현정은 면담 일시와 장소, 분위기 등을 표로 제시한 후 15개 주제별로 면담 내용을 6쪽 정도로 요약하였다. 이 책에서는 여러 가지 주제 중 2개만 인용하였다.

⟨기록 사례 2: 주제별 요약 형식으로 면담 내용을 정리한 사례⟩

일시	2003년 5월 23일 금요일 11:30 AM~1:00 PM
장소	시청역 서울센터 빌딩 → 갈빗집
분위기	L 회장님의 사무실에서 먼저 인터뷰를 시작하였음. 회장님께서 조금은 우리의 인터뷰를 경계하는 것을 느낄 수 있었음. 인터뷰라는 데 부담을 갖고 계신 것 같았고 B 와인동호회의 특성에 대한 이야기는 자세히 해주지 않는다는 느낌을 받음. 오히려 점심을 먹으러 나간 자리에서는 솔직한 이야기를 해주심. 인터뷰라는 형식이 부담스러웠던 것으로 보이고, 식사 중에는 부담 없이 편하게 대화하며 도움이 많이 되는 정보를 주심. (이하 생략)

10. 와인 마니아의 계층성

회장님은 자신을 중하층이라고 설명하셨다. 주로 다른 와인 마니아들이 중상층이라고 말한 것과는 다른 점이다. 오히려 회장님께서는 와인 모임에 나오는 사람들은 정말 잘 사는 사람이 아니라고 하신다. 잘 사는 사람이라면 왜 모임에 나와서 마시겠냐고 하신다. 모임에 나오는 것은 와인 종류에 비해서 많지 않은 돈을 내고 와인을 마셔 보고 싶어서인데, 돈이 많은 사람이라면 그럴 필요가 없다는 것이다. 그렇지만 와인 동호회의 회비나 와인을 마시는 데 드는 비용이 결코 싸지는 않다고 생각하고 계셨다. 회비도 더 싸게 하고 싶지만 너무 나쁜 와인을 먹을 수 없어서 어쩔 수 없다고 하신다.

(중략)

15. B동호회

1) B동호회의 개방성

회장님께서는 회원 수를 늘리는 것에 욕심을 가지고 계셨다. 회원이 많아지면 함께 와인을 마시는 자리는 더 안 좋아질 수 있다는 것을 알고 계셨지만 회장의 욕심으로 동호회가 활발해졌으면 좋겠다고 하셨다. (그런데 왜 다른 데에다 동호회를 또 만드시는지 이해가 잘 안 된다. 그분들을 새로 모시고 회원 수를 늘려도 될 텐데…….)

이러한 회장님의 성격 때문에 B동호회가 너무 개방적이고 어떤 면에서는 전문적인 면이 떨어질 수 있지 않은가라는 지적에 대해서는 강력하게 부인하셨다. 와인에 관심이 있는 사람이라면 누구나 와서 마실 수 있는 모임이어야지, 막을 필요는 없다고 하셨다. 친목이나, 다른 목적을 위해 오는 사람들이 있더라도 모임 주제 자체가 와인으로 확고하기 때문에 그런 사람들이라면 모임에 지속적으로 나올 필요가 없다고 하셨다. (이하 생략)

〈기록 사례 3〉은 비교적 중요한 참여관찰 내용을 되도록 구체적으로 기록하려고 노력한 현장노트의 사례이다. 이 사례는 이용숙이 본인의 동창 모임에서 당시에 새로 탐색하기 시작한 주제인 결혼 소비와 관련된 대화가 많이 이루어지자, 보고 듣고 느낀 것을 열심히 기억해 두었다가 동창회 직후에 작성한 것이다.

〈기록 사례 3: 결혼 소비에 대한 현장노트〉

1. 일시
2010. 08. 19(목) 오후 5～8시
2. 장소
시청 앞 ○○면옥
3. 참여관찰의 맥락
동창회(총 11명 참석)에 늦게(5시 40분경) 도착한 친구 중 한 명이 두 달 전에 아들을 결혼시켰기 때문에 자연스럽게 결혼식 및 양가의 선물 교환, 혼수 등에 대한 이야기가 상당히 이루어짐. 또한 이 친구가 집에 가는 길에 나를 태워 주었기 때문에 좀 더 세부적인 이야기를 들을 수 있었음. 현장에서의 녹음이나 기록은 불가능하였으므로 기억에 의존하여 주요 내용만 기록함.

4. 주요 참여관찰 내용

1) 식당에서 여러 명이 함께 한 이야기

- 이미 자녀를 결혼시킨 친구가 11명 중 6명이었는데, 이들은 모두 고등학교 3학년 때 같은 반이었던 친구들에게 청첩장을 보내지 않았다. 특히 친한 친구들에게만 보낸 것 같다. 이유는 '결혼식을 갑자기 하게 되어서', '손님을 많이 안 불러서', '애들끼리 알아서 했는데, 부모의 하객보다는 본인들의 손님을 우선 부르도록 해서'의 세 가지였다.

- 몇 년간 연애를 한 후 결혼했다는 자녀 2명은 모두 결혼식을 어떻게 하는가에 대해서 부모가 아닌 당사자들이 상의해서 결정하였다. "부모가 너무 할 일이 없어서 이상할 정도"로 편했다고 한다. 이들은 모두 결혼식이나 혼수, 가구 마련 등을 화려하거나 복잡하게 할 필요가 없다고 생각하는 편인 어머니였다. (이런 내용을 본인도 언급하였으며, 이들과 특히 가까운 다른 친구들이 강조해서 이야기함. 칭찬으로서.) 실제로 친척들에게 보내는 혼수나 이바지 음식 등을 생략하거나, 가구를 결혼한 후에 살면서 하나씩 장만하기도 하였다. 이 경우, 처음 결혼하기 전에 계획했던 것에 비해서 소파의 크기가 줄어드는 등, 더 실용적으로 가구를 구입한 것 같다고 말하였다. 이에 대해서 다른 친구들은 결혼식이 점점 미국처럼 가까운 사람 위주로 이루어지는 경우가 많아지는 것 같다는 이야기를 나누었다. 나도 몇 달 전에 총 손님 100명, 신부 아버지의 친구는 단 2쌍(4명)만 초대하는 결혼식에 갔던 일이 떠올랐다.

- 최근 자녀를 결혼시킨 친구 A는 강남의 고급 아파트에 살며, 운전기사가 딸린 차를 타고 다니고, 이번에 결혼한 큰아들의 신혼집으로 자신과 같은 단지의 35평 아파트를 사두었다고 했을 정도로 부유한 편이다. 신부는 아는 집안의 딸인데, "6년간 직장을 다니면서 1억 3천만 원을 모았을 정도로 알뜰하

194

다는 것 때문에 남편이 특히 높은 점수를 주었다"고 한다. 혼수는 걱정하지 말라고 신부 집에 강조하였으나, 신부가 그동안 모은 돈 중 3천만 원을 혼수로 가져왔다. 이 외에 (신랑 쪽에서 집을 마련했으므로) 신혼집의 수리와 가구 마련은 신부 집에서 하였다. "그래서 신부 집에서 부담을 가질까봐, 수리도 가구도 모두 한○으로 하라고 했어. 한○도 좋으니까 한○으로 하라구. (이하 생략)" 이 말을 듣고 모든 것을 당사자들에게 맡겼다는 친구 B는 "넌 어떻게 하라고 말을 했구나……. 난 그러면 간섭한다고 할까봐 아예 아무 말도 안 하고 알아서 하라고 했는데……"라고 하였다. 그러자 A는 "응. 그런데 우리는 아무래도 신부 집보다 경제적으로 여유가 있으니까 혹시 '이태리제 가구 같은 것을 사야 하나'라고 생각할 수도 있잖니?"라고 하였고, 다른 친구들은 이 경우에는 차라리 지정해 주는 것이 낫겠다는 데 동의하는 분위기였다.

－아직 결혼시키지 않은 아들을 둔 친구 C는 이 말을 듣고, "얼마 전에 러시아에 갔을 때, 혹시 아들 신붓감이 시어머니가 밍크코트 없는 걸 알고 '혼수로 밍크코트를 사야 하나'라고 걱정하면 안 된다고 남편이 하나 사라고 하더라"라고 해서 모두 웃었다. 그랬더니 A가 "걱정할 필요 없어. 해올 생각도 어차피 안 해"라고 해서 다시 웃었는데, C는 "그래도 어쨌든 밍크코트를 사왔어"라고 하였다. 그랬더니 다른 친구 D가 "시어머니가 처음에는 아무것도 필요 없다고 했다가 결혼식이 가까워질수록 바라는 마음이 생기는 경우가 많아. 주변에서 이모들이며 친척들이 신부가 혼수로 뭘 해왔느냐고 묻고, 왜 그렇게 받지를 않느냐고 야단치고 해서"라고 하였다. 〔중략〕

2) 집에 돌아가는 길에 차에서 한 이야기 〔생략〕

3) 해석 〔위에서 생략된 내용에 대한 해석도 제시하였음〕

오늘 들은 내용을 종합하면 결혼 소비와 관련하여 세 가지로 해석해볼 수 있을 것 같다.

첫째, 결혼 과정에서 나타나는 소비의 중요한 측면은 '교환적인 요소'인 것 같다. 위의 사례에서만 해도 아래와 같이 여러 가지가 나타났는데, 더 많은 것들을 찾아보아야 할 것 같다.

① 신랑 쪽에서 집을 사면 신부 집에서는 집수리와 가구 구입을 맡는다.

② 신부 집에서 신랑과 시부모의 한복을 해주면 신랑 집에서는 신부의 한복을 해준다. (친정어머니의 한복은 누가 해주는지가 불확실함을 깨달음. 앞으로 알아볼 필요 있음.)

③ 신부 집에서 혼수를 돈으로 보내면 신랑 집에서는 그 절반을 신부 집에 보내는 것이라는 이야기도 여러 차례 들었다(오늘 나온 이야기는 아님).

④ 신랑의 집안 내에서도 결혼 과정에서 교환을 하게 된다. 친척들이 신부에게 혼수를 받는 대신에 폐백 때 신혼여행에서 쓸 용돈을 내놓는다.

둘째, 결혼 과정에서의 소비를 부추기는 두 가지 요소가 있다. 하나는 결혼 당사자나 부모의 친척과 친구들이 상대 집안으로부터 무엇을 받았는가에 커다란 관심을 갖고 질문하므로 이들에게 당당하게 이야기하기 위해서라도 많은 혼수나 패물 등을 바라는 마음이 생기게 된다는 것이다. 또 하나는, 서로 상당히 연결되어 보이는 결혼 관련 업체들이다. 예를 들어서 웨딩사진 업체에서는 해가 갈수록 신랑 신부가 더 다양한 옷을 갈아입고 사진을 찍도록 하고 있다. 이렇게 하면 사진 매수가 늘어나기 때문에 자사 매출에 도움이 되는 동시에 한복 및 웨딩드레스 업체의 매상을 올리는 데도 도움이 된다. 결혼식장에서 영사막에 사진을 돌려가며 보여 주는 이벤트도 웨딩사진 업체의 매출을 올려 준다.

예식장에서는 예전에 없던 새로운 요소를 추가하여 예식 비용을 높이고 있다. 특히 결혼식이 끝나고 하객들이 식사를 마칠 무렵 신부가 새로운 드레스를 입고 와서 케이크 커팅과 축배 들기를 하는 '피로연'을 치른다. 이 5분을 위해서 신부는 최소 수십만 원의 새로운 드레스로 갈아입는다. 이로써 예식장은 케이크 값과 와인 값을 챙겨서 좋고, 웨딩드레스 업체는 한 벌이 아닌 두 벌의 드레스를 팔고, 웨딩사진 업체는 사진을 더 많이 찍으니 상부상조라고 할 수 있겠다.

신랑 신부 어머니가 손을 잡고 들어와서 화촉을 밝힌 후 결혼식을 시작하는 새로운 풍습 때문에 이들은 고급 한복집에서 통일된 디자인의 한복을 맞추어야 한다. 서로 눈치를 보기 때문에 시장 한복집을 이용하기 어렵고, 싼 가격의 한복을 맞추자고 하기도 어려워진다. 또한 이들이 입장하고 화촉을 밝히는 순간을 촬영하므로 촬영비가 추가된다.

셋째, 신랑과 신부가 얼마나 가까운 관계인가가 결혼식의 화려한 정도에 영향을 미친다. 서로 대화가 잘되는 사이이면 더 현실적인 결혼식을 하고 남는 돈을 살림에 보탤 수 있다. 이에 비해서 선을 보아서 몇 달 만에 결혼하는 경우에는 서로 눈치를 많이 보게 된다. (다만 남자 쪽에서 간소하게 하자고 하는 경우에만 간소한 결혼식이 가능해지는 경향이 있다. 이는 사회적으로 많이 변화되었음에도 불구하고 시대의 눈치를 보아야 하는 전통적인 상황이 아직 남아 있음을 보여 준다. 그런데 한 가지 의문은, 연애는 했으나 그 기간이 1~2년으로 비교적 짧은 경우에는 어떻게 되는가이다. 어느 쪽에 더 가까운 경향이 있는지는 알아보아야 할 것 같다.)

〈기록 사례 3〉에서는 별도의 현장일지를 쓰지 못했기 때문에 현장노트와 현장일지를 하나로 합친 형식의 현장저널을 작성하였다. 따라서 앞부분에는 주요 참여관찰 내용을 순서대로 기록하고, 뒷부분에 종합적인 해석과 앞으로 조사할 내용을 기록하였다.

일반적으로 현장노트를 보완한 후에는 서술적 기록 형태를 띠게 되지만 특별한 양식의 현장노트를 만들 수도 있다. 다양한 양식을 개발할 수 있지만 여기에서는 면담과 관찰 내용을 비교하기 좋게 구성하는 현장노트 양식만 소개한다. 연구를 진행하다 보면 현장 구성원의 행동에 대한 관찰결과와 그들이 얘기하는 것 사이에 차이가 나타나는 경우가 많다. 이런 차이는 현장 구성원이 일부러 틀린 이야기를 해주었기 때문일 수도 있지만, 실제로 행동과 다르게 인식하고 있거나 잘못 기억하고 있기 때문일 수도 있다. 따라서 이런 차이가 어떤 부분에서 나타나며, 그 차이가 어떤 의미를 갖는가를 발견하는 것은 매우 중요한 일이다. 〈기록 사례 4〉는 한

여대생의 '휴대폰 구매 시 고려사항' 면담 내용과 관찰 내용의 서술적 기록을 토대로 주요 사항 비교표를 만든 것이다(2006년 덕성여대 〈현지조사 연구 실습〉 수업 과제로 정소미가 제출한 내용 중 일부를 변형함). 정보제공자가 '사전면담에서 중요하게 고려한다고 말한 사항들'과 '실제 매장에 함께 가서 참여관찰을 했을 때 보인 행동' 사이에 같은 것보다 다른 것이 더 많다는 사실을 발견했기 때문이다.

〈기록 사례 4: 같은 정보제공자의 면담과 관찰 결과를 비교표 형식으로 제시한 사례〉

고려사항	사전면담 내용	참여관찰 내용
기능	카메라 중시 DMB는 추가조건임 MP3 중시 음질-화음 중시	고려하지 않음 중시함 고려하지 않음 고려하지 않음
디자인	사이즈 작은 것 피함 광택이나 메탈 재질 선호 360도 회전되는 카메라 선호 색상 상관없다	고려하지 않음 광택 재질은 선호했지만, 메탈 재질은 겨울에 차가워지기 때문에 선호하지 않는다고 바뀌었음 고려했지만 추가적인 고려사항이었음 여러 색이 혼합된 색상은 선호하지 않음
편리기능	자동 슬라이드 선호 문자배열 중시	고려하지 않음 고려하지 않음

연구자가 "아까는 카메라와 MP3가 중요하다고 했는데, 막상 매장에 가서는 전혀 안 보더라"라고 질문하자, 연구자의 친구인 정보제공자는 "내가 이렇게 생각하는 줄은 나도 몰랐어"라고 답하였다. 이는 '면담만으로 알기 어려운 내용을 관찰을 통해서 알 수 있다'는 점과 '면담과 관찰 내용 비교의 중요성'을 보여 주는 좋은 사례이다.

이상에 소개한 네 가지 양식과 참여관찰 내용을 순서대로 모두 서술적으로 기록하는 양식을 비롯한 다양한 양식 중 무엇을 사용하는 것이 알맞은가는 연구주제와 목적, 기록의 성격 등에 따라서 연구자가 판단해야 한다. 이때 다양한 양식을 알고 있을수록 적합한 양식을 발견할 가능성이 높아진다는 점에서 다른 연구자들은 어떤 양식의 현장노트를 만드는가에 대해서 관심을 기울이고, 새 연구를 실시할 때마다 다양한 양식을 개발하여 실험해 보는 등의 노력이 필요하다.

2. 현장일지

매일 저녁 일기를 쓰듯이 현장일지를 작성하도록 권장한다는 점에서 현장일지field journal는 '현장연구일기field diary'라 불리기도 하고, 연구자의 성찰 내용이 많이 포함된다는 점에서 '성찰일지reflective journal'라 불리기도 한다. 현장일지에는 연구현장에 도착해서 자료 수집을 끝내고 돌아올 때까지의 경험에서 중요한 의미를 지니는 것들을 골라 일기를 쓰듯이 기록한다. 사실 중심으로 기록할 수도 있지만, 일기를 쓰듯이 중요한 것 몇 가지에 초점을 맞추어서 생각과 느낌을 중심으로 기록하는 것이 더 유용하다. 주관적 느낌이나 해석도 구체적으로 기록할 필요가 있으며, 현장 구성원들이 관찰된 사항에 대해서 어떤 시각을 갖고 있는지도 되도록 충실히 밝히고 연구자의 시각과 비교해볼 필요도 있다. 현장노트의 보완이 상당한 시일이 경과한 후에야 비로소 가능한 경우에는 연구자의 생생한 느낌을 포함하는 현장일지를 매일 작성해 두는 것이 더욱 중요하다.

현장일지는 다양한 양식으로 쓸 수 있다. 자료수집 과정을 성찰하여 깊이 있게 쓸 수도 있고, 현장노트에 대한 해석, 느낌, 의문점 들을 종합적으로 쓰기도 한다. 또한 근무일지 식으로 간단하게 쓰다가 가끔 일기 형식으로 쓰거나, 우선 근무일지 식으로만 기록하다가 '속 이야기'는 나중에 쓸 수도 있다. 이 책의 필자들만 보아도 90퍼센트 정도는 근무일지 식으로 작성하는 연구자, 70퍼센트는 근무일지 식으로, 나머지 30퍼센트는 일기 식으로 작성하는 연구자, 전체를 모두 일기 식으로 작성하는 연구자 등, 연구자에 따라 기록 방식이 다양하다.

현장일지는 현장연구 상황을 맥락화^{contextualize}하는 데 도움이 되므로 간결하게라도 매일 쓰는 것이 좋다. 우선 자신의 기억을 보조할 수 있다. 기록하지 못한 내용이 많으면 있었던 일을 나중에 잘 회상할 수 있도록 목록을 만들어 놓아도 좋다. 근무일지 식의 현장일지는 잠시 연구현장과 성찰적 거리를 유지하는 역할을 할 수 있다. 현장일지에 당시의 심리적 상태는 물론 자신이 한 일만 기록해도 무엇이 연구에 영향을 미쳤는지를 추후에 판단하는 자료가 될 수 있다. 예를 들어 자료 수집을 하지 않은 날 '오늘은 TV만 보았다'라고 쓰는 것은 당시 자신의 상태가 어땠는지에 대한 기억을 환기시켜줄 수 있다. 또한 연구대상 사회 구성원과의 연구 초반기의 만남이 부정적인 경우 참여관찰을 할 때 상당 부분 선입견이 작용했을 수 있는데, 이에 대해서 성찰하는 데에도 도움이 된다.

〈기록 사례 5〉는 황익주가 박사학위 논문을 위해서 아일랜드의 현장에 들어간 지 1년이 다 되어 가는 시점에 작성한 현장일지이다. 이는 별도의 현장노트를 작성하면서 기록한 현장일지로서, 참여관찰의 주요 내용은 들어 있지 않은 대신에 자료수집 과정과 느낌 중심으로 작성한 것이다.

〈기록 사례 5: 아일랜드에서의 현장연구 중간 시점의 현장일지〉

1990년 1월 31일 (수) 소나기 여러 차례

집을 나서 Shannon Development(아일랜드 공화국 Mid-West Region의 개발사업 추진주체인 준공공기관) 사무실로 갔다. O'Donnell 씨는 다른 손님과 함께 있었다. 사무실 밖에 앉아서 기다리노라니 그가 나왔다. 그는 Shan-non Town에 있는 본부에도 알아보았지만 내가 원하는 자료는 없노라고 했다. 내가 그럼 1988년도 통계치라도 구해 주겠느냐고 묻자, 그건 문제가 아니라면서 그 외에 무엇이 더 필요한지 묻더니, 내 대답이 나오기 전에 그러지 말고 언제 시간을 내 보자고 했다. 그러나 이번 주 중에 시간이 잘 안 맞자, 그는 오늘 오후에 다시 들르면 1988년도 통계치들을 찾아서 여비서에게 메모로 남겨 두겠노라고 했다. 나로서는 대화할 수 있기를 기대했다가 금방 무산되어 실망스러웠다.

그곳을 나와 Courthouse(도청 사무실이자 법원으로 사용되는 건물)로 향하다가 방향을 돌려 은행으로 Martin Feely를 먼저 찾아갔다. 주선하던 농구 시합이 무산되었고, 오늘 저녁 때 평소의 훈련만 있으리라는 소식을 전한 뒤 Courthouse로 Joe(농구클럽 총무)를 찾아갔다. 그는 Limerick(Mid-West Region의 중심도시인 아일랜드 제3의 도시)으로부터 아직도 연락을 못 받았노라고 했다. 정말이지 모든 것이 느려 터지기가 굼벵이보다도 더한 나라다!

집으로 돌아와 월요일에 열린 UDC(시의회) 회의 내용을 노트에 옮겼다. 점심을 지어 먹으며 Brendan O'Brien(골프클럽 총무)의 전화를 기다렸으나 오지를 않았다. 또다시 식언을 한 것인가? 집을 나서 노조 사무실로 갔다. (지역노조 회원 명부를 통해 지역 내 기업체별 노조원들의 총수, 성별 및 거주지역별 구성을 파악하는) 작업을 하다가 집으로 돌아왔다. TV를 보고 있는데 6시가 가까워져서 전화가 왔다. Brendan이었다. 당초 예정대로 내일 저녁에 만나자는 것이었다. 저녁을 지어 먹고 나서 Ray(더블린에 사는 아일랜드인 친구)네로 전화를 했다. 그러나 여전히 무응답이었다.

7시 50분쯤 자전거에 올라 노조 사무실로 갔다. Ger(지역노조 총지부장)가 아직 안 와 사람들이 밖에서 10분 가까이 기다려야 했다. 마침내 그가 나타나 모두 들어갔다. Ger가 R-V(지역 내의 외국계 화학공장)의 shop-steward(단위사업장 노조책임자)를 내게 소개해 주었다. 그를 통해 내가 작업하면서 성별을 판독할 수 없었던 5명의 성별을 확인했다. 회의(지역노조의 월례 연합회의)가 끝난 뒤 Murt Quinn(지역 내의 외국계 제약공장인 Rorer의 단위사업장 노조책임자)에게 Rorer 노동자 중 (지역노조 회원 명부상에서) 성별 혹은 주소지 불명자들을 확인하고 싶다고 말하자, 그는 내일 Ger가 자기들을 만나러 (공장으로) 올 것이니 (확인 안 되는 사람들의 명단을) 그 편에 보내라고 했다. 그러기로 한 뒤 자전거에 올라 집으로 왔다. Ray네에 다시 전화했으나 여전히 무응답이었다.

다시 자전거에 올라 체육관으로 갔다. 훈련이 아직 진행 중이었다. 10시에 훈련이 끝나고 탈의실에서 20분가량 토론을 하다가 술을 마시러 Rockys(농구클럽 회원들이 단골로 찾는 2개의 선술집 중 하나)로 갔다. 처음에는 나와 Liam Tierney와 Patsy Farrell뿐이겠지 생각했으나 (농구클럽 회원들이) 하나씩 둘씩 더 나타나 8명까지 늘었다. 12시가 다 되어 술집을 나와 집으로 돌아왔다.

현장일지는 연구자가 작성하지만 연구대상 사회의 구성원들에게 '참여관찰일지' 형식의 현장일지 작성을 부탁할 수도 있다. 연구자뿐만 아니라 이들도 참여관찰을 하고 있기 때문이다('완전한 참여' 형태의 참여관찰). 이들의 현장일지에서는 우선 연구자가 참여하기 어려운 상황에 대한 자료를 얻을 수 있다. 예를 들어 가정에서의 소비에 대한 참여관찰과 함께 가족 구성원에게 일상생활의 소비에 대한 일지를 작성해 달라고 부탁하여 훌륭한 자료를 얻은 사례도 있다. 연구자가 참여하기 어려운 회의나 계속 이루어지는 수업에 대한 기록을 회의 참가자나 교사에게 부탁할 수도 있다.

연구대상 사회 구성원의 현장일지는 연구자가 참여한 상황에서도 큰 도움이 될 수 있다. 이들이 연구자와 함께 경험한 상황에 대해서 어떻게 다른 시각 또는 인식을 가지고 있으며, 어떤 부분에 특히 중요한 의미를 부여하는지 알 수 있기 때문이다. 또한 참여자들 간에 어떤 시각의 차이가 있는지도 알 수 있다. 예를 들어 회의에서 서로 다른 의견을 내놓은 참가자들에게 회의에 대한 각자의 느낌 중심 현장일지를 써달라고 부탁한다면 연구자의 기록에는 포함되지 않은 중요한 자료를 얻게 될 것이다. 수업이 끝난 직후 교사에게는 성찰적 현장일지(수업일지)를 작성하도록 부탁하고, 학생들에게는 무엇을 배웠다고 생각하는지에 중점을 두는 현장일지(학습일지)를 써달라고 부탁할 수도 있다.

연구대상 사회 구성원에게 현장일지 작성을 부탁할 때는 반드시 이들에게 일지 작성 지침을 주어야 한다. 예를 들어 "본 것이나 들은 것만이 아니라 자신이 느낀 것도 기록해 달라"거나 "떠오르는 생각들을 자유롭게 서술하되, 중요할수록 자세히 기록해 주고 왜 그렇게 생각했는지 이유도 기록해 주면 좋겠다"와 같은 지침을 제공하는 것이다. 또한 자세히 기록할 항목들이 어떤 것인지도 알려줄 수 있다. 그러나 이들은 자세한 설명을 듣고도 현장일지가 어떤 것인지 감을 잡지 못하여 불편하게 생각할 수도 있다. 이들을 돕는 가장 쉬운 방법은 실제 현장일지의 샘플을 제공하는 것이다. 이때 현장일지의 내용에 영향을 받지 않도록 이들이 작성할 것과는 상관없는 주제에 대한 사례를 제시해야 한다. 또한 되도록 양식이 다른 2개 이상의 사례를 제시하는 것이 좋다. 한 가지 사례만 제시하면 글 쓰는 양식을 그대로 따라 하는 경우가 많기 때문이다.

3. 기타 기록과 자료

현장노트와 현장일지가 가장 중요한 현장연구 기록이지만 이 외에도 현장연구 기록에는 여러 가지가 있다. 여기에서는 비교적 많은 연구자들이 사용하는 ① 체크리스트 만들기, ② 사진과 비디오 촬영, ③ 지도 그리기, ④ 연구대상 사회 구성원이 참여한 문서 만들기에 대해서 살펴본다.

1) 체크리스트 만들기

체크리스트는 현장연구 과정에서 끊임없이 새로 만들고 확인해 나갈 항목의 목록을 의미하며, 다음과 같은 것들이 있다.

- 그때그때 생기는 연구질문의 목록
- 연구를 잘 진행하기 위하여 잊어버리면 안 될 사항들의 목록
- 자신의 작업을 가늠해 보고 전체 연구 방향을 지속적으로 점검하기 위한 목록
- 관찰의 초점 목록이나 주요 질문 목록, 더 조사할 내용의 목록, 확인이 필요한 내용의 목록
- 연구 주제나 방향이 바뀌는 경우 새로 해야 하는 작업의 목록

이러한 체크리스트는 상당 부분 현장노트 보완작업의 중요한 항목 중 하나인 '목록 작성'에 해당한다는 점에서 현장노트나 현장일지의 일부로 넣을 수도 있으나, 연구 과정에서 끊임없이 수정보완 update 해야 한다는 점에서 별도의 파일로도 보관해 두면 유용하다.

2) 사진과 비디오 촬영

사진과 필름은 인류학 연구에서 오랫동안 사용되어 왔고 영상인류학 visual anthropology 과 필름 에스노그라피의 중요한 연구방법이 되어 왔다. 연구자 문화와 매우 다른 문화현상을 설명하는 데 있어서 이만큼 효과적인 방법을 찾기 어려웠기 때문이다. '기억을 담고 있는 거울'로 비유되는 사진과 필름, 비디오테이프는 언어적 기술과 진술이 제공할 수 없는, 현장

에 대한 보다 근접하고 구체적인 장면, 증거, 정보를 제공해 준다. 나아가 인간의 오감을 사용한 즉각적 관찰이 갖는 제한점을 보완할 수 있다. 예를 들어 지나가 버리는 자연, 사건과 현상을 기록하여 연구자가 다시 관찰하고 분석할 수 있다는 점에서 큰 매력을 가지고 있다.

사진과 필름, 비디오 자료는 모든 현장연구에 도움이 되지만 공식 행사나 상호작용, 소비자행동 연구 같은 주제에는 더욱 유용한 방법이다. ① 시간의 흐름에 따른 변화, ② 문화적으로 중요한 순간 포착, ③ 무대(파티, 디너 등) 뒤에서의 준비 과정, ④ 사람들이 어떻게 모여 앉아 있으며, 어떤 자세로 얼마나 가깝게 위치하는가, ⑤ 사람과 물질 간의 상호작용과 전시의 미학 등을 보여줄 수 있고, 참여관찰을 한 현상을 해석하는 데 매우 유용하게 활용될 수 있기 때문이다(Arnould and Wallendorf 1994:488).

연구현장에 대한 비디오나 사진 자료는 면담을 실시할 때에도 큰 도움을 줄 수 있다. 기억나지 않았을 내용을 기억나게 만드는 효과도 있고, 더 상세한 내용을 이야기하게 되는 계기가 될 수도 있으며, 여러 가지 상황을 구체적으로 비교하게 만들 수도 있다. 또한 행사나 회의, 수업 장면 등에 대한 비디오를 찍은 경우, 현장 구성원과 함께 녹화 자료를 보면서 특정한 행동의 동기나 이에 대한 평가를 들을 수도 있다.

영상 촬영은 이제 비디오뿐만 아니라 디지털 카메라나 스마트폰으로도 가능하다. 즉 영상기록의 전문성이 없더라도 현장연구자라면 누구나 손쉽게 영상을 기록할 수 있게 되었다. 이에 따라 최근에는 현장연구를 할 때 스마트폰을 이용하여 촬영하는 경우도 있으므로 앞으로 인류학적 현장연구에서 영상 기록의 중요성은 더욱 커질 것이다.

이처럼 영상 촬영은 더 이상 어렵지도 않고 장점이 많지만 촬영이 항상 가능하지는 않으며 대개의 경우 허락이 필요하다. 또한 사회에 따라 사진이나 비디오 촬영의 문화적 의미가 달라 이로 인해 촬영한다는 사실이 현장에 미치는 영향의 크기가 커지거나 작아질 수 있다는 점도 염두에 두어야 한다. 가장 중요한 점은 연구대상 사회 구성원들이 촬영의 영향을 받는 일을 최소화하는 것이므로, 장기간의 촬영을 통해서 이들이 카메라에 익숙해지도록 할 필요가 있다. 따라서 한두 번의 관찰만 허용된 경우라면 비디오 촬영을 포기하는 쪽이 일상적 상황에 더 가까운 자료를 구하는 길이 될 것이다. 또 하나 주의할 점은 찾기 쉽게 인덱스를 만들어서 보관해야 한다는 것이다. 사진 보관함이나 파일을 통째로 잃어버리는 경우도 흔하므로 여러 복사본을 서로 다른 장소에 보관해 둔다.

3) 지도 그리기

특정 현장의 물리적·공간적 구조의 특징을 시각적으로 표현하는 지도 그리기mapping는 마을, 사무실, 교실, 매장, 가정, 길거리 등 다양한 생활 장소에서 인간이 어떤 방식으로 공간을 사용하며, 어떻게 관리하고 있는가를 알아보기 위한 방법으로 사용되어 왔다. 또한 세월의 변화에 따라서 공간 구성이 어떻게 달라졌으며, 이는 어떤 의미를 갖는가를 보여 주는 데에도 지도 그리기는 매우 유용하다. 지도 그리기를 할 때에는 연구대상 공간을 모눈종이 그래프나 컴퓨터에 척도의 크기대로 재구성하여 표현할 수도 있고, 대략의 지도만 그릴 수도 있다. 이런 자료는 독자가 현장을 쉽게 이해하도록 도우며, 연구자가 현장의 공간 구조와 그 의미를 이해하는 데도 도움이 된다.

현장 지도는 연구자가 직접 그릴 수도 있지만 기존 지도를 활용하여 현장 이해에 필요한 내용만 추가로 그려 넣을 수도 있다. 예를 들어 이강원의 석사논문(2004)에 제시된 〈지도 1〉은 1990년대의 탑골공원에서 나타난 행태에 대한 면담 자료와 미디어 보도자료 등을 토대로 당시의 탑골공원 공간이용 현황을 보여 주기 위해서 기존의 빈 그림지도 위에 사람-행위의 배치 양상을 표시해 놓은 것이다. 이강원은 이를 연구 시기인 2004년의 양상과 비교하기 위해서 현장연구 기간 중에 자신이 서로 다른 4개의 날짜-시간대에 나가서 관찰한 결과에 근거해 4개의 지도를 작성하였다.

특히 다양한 조직의 구조적 특성을 비교 분석하는 경우 각 조직의 공간 구성을 지도로 만들어서 비교해 보는 것은 그 조직들의 상이한 물리적, 공간적, 상호작용적 특징을 시각적으로 이해하고 분석하는 데 효과적이다. 예를 들어 이용숙이 그린 단면도 형식의 〈지도 2〉는 영국 초등학교 3학년 교실의 평면도를 그린 후에 사방 벽의 공간구성까지 추가한 후 설명을 적은 것으로, 사진으로는 나타내기 어려운 교실의 전체적인 공간 구성을 하나의 지도로 만들어서, 이보다 훨씬 단순하고 교육적 활용의 여지가 적은 한국 교실의 공간구성 방식과 비교한 것이다.

4) 연구대상 사회 구성원에 의한 문서 만들기

연구현장에는 연구에 도움이 되는 자료들이 다양하게 존재한다. 예를 들어 놀이기구, 제사용품, 사진자료나 필름, 지도, 지역 신문, 잡지, 향토역사 기록물, 회의록, 안내장, 초대장, 가계부, 각종 서류, 일기, 학생들의 작문, 편지, 게시판에 적힌 내용 등도 연구현장을 이해하는 데 큰 도움이 될 수 있다. 이러한 자료 외에 현장 구성원에게 회의록, 가계부, 일지, 일기 등의 작성을 부탁하거나, 교사에게 어차피 내줄 작문 숙제의 주제를 연구와 관련 있는 것으로 정해 달라고 부탁할 수도 있다.

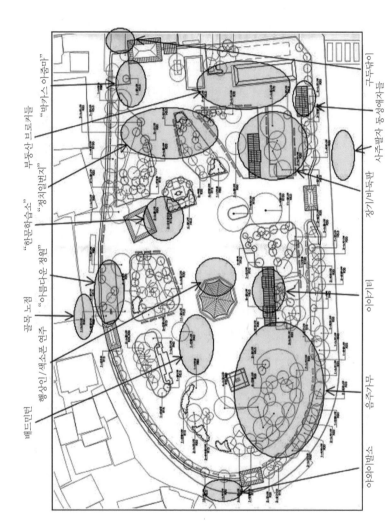

〈지도 1〉 1990년대 탑골공원에서의 사람 – 행위의 배치 양상에 대한 면담과 미디어 분석결과 (이상윤 2004:70)

"박카스 아줌마"

구두닦이

시주팔자 동성애자들

부동산 브로커들

"한문학습소"

장기/바둑판

"정치이벤지"

이야기판

"이름다운 정원"

공목 노점

"이름나운 연주"

음주가무

베드민턴

행상인 / 색소폰 연주

아이아빨소

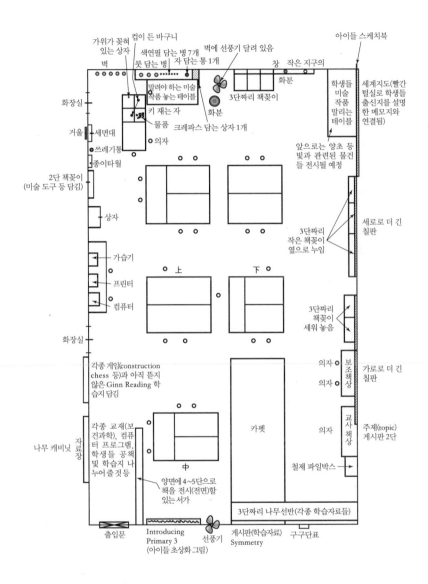

가위가 꽂혀 있는 상자
컵이 든 바구니
색연필 담는 병 7개
붓 담는 병
자 담는 통 1개
벽에 선풍기 달려 있음
창 작은 지구의
아이들 스케치북

벽

말려야 하는 미술 작품 놓는 테이블
화분
학생들 미술 작품 말리는 테이블
세계지도(빨간 털실로 학생들 출신지를 설명한 메모지와 연결됨)

화장실

거울 — 세면대
쓰레기통
종이타월
3단짜리 책꽂이
키 재는 자
물품
의자
화분
크레파스 담는 상자 1개

앞으로는 양초 등 빛과 관련된 물건들 전시될 예정

2단 책꽂이 (미술 도구 등 담김)

상자

가습기
프린터
컴퓨터

上 下

3단짜리 작은 책꽂이 옆으로 누임

세로로 더 긴 칠판

3단짜리 책꽂이 세워 놓음

화장실

각종 게임(construction chess 등)과 아직 뜯지 않은 Ginn Reading 학습지 담김

의자 보조책상
의자

가로로 더 긴 칠판

교사책상

주제(topic) 게시판 2단

각종 교재(보건과학), 컴퓨터 프로그램, 학생들 공책 및 학습지 나누어 줄 것 등

나무 캐비닛
자료장

카펫

의자

철제 파일박스

中

양면에 4~5단으로 책을 전시(전면)할 있는 서가

3단짜리 나무선반(각종 학습자료들)

출입문
Introducing Primary 3 (아이들 초상화 그림)
선풍기
게시판(학습자료) Symmetry
구구단표

〈지도 2〉 서울에 있는 영국인 초등학교 3학년 교실의 평면도(이용숙 외 1990:72)

이처럼 부탁을 해서 얻은 자료는 연구자에게 보이기 위한 것임을 전제하므로 특정한 내용이 과장되거나 빠질 수도 있지만, 이러한 한계가 있다고 해도 현장 구성원이 작성한 문서 자료는 매우 유용하다. 예를 들어 미국 아동의 놀이에 대한 한 연구에 따르면 "보통 무엇을 하느냐?"라는 질문에 대한 아이들의 답변은 이들이 일기에 쓴 실제로 한 일에 비해서 남녀 간의 차이점이 더 크게 나타났다. 이는 한두 가지의 대표적 놀이를 지적해야 하는 면담에서는 성역할의 선입견에 따라서 기대되는 놀이를 언급한 경우가 더 많았던 데 비하여, 매일매일의 놀이 내용을 기록한 일기에는 일상에서의 구체적인 놀이를 있는 그대로 적는 경향이 있기 때문이다.

또 하나의 예로, 이용숙은 미국의 아시아계 학생과 백인 학생의 학업 성취 과정을 비교하기 위해서 사회경제적 수준이 비슷한 두 학교의 6, 7학년 교사들에게 '나의 집', '우리 학교', '나의 미래'라는 세 가지 주제의 작문 숙제를 내달라고 부탁하였다(Lee 1984). 이 자료를 분석해 이용숙은 학생들의 생활과 미래 계획, 인식의 차이 등에 대한 좋은 자료를 얻었을 뿐만 아니라, 기대하지 않았던 중요한 자료도 얻게 되었다. 미국에서 최소 3년 전부터 살았으며 최우수반에 소속된 한국계 학생들만 비교해 보았을 때, 두 학교 학생의 작문 수준 차이가 너무 컸던 것이다. 한국계 교사가 지도하는 한국어 이중언어 반^{bilingual class}을 운영한 시카고의 학교에서는 한국 학생들의 작문에는 한 문장에도 오류가 몇 개씩 있었던 데 비해서, 제2외국어로서의 영어 클래스^{English as a Second Language Class}에서 미국인 교사에게서 영어를 배운 학교 학생들의 작문에는 오류가 거의 없었다. 이 자료를 통해 이용숙은 두 학교의 아시아계 학생들의 학교생활 차이를 비교하는 새로운 장^場 하나를 발전시킬 수 있었다.

현장 구성원에게 연구자 앞에서 자신의 주요 생활공간에 대한 지도를 그리면서 설명해 달라고 함으로써 이들의 공간 인식과 실제 공간 배치를 비교해 보고 그 의미를 알아볼 수도 있다. 예를 들어 2011년도 덕성여대 〈현장연구방법 1〉 수업의 일환으로 실시한 학생 공동연구에서는 10개 대학 대학생들의 자기 대학 주변 상권에 대한 인식을 알아보기 위한 자료 수집의 일환으로, 각 대학 재학생 2~4명에게 대학 앞의 주요 상가지도를 그려 달라고 부탁하였다. 그 결과 대다수의 학생들은 실제 상가와는 전혀 다른 모습의 지도를 그렸다. 가장 많이 그린 것은 식당과 술집, 커피숍으로 그림의 80~90퍼센트 이상을 차지했는데, 이는 자신들이 주로 이용하는 상가만을 지도에 그리는 경향이 있기 때문으로 해석되었다.

Ⅲ. 현장연구 기록 자료의 관리

현장연구에서는 상당히 많고 다양한 기록 자료를 모으기 쉬우므로 이를 관리하는 방법에도 관심을 가져야 한다.

1. 자료 파일의 보관

현장연구 기록은 일반적으로 프린트와 컴퓨터 파일로 보관하지만 두 가지 모두 분실하거나 손실되는 경우가 많다는 데 주의할 필요가 있다. 복사가 어려웠던 과거에는 유명한 인류학자 리치Edmund Leach의 사례처럼 배편으로 보낸 유일한 자료가 모두 없어지거나 화재로 인해 대부분의 자료가 손실되는 일도 있었다. 중국에서 연구 자료를 공안 당국에 빼앗긴 사례 등 수년간의 피와 땀의 결과인 현장연구 자료를 거의 모두 잃어버린 인류학자 이야기는 꽤 많다. 이런 경우 일반적으로 가장 큰 문제는 자료의 손실이겠지만 때로는 더 큰 문제가 일어날 수도 있다. 다른 사람의 손에 들어가면 악용되거나 오해를 살 수 있는 민감한 자료라면 유출되지 않도록 더욱 주의해야 한다.

현대 인류학자들은 대개 컴퓨터 파일을 복사할 수 있는 상황에서 연구를 하므로 자료 손실 가능성이 줄어들었지만 그렇다고 방심해서는 안 된다. 다양한 방식으로 보관할 필요가 있는데, 예를 들어 USB와 웹하드에 저장하고, 메일로 자신에게 파일을 보내고, 메일 전송 자료를 남겨 놓는 등 다양한 경로를 통해서 파일을 저장한다. 또한 워드 자료 이외에 엑셀 파일로 저장해 놓으면 자료 손실 방지는 물론이고 자료의 관리, 주제 분류를 통한 주제별 자료 찾기, 주요사례 추출, 비슷한 상황이 발생하는 빈도의 계산 등을 쉽게 할 수 있다(이에 대해서는 뒤에서 다룬다).

2. 원하는 자료를 찾기 쉽게 관리하기

질적 자료 분석 과정에서 가장 어려운 점은, 일반적으로 자료가 방대해서 무엇이 어디에 있는지 찾기 어렵다는 것이다. 수집한 자료가 비교적 적은 경우에는 모든 기록을 여러 번 읽으면서 주요 사건과 사례 및 행동의 패턴 등을 찾는 분석 방법을 사용할 수도 있겠지만, 자료가 방대할수록 이런 식으로는 많은 자료가 누락되어 버린다. 따라서 모든 자료에 대한 주제별 분류를 실시해서 같은 주제에 대한 기록들을 하나의 파일 안에 모을 필요가 있다. 주제별 자료를 체계적으로 찾는 방법은 여러 가지인데, 여기에서는 두 가지만 소개한다.

1) 여백에 주제번호를 적은 후 주제별 파일 만들기

이용숙 외(1988)의 연구에서는 자료의 각 페이지 여백에 해당 주제번호를 적고, 이를 복사한 자료를 주제별 파일별로 보관하는 방법을 다음과 같이 개발하였다(종이 복사 파일이 아닌 컴퓨터 파일로 만드는 것은 이후에 개발한 방법이다). 워드 프로세서로 작성한 현장노트와 현장일지의 프린트 여백에 주제번호를 적어 놓았다가 컴퓨터의 주제별로 해당 내용만 다시 '붙여 넣기'를 해서 주제별 컴퓨터 파일을 만든다. 컴퓨터의 검색기능을 사용해서 주제별 분류에 도움을 받을 수 있기 때문에 과거에 비해 시간을 절약하면서 효율적으로 자료를 관리할 수 있다. 구체적인 절차는 다음과 같다.

① 연구계획서의 '연구내용'과 중간 분석 결과를 토대로 연구보고서의 세부목차를 잠정적으로 만든다. 현장노트와 현장일지를 읽으면서 이 목차를 더 세분화하거나 수정하여 주제 리스트를 만든다.

② 전체 자료를 프린트해서 읽으면서 위에서 만든 주제번호에 해당하는 내용이 나오면 여백에 'Ⅲ-2' 같은 형식으로 번호를 적어 넣는다. 이 과정에서 새로운 주제가 나타나면 주제 리스트에 새 주제를 추가하여 번호를 부여한다. 이렇게 해야 '복사', '붙여 넣기' 작업을 하면서 내용이 혼동되거나 시간을 낭비하는 일을 줄일 수 있다.

③ 읽은 내용 중 보고서에서 인용할 가치가 높다고 생각되는 내용이 나오면 단계별로 숫자를 적어 놓는다(중요할수록 높은 숫자를 적는다).

④ 컴퓨터에 주제별 파일을 만들어 놓고서 각 주제번호가 적혀 있는 내용을 '복사', '붙여 넣기'로 모아 놓는다. 이때 그 자료의 출처를 파악할 수 있도록 해당 내용의 색인(참여관찰 대상 상황, 일시, 페이지번호 등)을 함께 적어 놓는다.

⑤ 가장 많은 자료가 수집된 파일부터 내용분석을 시작한다. 해당 주제를 더 작

은 소주제로 나누어서 기록내용을 분류하거나, 다른 자료와 비교하거나, 주요 사건을 추출하고 패턴을 찾는다.

이상과 같은 작업 과정에서 ③단계까지 끝내어 현장노트를 프린트한 페이지의 여백에 주제번호와 인용가치, 색인까지 기록한 사례는 다음과 같다. (아래의 사례에서 인용가치는 보기 좋도록 별의 개수로 나타냈으나 실제 컴퓨터 작업을 할 때에는 숫자로 나타낸다.)

△△초등학교 1학년 3반, 1989년 5월 11일 3교시, p.1

Ⅲ-2　이 교사는 수업 중 얼굴에서 미소를 잃지 않고 있었지만 학생들의 통제가 잘 안 되는 것으로 보였다. 1학년 교실이라는 점을 감안한다고 해도 학생들의 집중도가 낮았고(꾸준히 집중하는 학생들은 5명 정도) 수업 중 상당히 시끄러웠다. O.H.P.를 사용했지만 교과서의 삽화 몇 장을 수채화로 그린 자료로는 큰 효과를 얻는 것으로 보이지는 않았다. 그러나 좋은 수업방법의 목록에 포함시킬 수 있을 만한 아이디어 몇 가지를 얻을 수 있었다.

Ⅳ-5

★

V-1　예를 들어 발표할 때 목소리가 작은 학생이 있는 경우, 근처에 앉았던 다른 학생으로 하여금 더 큰 목소리로 그 내용을 되풀이하도록 하는 방법은 아이들이 큰 소리로 발표하도록 훈련시키는 동시에 다른 아이의 발표를 유심히 듣게 하는 효과가 있을 것이다. 또한 그림일기(또는 글짓기)의 제목을 정하지 못한 친구를 위해서 다른 학생이 몇 개의 제목을 제안하게 하는 것도 아이들로 하여금 친구의 일기 내용에 주의를 기울이도록 하는 동시에, 그 주제를 한 마디로 표현하는 훈련과, 같은 주제에 대한 다양한 제목을 수용하는 훈련을 시켜줄 수 있을 것이다.

위의 사례에서 두 번째 문단에 2개의 주제번호가 적힌 것은 2개의 주제와 관련이 있기 때문이다. 이 페이지에는 모두 3개의 주제번호가 적혀 있으므로 각각 Ⅲ-2 파일, Ⅳ-5 파일, V-1 파일에 해당 문단을 붙여 넣으면 된다.

2) EXCEL을 활용한 현장연구 자료의 관리

질적 자료의 관리에 적합한 컴퓨터 프로그램을 활용하면 시간과 비용, 번거로움을 더욱 줄일 수 있다. 1980년대 이후 ATLAS, The Ethnography, NUDIST, NVivo 등 여러 가지 질적 자료 관리 프로그램이 개발되었고 계속 업데이트되고 있다. 특히 최근 관심이 높아지고 있는 NVivo는 영상자료와 녹음자료도 문서자료와 같은 파일에 보관할 수 있으며, 현장 구성원의 관점에 근거하여 자료를 단계적, 효율적으로 범주화 및 조직화하는 색인체계를 갖추었다는 것이 장점이다(박종원 2009; 김영천·김진희 2008). 다만 실제로 연구에 사용할 수 있을 정도로 이런 프로그램에 익숙해지기까지는 상당한 시간이 필요하므로 쉽게 접근하기 어려운 것이 약점이다.

이에 비해서 엑셀 프로그램을 활용하면 약호화 분석과 이어지는 통계 분석까지 실시할 수 있다. 엑셀은 NVivo보다 질적 자료 관리 기능이 적지만 보편적으로 쓰이는 프로그램이라서 편한 점이 있으며, 익히기도 쉽다. 워드로 작성한 현장 기록을 가지고 있는 경우, 엑셀 표의 각 칸에 알맞은 내용(일정한 시간 동안 일어난 일, 행동의 한 시퀀스sequence, 하나의 소주제와 관련된 사건이나 말 등)을 복사해서 넣으면 분석 준비가 끝난다. 또한 현장노트나 면담기록 등을 처음부터 엑셀 파일에 입력, 저장할 수 있으므로 손쉽게 관리할 수 있다. 양적 분석과의 연계가 같은 파일 안에서 가능하므로 편리한 점도 많다. 특히 위에 소개한 주제별 파일 만들기에 익숙한 경우 엑셀을 사용하면 작업하기가 더욱 쉽다. 사전에 프린트한 자료에 주제번호나 인용가치를 미리 적어 놓을 필요가 없기 때문이다. 워드 자료를 순서대로 한 문단 정도씩 엑셀의 한 칸에 입력하고 주제번호와 인용가치 수준을 번호로 표시하는 열을 각각 만들어 놓은 후에 입력한 자료를 한 칸씩 읽으면서 해당 주제번호와 인용가치 수준 번호를 입력하면 된다. 입력을 마친 후에 같은 주제번호끼리 분류sorting하는 작업도

워드를 사용할 때보다 훨씬 쉽다.

서술형 설문조사 자료도 엑셀을 사용하면 더 쉽게 자료를 보관·분석할 수 있다. 설문조사에는 이미 번호가 지정되어 있으므로 한 열에 한 질문 번호를 입력하여 모든 응답자의 답변을 입력할 수 있다. 이때 서술형 문항의 경우에는 옆에 새로운 열을 만들어서 입력한 서술 내용을 유형화해 만든 주제번호를 넣음으로써 질적 자료에 대한 통계 분석도 쉽게 실시할 수 있다.

〈기록 사례 6〉은 한글 파일로 작성한 현장노트를 엑셀 표의 각 칸마다 '붙여 넣기'로 입력한 사례이다. 한글 파일에는 없던 새로운 내용인 해당 '주제번호'와 '인용가치'의 수준은 새로 만든 행에 집어넣었다. 여기에서 인용가치의 수준이란 앞으로 보고서를 쓸 때 실제로 인용하게 될 가능성이 얼마나 높은가를 예상하여 숫자로 표시한 것이다. 예를 들어 0~5를 척도로 잡고 '5'라고 입력한다면 보고서에 인용할 가능성이 가장 높다는 의미이다.

효율적으로 분석하려면 번거롭더라도 〈기록 사례 6〉처럼 엑셀 표를 활용하는 것이 낫다. 분석할 때 모든 자료를 주제번호별로 정렬할 수 있어서 쉽게 코딩할 수 있기 때문이다. 또한 '주제번호' 행 아래의 '인용가치' 행에는 중요도 수준에 따라 숫자를 입력해 놓으면 보고서를 쓸 때 인용할 사례를 쉽게 찾을 수 있다. 예를 들어 주제번호 열에 '27-2'라고 써진 동시에 인용가치 열에 최고 수준인 '5'라고 써진 자료들을 우선 찾아보고, 여기에 해당하는 자료가 없으면 다음에는 주제번호 27-2와 인용가치 4를 찾는 것이다.

이상에서 살펴보았듯이 현장에서 수집한 자료를 어떻게 기록하고 관리할 것인가도 자료수집 방법이나 자료 분석 방법 못지않게 중요하다는 것을 잊지 말아야 한다. 이 장에서 제시한 방법들 이외에도 다양한 방법들이 있으므로 이에 대해서 관심을 가지고 각자의 연구에 알맞은 방법을 찾도록 노력해야 할 것이다.

〈기록 사례 6: 엑셀 프로그램을 사용한 현장노트 기록〉

참여관찰일지 엑셀 입력 샘플(주제번호 1: 봉사활동, 2: 혼자 하기, 3: 두렵다, 4: 스페의 정의)

참여관찰일시	참여관찰 배경	참여관찰 대상	참여관찰 첫 번째 문단	첫 번째 중간해석	두 번째 문단	세 번째 문단	네 번째 문단	다섯 번째 문단	두 번째 중간해석
2010년 ○월 ○일	나는 작년에 동아리 회장을 했었다. 동아리를 이끌다 보니 여러 학년의 사람들을 만날 수 있었고, 참여관찰을 어떻게 해야 하나 한참 고민하던 중에 동아리 후배들과 밥을 먹으러 가게 되었다. 후배 두 명과 밥을 먹으며 오늘 신경을 참여관찰에 쓰고 있는 상태였다.	후배 A: ***학교, ○○전공, 2학년. 후배 B: ##학교, ○○전공, 2학년	후배 A: 봉사활동을 하려는데 혼자서는 못하겠어, 다른 친한 친구들은 관심 없대.	아직 2학년인 이 후배는 다급한 마음이 아닌 여유로운 마음을 가지고 봉사활동을 할 접근하려는 듯에 보였다. '혼자 하기 싫다'는 말에 흥미가 갔다. 의존적 성격 탓일 수도 있겠고 어찌 보면 진정한 봉사를 하려는 것은 아닌 걸로도 보였다. 이러한 것 근증에서 순발력을 생각으로 이것을 바탕으로 면 좋겠다는 생각에 이르었다.	연구자: 왜 봉사활동을 하려는데? 후배 A: 그냥 해보면 될 것 같은 데요. 나를 하고 싶어요. 아직 좋잖아요. 의존도 모르잖아……. 필요할 것 같은데 제가 3학년 때 기엔 좀 그러니까…….	연구자: 아, 너 내 이제? 후배 B: 저는 봉사활동도 하고 싶고 한 데 이번에 꼭 생각하고 있도 봉사하고 있어요.	연구자: 봉사활동이 정말? 그건 어떻게 마음먹게 된 거야? 후배 B: 그요. 대학교 졸업하면 못할 것 같아서요. 3, 4학년 때는 진짜 스페 없고요. 봉사활동 등을 2학기 때?	연구자: ○○, 네가 생각하는 전체 스페이 뭔데? 후배 B: 없어나 자격증? 그런 거 있잖아요.	내가 시식하며 대화를 나눈 후배들은 모두 2학년이었다. 두 사람 간에는 스페에 대한 동등 정도 있고 다른 정도 있어 보였다. 대화를 살펴보면, A는 봉사활동 등을 '일단 필요할 것 같아서' 한다고 했다. B는 봉사활동을 구체적 의미 있게 생각하는 것으로는 보이지 않았다. 어떤은 이유을 듣고 보람을 느끼기 위함이 아닌 봉사가 되어 버린 주체 정도의 상황을 위한 수단으로 보인다. B는 아직 답인데, 봉사활동을 꼭 할 생각은 있지만 그것을 3학년 이후에 할 '진짜 스페'을 포함시키거나 않았다. 이것은 B가 봉사활동을 꼭 스페을 위한 행위로만 생각하지 않기 때문인 것으로 추측할 수 있다. 국토대장정도 본인의 젊음을 누릴 수 있는 기회로서 인식할 뿐, 그것이 차후의 도움이 될 스페이라고는 생각하는 것 같지 않았다.
주제번호			1,2	1,2	1,3	1	1,2	4	1,4
인용가치			0	0	0	0	1	0	3

218

7
자료의 분석에서 글쓰기까지

일단 현장연구가 끝나면 자료를 분석하고 글을 써야 한다. 책상에 앉은 현장연구자는 현장에서 작성하고 보완한 노트를 비롯한 여러 자료를 검토하면서 이를 분석하고 해석하게 된다. 다른 사람들이 읽을 수 있도록 글을 쓰는 과정에서 현장연구자는 특히 어떤 노트 내용과 자료를 사용하고 포함시킬 것인지를 선택해야 한다.

현장에서 아무리 관찰과 면담을 열심히 하고 또 풍부하고 좋은 자료를 수집했다 하더라도 이를 제대로 분석하고 해석하지 않으면 현장을 제대로 이해했다고 보기 어렵다. 또한 적절한 형태의 글이나 다른 매체로 정리하고 표현하지 못한다면 자신이 이해한 것을 다른 사람들에게 알릴 수도 없다.

현장노트 및 자료의 분석과 해석은 현장에서 보고 들은 것들이 어떠한 의미를 갖는지를 탐구하는 작업이다. 이 과정에서 현장연구자는 자신이 보고 들은 것들을 관련 있는 학술적 이론이나 논쟁과 연관 짓게 된다. 또한 다른 사회와 문화의 현장 등 보다 넓은 세계와 관련하여 자신이 보고 들은 것이 어떠한 의미를 갖는지를 탐구하게 된다. 이러한 작업들을 통해서 현장에서 수행된 참여관찰과 현장에서 이루어진 심층면담, 현장에서 수집한 기타 자료 등은 학술적 개념과 이론을 통해 분석되고 해석되며 보다 일반적인 논의와 관련한 의미를 갖게 된다.

이는 마치 한창 산을 오를 때는 산이 보이지 않다가 산마루에 거의 다 오르면 갑자기 시야가 넓어지면서 자신이 오른 산은 물론 주위 산의 모습까지 다 보이는 것과 같다. 현장에서는 따로따로 파악했던 여러 구체적 사건이나 인물들의 의미와 관계가 이러한 해석과 분석 작업을 통해 뚜렷이 드러나기도 한다. 영국의 인류학자 에번스프리처드는 "진짜 전투는 현장이 아니라 연구실에서 일어나는 것"이라 하였는데 이는 자료의 분석과 글쓰기의 중요성을 강조한 말이기도 하다.

그러면 자료의 분석과 해석을 어떻게 하는지 구체적으로 살펴보자. 자료의 분석과 해석에 모든 사람이 따라야 하는 표준적인 절차가 있는 것은 아니다. 많은 현장연구자들은 각자의 독특한 스타일을 개발하곤 한다. 어떤 연구자는 자료를 계속 들여다보는 분석과 해석 작업을 마친 후에야 비로소 글을 쓰기 시작하는가 하면, 또 어떤 연구자는 일단 글을 써나가면서 생각을 정리하다가 필요한 자료를 확인하고는 다시 글을 고쳐 쓰는 방식을 더 좋아한다. 현장의 특성에 따라, 수집한 자료의 성격에 따라 자료의 분석과 해석 방법이 크게 달라지기도 한다. 나아가 글을 읽을 사람들이 누구인가에 따라서, 또한 글의 형식이나 주어진 시간, 연구자 자신이 놓여 있는 상황이나 신체적·정신적 컨디션 등에 따라서도 글 쓰는 방법이 매우 달라질 수 있다. 그러므로 현장연구 초보자의 경우 자료의 분석과 해석, 그리고 글쓰기에는 다양한 방식이 존재한다는 사실을 인식하고 자신에게 적합한 방식을 시험하고 발견하고 개발해야 한다.

흔히 자료의 분석과 해석은 자료를 모두 수집한 후에 이루어진다고 생각하기 쉽다. 그러나 민족지적 연구에서는 연구 과정 전체에 걸쳐 자료의 분석과 해석이 이루어진다. 자료의 수집이 모두 끝난 후에 비로소 해석과 분석을 시작하는 경우는 오히려 매우 드물다. 대부분의 민족지적 현장연구자ethnographer들은 관찰 및 인터뷰 등을 통해 얻은 결과를 그다음에 수행할 관찰 및 인터뷰 등에서 무엇을 보고, 묻고, 들어야 할지 등을 결정하는 데 지침으로 사용한다. 상당수 민족지적 현장연구자들은 자료 분석과 해석 과정이 선형적이라기보다는 나선형으로 진행되는 경험을 했다고 한다.

이는 현장연구 자체가 이미 해석 과정을 포함하고 있기 때문이다. 책의 마지막 장에서 자료의 해석과 분석을 다루고 있다고 하여 자료의 해석과 분석을 현장연구가 끝난 뒤에 하는 것은 아니다. 오히려 현장연구 자체가 이미 해석 과정을 포함하고 있다는 사실을 잊어서는 곤란하다. 현장연구에서는 자료만 수집하고 해석은 나중에 하는 것이 아니기 때문이다.

I. 자료의 분석과 해석 시 고려사항

자료를 본격적으로 분석하고 해석하는 작업에 돌입하기 전에 일단 현장노트 등 현장에서 수집한 자료들을 다시 읽고 검토하면 큰 도움이 된다. 여러 가지를 생각하면서 현장노트를 보완하거나 발전시키는 작업을 할 수 있기 때문이다. 특히 현장에서 입수한 자료들 가운데에 미처 자세히 검토하지 못한 자료도 있을 수 있으므로 이를 대충이라도 훑어보면서 자신이 전체적으로 어떤 자료를 얼마만큼 가지고 있는가를 파악해야 한다.

무엇보다도 먼저 현장에서 수집한 자료를 충분히 읽고(참여관찰의 기록과 심층면담의 기록 등 현장노트 및 기타 문헌자료), 듣고(녹음자료의 경우), 보면서(영상자료의 경우) 자료에 친숙해져야 한다. 한두 번 읽거나 듣거나 보아서는 의미를 파악할 수 없는 자료도 있고, 중요한 점들을 놓칠 수도 있다. 꼼꼼히 읽고 또 깊이 생각해야 의미를 파악할 수 있는 자료도 있다.

'침묵'은 사람들의 말만큼이나, 아니 오히려 말보다도 더 중요하다고 주장한 인류학자(에드워드 홀Edward Hall)는 몸짓이나 표정이 말보다도 더 중요하다고 하였다. 질문에 즉시 답변하는 것과 조금 뜸을 들이며 답변하는 것은 비록 답변에 사용한 어휘나 문장이 동일하더라도 그 의미가 다를 수밖에 없다. 사람들이 시간과 공간을 어떻게 사용하는지를 이해하기 위해 홀과 그의 학생들은 동일한 영상자료를 수백 번 보았다. 그러는 가운데 처음에는 인식하지 못했던 아주 미세한 표정이나 동작 등이 존재한다는 사실을 깨달았다.

미묘한 의미의 차이를 파악하기 어려운 것은 대화를 기록한 현장노트의 경우도 마찬가지이다. '예'라는 답변이 정말로 긍정을 의미할까? 아니면 단순히 자신이 친절하고 관대한 사람이라는 이미지를 유지하기 위한 것이었을까? 그것도 아니라 상대와의 관계를 어색하게 만들거나 상대방을 무안하지 않게 하기 위한 것이었을까? 이는 해당 문화에 대한 통찰력은 물론 현장연구 당시의 상황과 인물들에 대한 깊은 이해가 없이는 해석하기 어려운 문제이다.

현장연구자들 가운데는 "현장노트를 잘 들여다보고 있노라면 자료가 스스로 말을 한다Facts speak for themselves"는 사람도 있다. "자료가 스스로 이야기를 시작할 때까지 자료를 계속 들여다보아야 한다"고 말하는 사람도 있다. 그러나 자료가 스스로 이야기한다고 느끼는 경우조차도 사실은 현장연구자가 지금까지 관심을 가졌던 것들, 읽었던 것들, 생각했던 것들, 경험했던 것들, 느꼈던 것들이 토대가 된 경우가 아닐까? 이렇게 현장연구자가 자신의 입장이나 이론적 토대를 명확히 인식하는 것은 자료를 왜곡하거나 간과하지 않기 위해 매우 필요한 일이기도 하다. 그러므로 "사실은 스스로 이야기하지 않는다. 사실은 이론에 비추어 읽는 것이다Facts do not speak for themselves, they are read in the light of theory"라는 어느 진화생물학자의 표현이 더 적절할 수도 있다.

1. 열린 마음으로 자료를 검토한다: 현실과 이론, 어느 것이 먼저인가?

어떤 인류학자들은 현장에 들어갈 때 선입관 없이, 즉 개념이나 이론을 떠나서 '순수한 마음으로' 일어나고 있는 일들을 보라고 한다. 그런데 이는 자료를 검토할 때에도 그대로 적용되는 말이다. 왜냐하면 처음부터 이론적 성향을 가지고 있으면 그러한 이론에 부합되는 사실들에만 주목하게 되고 나머지 사실들을 무시하기 쉬우며, 그 결과 현실을 왜곡되게 이해할 수도 있기 때문이다. 이들은 아무런 선입견 없이 현실을 깊게 또한 반복해서 들여다보는 것이 중요하다고 한다. 그렇게 하는 가운데 어떤 패턴이나 경향을 발견할 수 있게 되며, 개념과 이론이란 그러한 구체적 사실들로부터 차츰차츰 형성해야 한다는 것이 이들의 주장이다.

그러나 또 다른 인류학자들은 선입견 없는 순수한 관찰이란 현실적으로 있을 수 없다고 주장한다. 이들은 누구나 암묵적으로 또는 무의식적으로 어떤 이론적 지향에 따라 현실을 바라보기 마련이라고 주장한다. 그러므로 선입견 없이 순수한 마음으로 관찰한다고 주장하는 것은 자신의 이론적 관점이나 정치적 입장, 심지어 편견 등을 아예 인정하지 않거나 인식하지 못하는 것에 불과하다고 비판한다. 따라서 중요한 것은 자신이 가진 이론적 지향을 자각하면서 가능한 한 마음의 눈을 열어 여러 다양한 가능성들을 찾는 것이라 한다.

이 두 가지 입장은 겉보기에는 상충되는 것 같지만 실질적으로 크게 다르지 않을 수도 있다. 선입관 없이 보라는 말은 '가급적 선입관 없이 보려고 노력하라'는 의미로 새겨들어야지, 인간이 아무런 선입관 없이 무

엇을 볼 수 있다는 어리석고 순진한 견해를 주장하는 것이 아니기 때문이다. 한편 순수한 관찰이란 현실적으로 불가능하다는 주장 또한 인간의 인식이 자신의 이론적 관점이나 정치적 입장을 조금이라도 극복하는 것이 전혀 불가능하다는 의미는 아니기 때문이다. 만일 그러하다면 우리는 새로운 것을 전혀 발견할 수도 없고 이해할 수도 없을 것이다. 이는 다만 우리의 인식 능력에는 큰 한계가 있으며 자신의 관점과 입장을 의식하고 있어야 한다는 점을 강조한 것이라 하겠다.

그러므로 현장을 관찰하거나 현장에서 수집한 자료를 검토할 때에는 자신이 어떠한 입장을 취하건 가능한 한 열린 자세를 가져야 하지만, 또한 여러 이론적 시각을 참고할 수밖에 없다. 현장자료의 검토 과정에서는 소위 연역적 접근(이론이 현장 자료를 해석하는 가이드의 역할을 하는 것)과 귀납적 접근(자료를 검토하면 패턴이 자연스럽게 나타나는 것)을 모두 사용할 수 있으며, 또한 사용해야만 한다.

2. 있지 않은 것을 보기도 하고 소리가 없는 것을 듣기도 한다

자료를 들여다보면 자신의 자료에 무엇이 포함되지 않았는지를 깨달을 수도 있다. 현장연구 과정에서 실수로 빠뜨린 것도 있지만, 다른 한편으로는 그러한 자료의 부재 자체가 현장을 이해하는 데 중요한 실마리를 제공할 수도 있다. 그러므로 현장연구자는 있지 않은 것을 보기도 하고 소리가 없는 것을 듣기도 한다.

현장에서 수집한 자료를 보면서 현장연구자는 전혀 다른 종류의 질문을 던져볼 수도 있다. 현장에서 일어난 사건이나 담론, 현장 사람들의 관심사 등에서 벗어나 전혀 새로운 눈으로 자료를 검토하는 방법이 의외로 도움이 되는 경우가 있다. 또한 분석을 진행하다가 처음에는 느끼지 못했던 것이 떠오를 수도 있으므로 열린 마음 자세를 견지하는 것이 매우 중요하다. 때로는 암묵적인 비교나 분석을 해보기도 하고 인과관계나 상관관계를 찾아보기도 한다. 그러면서 어떤 것이 의미 있는 자료인지 곰곰이 생각해 보는 것도 도움이 될 것이다.

예를 들면 사람들의 모임이나 행사 또는 조직의 명단이나 사진 등을 보다가 "왜 여성은 없는가(이렇게 적은가)?"라든지, "왜 청소년은 없을까?" 등의 질문을 하는 것은 매우 중요하다. 고도경제성장을 경험한 일본에서 어느 날 어른들이 모여 앉아 아이들이 성장하는 과정을 담은 가족사진을 보다가 "아빠는 어디에 있었니?"라는 질문을 던지게 되었다. '회사인간'이었던 아빠는 아이들의 유치원 입학, 생일, 졸업, 초등학교 입학과 소풍, 졸업 등 그 어느 행사의 사진에서도 보이지 않았다. 이러한 질문을 계기로 일본의 가와사키 시에서는 교육과 가족을 생각하는 사회운동으로서 '〔아빠는 어디에〕 있었는가 모임'이 출범하였다.

3. 다른 해석의 가능성을 생각한다

동일한 현상을 연구한 사람들이 반드시 동일한 해석을 하지는 않는다. 동일한 자료를 가지고 다른 이야기를 할 가능성도 있다. 같은 자료를 가지고 상이한 해석이 가능한 경우도 있기 때문이다. 그러므로 자신이 수집한 현장연구 자료를 가지고 논리적으로 자신의 해석 이외에 다른 해석이 가능한가를 생각해 보면 연구를 진전시키는 데 매우 큰 도움이 된다. 자신의 해석을 바꾸지 않더라도 최소한 자신의 해석의 근거를 확실히 하는 데 도움이 될 것이다.

연구자가 가진 이론적 성향이나 관점에 따라서 수집하는 자료가 달라지거나 해석이 달라지는 경우가 있다. 황익주가 조사했던 사례를 살펴보자.

경기도 분당과 성남은 지리적으로는 바짝 붙어 있다고 할 정도로 가깝지만 주민의 소득이나 출신 등은 상당히 대조적이다. 분당은 고급 맨션 아파트가 들어선 신도시이지만 성남은 이 지역에 이주시켰던 철거민들이 '배고파 못살겠다. 일자리를 달라'는 소요를 일으켰던 아픈 역사를 가진 곳이다. 일화천마 축구단은 분당과 성남의 공동의 아이덴티티를 형성하여 사회적 통합에 기여할 것으로 기대되었다. 이에 대해 어떤 사람은 이러한 시도가 실패했고 일체감도 형성되지 않았다고 볼 것이다. 반면에 다른 사람은 축구단이 3년 연속 우승했으므로 이 시도가 성공했다고 볼 것이다. 또 다른 사람은 이를 절반의 성공으로 볼 것이다. 즉 잠정적으로 일체감이 형성된 것 같지만 그 아래에는 여전히 두 지역의 격차가 존재한다고 볼 수 있는 것이다. 현장연구자는 이러한 세 가지 상이한 해석 가능성을 모두 검토해 보아야 한다.

한편 동일한 사건을 목격하거나 동일한 사람을 면담하고도 연구자에 따라 상이하게 해석할 가능성이 있다는 점도 염두에 두어야 한다. 이용숙과 그 동료들은 초등학교에서 운동회가 열렸을 때 교장이 본부석에서 학부모들과 외빈들을 접대하는 모습을 공동으로 관찰하였다. 한 연구자는 교장이 학교의 홍보와 대외협력을 위해 당연히 해야 할 업무를 성실히 수행하고 있다며 이를 긍정적으로 보았다. 그러나 현장에 같이 있던 다른 연구자는 교장이 자기 인기 관리를 하고 힘 있는 사람의 비위를 맞추고 있다며 이를 매우 비판적이고 부정적으로 보았다. 이는 현실 인식의 차이와 해석의 다양성 때문이다. 현실 인식의 차이란 현장에 여러 다양한 목소리가 존재하며 현지인들이 자신들이 처한 상황을 다양하게 인식하기 때문에 발생한다. 앞에서도 언급했지만, 현장연구자는 자신이 선호하는 이론적 배경이나 관심사 때문에 여러 다양한 목소리 중에서 중요한 것을 간과할 수도 있으므로 각별히 주의해야 한다. 현장연구자는 사회의 여러 다양한 측면, 다면성을 볼 수 있도록 훈련해야 한다.

여러 연구자들이 공동연구를 수행하거나 학생들이 조를 짜서 조별 연구를 수행하는 경우 공동연구자들이나 조원들이 참여관찰 일지를 서로 돌려 읽어서 각자가 목격하고 해석한 결과를 비교하는 등, 사회의 다면성을 점검할 수 있다. 이러한 작업은 연구자들의 실수나 간과 때문에 발생한 오류나 누락 사항을 수정하거나 보완하는 효과를 거두는 것은 물론이며, 때로는 연구자의 개인적 특성이나 현장에서의 상이한 위치 때문에 발생한 차이를 극복하려는 노력이 중요한 경우도 있다. 다른 한편으로는 오히려 이러한 차이를 인정하고 이를 유용하게 활용하려는 노력이 더 중요할 수도 있다. 이렇게 공동연구자들이 현장연구 자료를 같이 검토하며 현장연구 결과를 종합하는 작업은 경우에 따라 매우 유용하다.

4. 현장의 다양한 목소리는?

동일한 현장을 각기 연구한 연구자들의 자료나 해석이 다른 경우 또는 공동연구를 수행하고 있는 연구자들 간에 자료나 해석이 다른 경우는 장님 코끼리 만지기에 비유할 수 있다. 즉 나름대로는 모두가 부분적 진실을 이야기하고 있으므로 각자의 말이 서로 다르기는 하지만, 누군가 뛰어난 사람이 이를 전부 종합한다면 코끼리의 올바른 모습을 파악할 가능성은 남아 있다.

그런데 장님 코끼리 만지기라는 우화는 코끼리라는 실체가 있고 코끼리의 참모습이 존재한다는 것을 전제로 하고 있다. 문화인류학이 처음 근대적 학문으로 등장하고 현장연구방법이 처음으로 확립되던 시기에는 장기간 치밀한 현장연구를 수행한 훈련된 연구자는 연구대상 사회의 올바른 모습, 그 가치와 규범의 체계나 사회구조를 정확히 파악할 수 있다고 믿었다.

그런데 문화에 대한 연구가 진전되면서 연구대상 사회의 구성원들조차도 자신들이 살고 있는 사회의 문화나 가치, 규범 등에 대해 각기 조금씩 달리 인식한다는 사실을 깨닫게 되었다. 현장의 정보제공자는 자신의 사회경제적 위치가 어떠한가, 즉 어느 계급에 속하는가, 남자인가 여자인가, 어떠한 연령대에 속하는가, 개인적 체험이나 인생 경험이 어떠한가 등에 따라 각기 현실을 달리 인식할 뿐만 아니라, 어떤 것에 대해서는 쉽게 합의하지만 다른 것에 대해서는 쉽게 합의하지 못하며, 어떤 상황에서는 강조하던 규범을 다른 상황에서는 슬그머니 잊어버리기도 한다.

전국시대 말기에 이르면 이미 살아있는 코끼리를 직접 보기가 어려웠던 모양이다. 『한비자韓非子』의 「해로解老」 편에 이런 대목이 있다. "사람들이 산 코끼리를 보기 힘들게 되자 죽은 코끼리의 뼈를 구해, 그림을 그려 산 모습을 떠올려보곤 했다. 그래서 여러 사람이 뜻으로 생각하는 것을 모두 '상象'이라 말한다." 남은 뼈만 보고 이 괴상한 어금니 주인공의 생김새를 떠올린 그림은 얼마나 가관이었을까? 오늘날 우리가 말하는 상상想象의 어원이 바로 여기서 나왔다. 코끼리를 나타내는 상象자에 이미지의 의미가 곁들여진 것도 뼈를 앞에 놓고 없는 실체를 떠올려보는 상상 행위와 관련이 있다. (「정민의 세설신어」 109 중에서, 『조선일보』 2011년 6월 10일)

또한 사건이나 상황에 대한 해석도 사람에 따라 달라질 것이다. 즉 코끼리의 올바른 모습이라거나 누구나 합의할 수 있는 코끼리의 모습 같은 것은 더 이상 존재하지 않는 상황인 것이다.

이렇게 현대의 현장연구에서는 연구대상 사회의 구성원들조차 현장 상황에 대한 인식이 상이할 수 있으며, 서로 자신의 현실 인식을 경쟁적으로 주장하는 상황에 직면할 수 있다. 이러한 현장에 대한 좋은 민족지 작업이란, 어느 한 집단의 견해를 일방적으로 대변하는 것이 아니라, 복잡한 현실에 대한 다양한 해석과 주장, 서로 모순되고 경쟁하는 규범, 평상시에는 아무런 역할을 하지 않는 듯하다가 때로는 활성화되는 사회 관계 등을 보여 주는 것이다. 또한 침묵당하여 들리지 않는 목소리도 들려주어야 할 수 있다.

5. 자료 분석과 해석 과정에 도움이 되는 일반적 지침

현장연구를 어느 정도 경험한 연구자들은 일반적으로 다음과 같은 방식으로 현장에서 수집한 자료를 검토한다. 다음의 방법은 단지 현장연구를 수행할 독자들에게 참고용으로 소개하는 것으로서 순서는 아무 의미가 없으며, 또한 반드시 따라야 하는 것도 아니라는 점을 명심하기 바란다. 물론 비록 동일한 현장을 연구하지는 않았더라도 여러 다른 연구자들의 현장연구를 참조하는 것 또한 크게 도움이 된다는 사실은 새삼 강조할 필요가 없을 것이다.

1) 현장노트에서 반복된 것, 자주 등장한 것, 패턴을 찾는다

현장연구 노트에 반복적으로 자주 등장하는 중요한 어휘나 표현이 있는지 살펴본다. 이때 자주 등장하면서도 특이한 행동이 있는지 찾아본다. 또한 자료에서 지배적인 담론이나 행동 또는 패턴이 보이는지 살펴본다. 패턴이 보일 경우 어떠한 패턴이 보이는지 생각한다. 자료에서 어떤 경향성이 보이는지 찾아본다.

별로 노력하지 않아도 명확히 잘 드러나 보이는 경우도 있고, 열심히 찾아야 나오는 경우도 있다. 그러므로 분석이나 해석 초기에 뚜렷한 무엇이 보이지 않더라도 낙심하지 않고 꾸준히 작업을 계속한다.

만일 자료를 계량적으로 분석할 수 있는 경우에는 계량적 분석을 시도해 본다. 빈도frequency 등을 측정하는 것이 도움이 될 때가 있기 때문이다. 이 경우 수집한 자료가 전수全數 조사나 무작위추출random sampling을 한 것이 아니라면 주의가 필요함은 물론이다.

2) 말과 행동 사이의 모순과 불일치를 찾아본다

연구대상 사회 구성원들의 말과 행동 사이에 모순이나 불일치가 나타나는지 살펴본다. 이러한 불일치는 앞에서도 언급했지만 많은 경우 위선이나 음모 때문이 아니라 사회적 삶의 당연한 측면이다. 사회적 상황과 위치에 따라 말과 행동이 달라지는 것 자체가 사회적 삶에 대하여 많은 것을 알려 준다. 동일한 사람의 경우에도 시간이나 상황에 따라 말과 행동이 달라진다.

말과 행동 사이에 괴리가 있다면 그 사회의 구성원들은 이를 인식하고 있는지 또는 무시하고 있는지 살펴본다. 만일 말과 행동 사이의 괴리를 인정하고 있다면 이들은 이러한 괴리를 어떻게 설명하거나 정당화하고 있는지 살펴본다.

공식적 목적이 뚜렷한 경우에는 실제 상황이 그 목적을 달성할 수 있는지 검토한다. 실질적으로 달성 불가능한 공식적 목적의 존재는 무엇을 의미하는지, 어떠한 역할을 하는지 생각해 본다.

3) 동일한 사건이나 이슈에 대한 상이한 해석이 존재하는지 알아본다

대부분의 중요한 사건에 대해서는 상이한 해석이 존재한다. 사람들은 자신의 정치적 입장이나 이해관계에 따라 동일한 사건을 다르게 해석하거나 기억하는 경향이 있다. 특히 말하는 사람의 계층·계급적 위치나 직업, 성별, 연령 등은 물론 지방색 등 여러 상황적 요소에 따라 상이한 해석이 존재할 수도 있다.

연구대상 사회 구성원들이 1차적으로 해놓은 해석을 중요한 사회적 범주를 기준으로 하여 다시 검토한다. 이러한 작업은 현장 사람들의 계급, 연령, 종교 등 사회적 속성이 뚜렷하게 구분되는 경우에 적절하다.

멕시코를 연구한 인류학자 오스카 루이스Oscar Lewis의 『산체스네 아이들The Children of Sanchez』(1961)을 보면 한 가족 내에서 발생한 과거의 사건에 대해서도 가족원들의 기억이 각기 다르다. 한경구는 『공동체로서의 회사』(1994)에서 현장연구가 수행되기 20년도 더 전에 발생한 노조의 분열에 대해서 구로舊勞와 신로新勞, 회사의 경영진 등이 각기 다른 버전version의 이야기를 하고 있음을 보여 주었다.

4) 주요 사건이나 사례를 분석한다

주요 사건이나 에피소드를 정밀하게 분석하다 보면 여러 가지를 알 수 있다. 따라서 주요사건이나 에피소드를 잘 활용할 필요가 있다. 주요 사건이나 에피소드는 연구대상이 되는 사회나 문화의 이해와 관련하여 마치 건물 내부를 들여다보는 창문과도 같은 역할을 한다.

그중에서도 사건의 발단에서 전개, 그리고 해결에 이르는 과정을 추적해 보면 그 사회와 문화의 여러 얽히고설킨 인간관계, 가치와 규범 사이의 모순과 경쟁 등을 잘 드러내 주는 사건들이 있다. 어떤 사람들은 이를 진단적 사건diagnostic event이라고 부른다. 영국 사회인류학은 이러한 점에 착안하여 확대사례방법extended case method을 발전시켰다.

주요 사건이나 에피소드에 주목하는 것은 문화에 대한 이해에서 매우 중요한 방법론적 전환의 한 측면이라 생각할 수도 있다. 사회의 구조나 문화적 규범과 가치체계가 확정되어 있다고 가정할 경우에는 그러한 구조나 체계를 파악하는 것을 연구목적으로 설정할 수 있다.

그러나 사회 구성원들 거의 대부분이 동의할 수 있는 구조라는 것을 확정적으로 이해하기 어렵다거나 서로 모순되는 규범이나 가치가 존재하는 상황도 가능하다. 이때에는 사회 전체의 구조나 규범체계를 파악하려 시도하기보다는 주요 사건이나 갈등 상황을 통해 드러나거나 활성화되는 사회관계, 규범 간의 모순과 경쟁, 타협이나 무시 등에 주목하는 것도 좋은 연구방법이 될 수 있다. 이 방법은 사회나 문화를 역동적인 과정으로 파악하려는 이론적 시각의 연구자들이 특히 많이 사용한다.

5) 사건이나 패턴을 다양한 사회문화적 맥락과 연결하여 해석해 본다

현장노트에 기록된 사건이나 언술을 제대로 이해하기 위해 무엇보다도 중요한 것은 맥락context(사회적 맥락, 할아버지/할머니 관계, 가부장적 담론, 경제적 위치 등)을 파악하는 것이다. 즉 현장에서 듣는 이야기를 제대로 해석하려면 맥락에 대한 지식이 필요하며, 이를 통해서 연구자는 2차적 해석을 제시할 수 있다.

현장에서 발견한 패턴이나 특이한 점 등은 더 큰 사회적·역사적 맥락과 연결하고 정리한다. 현장연구의 의미 중 하나는 국지적 수준^{local level}에서 수집한 자료를 보다 넓은 세상과 연결하는 방법을 찾는 것이다. 그러므로 현장에서 수집한 자료를 해석할 때에는 맥락을 읽어내는 힘이 중요하다. 맥락은 미시적 맥락과 거시적 맥락으로 나누어 생각할 수 있다.

동일한 말이나 행위가 동시에 여러 의미를 가질 수도 있다는 사실을 염두에 두어야 한다. 또한 말이나 행위는 사회적 위치와 상황에 따라, 이를 경험하는 주체에 따라 해석이나 의미가 달라질 수도 있다는 점을 인식해야 한다. 그러므로 현장 자료는 여러 목소리를 담고 있으며^{multii-vocality}, 항상 부분적이라는 사실을 인식하는 것이 중요하다. 따라서 패턴이나 특성 등은 반드시 맥락 속에서 보아야 한다. 이때 '이론'이 가이드라인이 되기도 한다.

6) 현장노트와 현장일지 이외의 자료도 해석하고 분석한다

앞에서는 주로 현장노트와 현장일지의 해석과 분석을 다루었는데, 여기에서는 현장연구 과정에서 입수하는 각종 문서나 시청각 자료 등 현장노트 이외 자료들의 해석과 분석에 대해 간략히 언급한다.

현장연구 과정에서 입수하는 문서는 연구가 이루어지는 시간적·공간적 범위 이전에 발생한 사건들에 대한 정보를 제공해 준다는 점에서, 또 관심의 대상이 되는 사건이나 인물에 대한 여러 시각을 보여 준다는 점에서도 중요하다. 나아가 정확한 명칭이나 호칭, 수치, 시간 등을 확인하기 위해서 중요할 때도 있다.

문서의 분석이 중요한 것은 한편으로 참여관찰이나 심층면담 과정에서 들었던 내용을 정확히 확인한다는 의미도 있지만, 다른 한편으로는 사람들의 기억이나 의식과 실제 행동이 일치하지 않는 경우가 많으며 바로 이러한 불일치가 때때로 해당 사회나 문화를 이해하는 데 매우 중요한 계기를 마련해 주기 때문이기도 하다.

각종 문서를 분석하는 것은 단순히 규범을 이해하는 것과는 다른 결과를 가져올 수 있다. 예를 들면 실제 상속합의서를 분석한 결과가 상속 규범에 대한 현지 주민들의 답변과는 다른 현실을 보여줄 수도 있다. 따라서 각종 문서를 분석하여 해당 사회를 이해하는 데 커다란 도움을 받기도 한다. 예를 들면 조선시대는 흔히 가부장적 부계사회라 알려져 있으나 조선시대 초·중기의 분재기分財記를 검토하면 여성도 상당한 재산을 상속받았으며, 맏아들과 다른 아들들 간의 상속 차이도 시대에 따라 같은 집안 내에서도 달랐음을 알 수 있다.

현장연구를 수행하는 가운데 일기장이나 자서전 등 사적인 문서를 입수하는 경우가 있다. 정보제공자가 자발적으로 자신의 일기장이나 자서전을 제공하거나 연구자가 정보제공자에게 이러한 작업을 요청할 수도 있다. 이러한 문서 자료는 경우에 따라 매우 유용하다. 인물이나 사건에 대해 기록하는 미묘한 방법이나 표현에 주목할 수도 있고, 때로는 행간을 읽어야 할 때도 있다. 이미 현장연구 기간 중에 한 번 읽어 보았던 자료라 하더라도 나중에 다시 천천히 읽어 보면 급히 훑어보느라 미처 깨닫지 못했던 많은 실마리들을 발견하게 될 수 있다.

사진과 영상 자료 등 시각 자료와 음성 자료의 분석도 큰 도움이 된다. 가족의 사진이나 행사 사진 등을 다시 꼼꼼히 들여다보면 현장연구 기간 중에 미처 알아차리지 못했던 많은 것들을 발견하기도 한다. 사진 속에서 사람들의 위치, 복장, 연령, 상호 관계 등에 관한 정보를 얻고, 필요한 경우에는 추가로 질문하거나 조사할 수도 있다.

음성 자료를 나중에 다시 여러 번 들어 보면 현장에서 미처 듣지 못했던 것을 듣게 되는 경우도 있다. 또한 현장에서 들었을 때 연구자가 이해했다고 생각했던 내용과 상당히 다른 내용이 녹음되었음을 발견하고 당황하는 경우도 있다.

이러한 상황은 놀라운 일이 아니다. 따라서 자신의 현장연구 능력에 대해 크게 회의하거나 절망할 필요가 없다. 오히려 이러한 사실들을 때로는 단순명료하게 보이는 현장 상황이라는 것이 실제로는 얼마나 중층적이며 다의적일 수 있는가를 상기시켜 주는 것이라 받아들여야 할 것이다. 또한 이는 연구실에서 자료를 분석하고 해석하는 작업이 현장에서의 연구 못지않게 중요하다는 사실을 보여 준다.

II. 민족지적 글쓰기

현장연구를 수행하는 가운데 어느 시점에 이르면 자료에 대한 분석과 해석을 시도하면서 민족지적 글쓰기를 시작하게 된다. 앞에서도 언급했듯이, 어떤 사람들은 자료의 분석과 해석을 마칠 때까지 기다리기보다는 오히려 일단 글을 쓰기 시작하는 것이 자료에 대한 분석과 해석에 도움이 된다고 느끼기 때문이다. 여기에서는 자료의 분석과 해석, 보완 과정에서 찾아낸 중요한 패턴이나 실마리 등을 기초로 하여 어떻게 글을 쓸 것이며 무엇을 할 것인가 등에 대해 생각해 본다.

'좋은 민족지'란 현장의 여러 다양한 측면을 모두 보여줄 수 있도록 입체적으로 구성되어야 한다. 그런데 좋은 민족지를 작성하기 위해 누구나 따르기만 하면 되는 요령이나 원칙 같은 것은 존재하지 않는다. 현장의 성격에 따라, 자료의 질과 양에 따라, 현장연구를 수행하는 사람에 따라 좋은 민족지의 형태는 다양하다. 그렇다면 민족지를 작성하려는 사람들이 기본적으로 염두에 두어야 할 사항은 무엇일까?

대부분의 글쓰기 작업이 그렇듯이 민족지적 글쓰기 작업도 첫째, 무엇을 위해 글을 쓰는가, 둘째, 누가 이 글을 읽을 것인가 등의 질문을 염두에 두고 진행하게 된다. 현장연구 자료를 활용한 민족지적 글쓰기 형식은 매우 다양한데, 대표적인 것으로 학술 논문, 민족지ethnography, 과제 및 연구보고서 등이 있다. 글쓰기 형식에 따라 글의 어조 등이 달라지는 것은 물론이다.

현장연구자는 주로 외부의 독자를 위해 글을 쓰게 된다. 물론 현장의 의미를 좁게 해석할 수도 있고 넓게 해석할 수도 있기 때문에 내부와 외부의 구분이 항상 명확하지는 않다. 가령 남태평양 사모아의 어느 마을에서 또는 일본의 어느 공장에서 현장연구를 했을 때, 그 마을 사람이나 그 공장 사람이 아니라면 외부인으로 볼 것인지, 사모아 사람이나 일본 사람은 모두 내부인으로 볼 것인지 등은 상황에 따라 달라질 수 있다. 일부 용역 연구의 경우 소수의 내부자만이 독자가 될 수도 있으며, 소위 현지인 인류학자native anthropologist의 경우에는 연구자 자신의 독특한 위치 때문에 내부와 외부의 구분이 조금 모호할 수도 있다.

대부분의 현장연구자는 자신이 훈련을 받은 학문의 지적 전통, 즉 문화인류학 내에서 의미가 있는 지식이나 논의를 고려하며 글을 쓰게 된다. 특히 학자들이 글을 읽을 것이라 생각하면 학술적으로 의미가 있는 논의나 자료를 부각시키는 데 집중하게 된다. 이를 위해 현장연구자는 현장노트에 기록된 개별적인 사실들은 물론 자신의 전공 학문의 주요 관심사나 개념을 염두에 두고 작업하게 된다. 정부나 기업이 연구를 위탁하고 연구비를 제공한 경우에는 이들을 염두에 두고 글을 쓴다.

어떠한 방식으로 글을 쓰게 되건 현장연구자는 이미 연구현장이나 연구주제의 선택 과정, 연구방법이나 기간의 결정 과정은 물론 실제 참여관찰과 면담을 수행하는 과정에서 명시적 또는 묵시적으로 이러한 점을 고려했을 가능성이 크다. 어떠한 것들을 관심 있게 관찰하고 누구를 면담할 것인가를 선택하고 결정하는 과정에 현장연구자 자신의 문제의식이나 관심사가 강력한 영향을 미치기 때문이다.

현장연구자가 글쓰기 과정에서 학술적 논의나 추상적 이론에 지나치게 관심을 두면 현장의 생생한 감각을 잃어버릴 위험이 있다. 반대로 현장의 구체적 사건과 특성에 몰두하다 보면 이러한 것들이 갖는 이론적 함의나 학술적 맥락을 놓치게 된다. 이렇게 민족지적 글쓰기를 하는 현장연구자는 이론적 분석과 생생한 현장 감각 사이의 긴장을 경험한다.

그렇다고 이런 점들을 모두 고려하고 또 잘못 쓰지 않을까 걱정하다 보면 점점 더 글쓰기가 어려워질 수도 있다. 물론 쉽게 글을 쓰는 사람들도 있지만 대부분의 사람들은 잔뜩 긴장하여 어떻게 시작해야 하나 망설이면서 고통스러운 시간을 보내곤 한다. 이러한 사람들에게 조금이라도 도움을 주기 위해 다음과 같은 방법을 권한다.

1. 글쓰기의 시작

글을 쓰기 위해 먼저 글 전체의 목차를 만드는 것은 논리적으로 타당하며 대부분의 글쓰기 교과서는 이를 권하고 있다. 그러나 글쓰기 과정은 단계적, 선형적으로 이루어지기도 하지만 나선적으로 이루어지는 경우도 많다. 전체적인 그림이 어느 정도 떠오른 후에 글을 쓰기 시작할 것인지 또는 그림을 떠올리기 위해서 일단 글을 쓰기 시작할 것인지, 이론상으로는 이렇게 두 가지 서로 상이한 방법이 있지만 대부분의 현장연구자들은 그 중간에 속하는 것 같다.

많은 사람들이 글쓰기는 시작이 가장 어렵다고 한다. 쓰고 싶은 것들이 잔뜩 있는 것 같은데 어떻게 시작해야 할지 모르겠다며 쩔쩔매기도 한다. 궁극적으로는 각자 자신의 해결책을 찾게 되겠지만, 많은 인류학자들은 글쓰기를 시작하는 여러 방법 가운데 민족지를 '주제가 있는 이야기' 또는 서사敍事, narrative tales 형식으로 써볼 것을 권장한다(Emerson 외 1995). 여기에서 '이야기'란 허구나 가공이라는 의미가 아니라는 점에 유념해야 한다. 단순히 저자가 현장노트를 기반으로 외부 독자들의 흥미를 유발하는 이야기를 만들기 위해 표준적인 문학적 관례를 사용한다는 의미이다. 이러한 이야기 형식을 차용하여 개별적 사건에 대한 기록인 현장노트에 대한 분석이나 해석을 하나의 연결되는 스토리로 엮어낼 수 있다.

한편 몇몇 인류학자들은 일단 현장노트의 보완과 발전 작업에서부터 시작할 것을 권하기도 한다. 결과적으로는, 여러 다양한 스타일로 글을 쓰겠지만 대개 현장연구자들은 현장에서 급히 작성한 현장노트를 완전한 현장노트full fieldnotes로 보완하고 발전시키는 작업을 해야만 한다. 현장노트의 보완작업은 현장에서 이루어지는 것이 바람직하지만 때로는 현장연구가 끝난 뒤에 연구실에서 이루어지기도 한다. 어떤 인류학자는 현장연구 노트를 보완하는 가운데 자연히 자료에 대한 분석과 해석이 이루어지고, 글쓰기로 연결된다는 점에서 현장연구 노트의 발전과 보완 작업을 매우 중시한다. 특히 보완 작업을 진행하는 과정에서 현장의 상황이나 사건을 회고하거나 검토하는 가운데 중요한 사항을 발견할 수도 있다.

현장노트의 보완과 발전 작업 과정에서는 다양한 목소리와 관점을 고려하고, 현장에 대한 여러 다양한 시각이나 견해를 검토해 보고자 노력해야 한다. 1인칭 또는 3인칭의 시각에서 사건을 기술해 보는 것도 좋은 방법이다. 앞에서 제시한 자료 정리와 검토 작업에 관한 지침도 도움이 된다.

2. 글쓰기 작업의 설계도 만들기

글쓰기 작업을 하는 구체적인 스타일은 현장연구자에 따라, 다루는 현장의 성격이나 연구의 주제에 따라 매우 다를 수밖에 없다. 여기에서는 가장 기본적인 글쓰기 작업의 세 가지 스타일을 소개한다. 현장연구자는 이 스타일을 그대로 모방하지 말고 자신에게, 또 하고자 하는 작업에 가장 알맞은 스타일을 개발하도록 한다.

첫째, 현장연구자가 자신이 관찰하고 들은 것을 시간적 순서에 따라 추적하면서 그중에서 중요한 것들을 검토하는 방법이다.

둘째, 현장 조사 기간 중 특히 중요하다고 생각되거나 인상에 남은 몇 가지 중요한 사건이나 쟁점을 출발점으로 하여 관련된 주요 사건들이나 행위를 주제별로 추적하는 방법이다.

셋째, 특정 주제와 관련된 사건이나 행동들에 체계적으로 주의를 기울이며 관련된 주요 사건들을 회상하는 방법이다.

이상의 세 가지 방법은 상호배제적이지 않으며 연구자는 상황에 따라 이들을 결합하거나 선택하고, 궁극적으로 자신의 스타일을 발전시키게 된다. 한편 글쓰기 단계로 넘어가기 위해서는 현장노트를 비롯한 여러 자료들을 어떻게 엮을 것인가가 중요하다.

그러므로 전체 목차를 만들기가 매우 어렵고 막막하다면 전체 목차부터 만들려고 초조해하기보다는 조금 여유를 갖고 우선 하나의 스토리라인의 개요를 만들어 보는 것도 매우 유용하다. 여기에서 스토리라인이란 단지 글을 전개하는 구성을 의미하지, 소설 쓰듯이 창작한다는 의미가 아니라는 점은 두말할 필요도 없다. 어떤 인류학자들은 현장에서 가장 중요하거나 재미있다고 생각했던 것들을 각각 조금씩 정리하고 해석해 나

글쓰기 설계도를 만드는 방식

제1방식: 선형적 전진 방식

– 글쓰기란 스토리를 구성하는 것이다(내가 이야기꾼으로서 전달하고자 하는 포인트를 어떻게 잘 호소력 있게 전달할 것인가?). 제목, 소제목, 목차, 장과 절의 제목 등을 정한다(주제와 다룰 내용 범위, 순서 등 정하기). 그리고 채워 나간다(주장의 내용＋뒷받침하는 자료의 소개 등).

제2방식: 나선형 전진 방식 또는 왔다리 갔다리 방식

– 핵심적 자료를 해석하기 시작한다. → 관련 책을 읽는다. → 관련 정보를 수집한다. → 글을 쓴다. → 다시 핵심적 자료를 해석한다. → 글을 고친다.

제3방식: 각개약진 이후 합체

– 각각의 부분을 각기 따로 쓰기 시작해 계속 발전시켜 나가다가 어느 정도 성장하면 서로 연결한다.

– 작은 점들이 커지면서 서로 연결되는 방식

글쓰기 초기에 스토리라인이 떠오른다면 매우 좋을 것이다. 그러나 그렇지 않은 경우도 많다. 그럴 때에는 스토리라인이 떠오를 때까지 계속 고통스럽게 기다리지 말고 제2방식이나 제3방식을 시도해 본다. 물론 제2방식이나 제3방식을 취하더라도 어느 시점에서는 스토리라인이 떠오르게 될 것이다.

가기 시작한다. 이렇게 각각 다른 것들을 조금씩 더 길게 써나가는 것이다. 그러다가 이것들을 서로 연결하여 전체 그림을 그리게 되는 경우도 있다. 한경구가 박사학위 논문을 쓴 방식이 그러하다. 현장에서 수집한 자료 가운데 가장 중요하다고 생각하는 자료의 현장노트를 보완하고 발전시키는 과정에서 스토리라인을 대충 만들었고 이를 바탕으로 한 장章을 우선 썼으며, 이를 중심으로 전체 논문의 목차를 대충 만들고 다른 장들을 쓰기 시작하였다.

한편 글쓰기 자체가 의미를 발견하는 과정일 수도 있다. 글을 써나가는 과정에서 여러 사실들이나 사건들이 서로 연결되고 의미가 드러나기도 한다. 그리하여 앞에서 쓴 것을 다시 수정하고 편집하게 되기도 한다. 글을 쓰면서 자꾸 새로운 것을 발견하고, 새로운 발견에 비추어 끊임없이 앞에 썼던 내용을 다시 수정하는 것은 자연스러운 과정이다.

이렇듯 글쓰기 과정 자체가 해석이고, 분석이고, 창조적 과정이다. 글쓰기의 방식은 다양하며 어떤 방식이 다른 방식보다 일반적으로 낫다고도 하기 어렵다. 중요한 점은, 글쓰기란 현장연구자가 직접 현장연구를 통하여 알게 된 것들을 현장을 직접 경험하지 못한 다른 사람들에게 알리기 위한 매우 중요하고도 기본적인 커뮤니케이션 방법의 하나라는 점이다.

3. 민족지 텍스트 만들기

현장연구자는 자료 정리 과정에서 이미 몇 가지 분석적 주제를 중심으로 글쓰기를 시작할 수도 있다. 그리고 이러한 주제들을 조직하여 연구가 수행된 상황의 삶과 사건들을 하나의 일관된 스토리로 엮어 낸다. 이러한 '주제를 가진 이야기thematic narrative'에는 현장에서 작성한 현장노트의 내용 전부를 사용할 수도 있지만 대개는 그 내용 중 일부만을 선택적으로 사용한다.

주제를 가진 이야기를 쓰는 방식은 흔히 우리가 배워 왔던 논리적 글쓰기와는 조금 다른 면이 있다. 우리는 서론에서 자신이 주장할 명제를 제시한 다음, 이러한 주장을 구성하는 소명제들을 논리적 순서에 따라 전개하면서 이를 입증할 증거들을 제시하는 방식으로 글을 쓰라고 배워 왔다. 주제를 가진 이야기는 반드시 이렇게 단순하고 명쾌한 논리적 구도를 따라야만 하는 것은 아니다. 그러나 여러 증거와 자료가 뒷받침되어야 한다는 점을 유념한다.

민족지적 글쓰기가 현장노트를 민족지 텍스트로 바꾸는 과정이라면 무엇보다도 먼저 현장연구자는 민족지에 사용할 현장노트를 선택해야 한다. 그리고 연구자가 선택한 현장노트를 가장 잘 해설하기 위해서 선택 가능한 대안들을 검토한다. 그 후 현장노트에서 중요하거나 필요한 부분을 발췌하거나 해석들을 묶어서 민족지 작성을 위한 기본 단위를 만든다. 그리고 현장노트의 발췌 부분들을 편집한다. 현장노트 및 해설 묶음의 기본 단위들을 편집하는 작업을 완료하면 이들을 적절한 '장'이나 '절' 안에 배열하는데, 그러자면 전체적인 목차를 생각해 보아야 한다.

주제를 가진 이야기는 이렇게 현장노트에서 발췌한 내용을 연결하여 이루어진다고도 할 수 있다. 현장노트에 담긴 세부사항들이야말로 이야기의 핵심이 된다. 즉 주제를 가진 이야기에서 현장노트를 어떤 특정한 주장을 증명하거나 예시하는 사례로서 사용하거나, 주된 스토리를 구성하고 이야기하기 위한 '작은 스토리'로 사용한다.

에머슨 등(Emerson 외 1995)에 따르면, 글의 중심이 되는 아이디어는 현장노트의 각 부분을 코딩하고 선택하는 과정에서 등장하는 경우가 많으며, 반드시 미리 어떤 부분을 포함시킬 것인가에 따라 형성되어야만 하는 것은 아니다. 민족지 스토리에 사용된 현장노트의 여러 부분들은 분석적 논점을 증명하는 증거가 될 수도 있지만 무엇보다도 스토리의 핵심을 이루게 된다는 점에서 중요하다.

글쓰기 과정에서 주제가 있는 이야기를 발전시킬 때에는 구체적인 현장노트에 기록된 다양한 사건들을 번갈아 참조하면서 보다 초점이 뚜렷하고 정밀한 분석으로 나아가게 된다. 이러한 작업을 할 때 처음부터 잠정적인 주장이나 가설이 떠오른다면 여기에서 시작할 수도 있다. 그렇지 않은 경우에는 글쓰기 작업이 거의 끝날 때까지 뚜렷한 주장을 유보하는 것이 도움이 될 때도 있다. 글을 쓰는 과정에서 자료를 검토하는 가운데 새로운 것을 발견할 수도 있기 때문이다.

이런 글쓰기는 곤란하다

민족지적 글이라고 하는 것 가운데 때로는 지적으로 게으르다는 느낌이 드는 것들이 있다. 일부 초보 현장연구자 가운데는 면담 사례를 줄줄이 이어 놓는는 화자의 이야기를 드러내기 위한 것이라고 주장하는 경우가 있다. 또 중요한 사건에 대해 기술하고 있는데 해석이 매우 얇은^{thin} 경우도 있다. 근거 없이 연구자 자신의 주장만 늘어놓거나 심지어 '소설을 쓰기'도 한다.

민족지적 글쓰기는 중층기술$^{thick\ description}$로 이루어진다. 면담 내용을 소개하는 것은 좋지만 이에 대한 해석이 있어야 한다. 또 어떤 사건을 소개한다면 그 사건에 대해 현지인들은 어떤 다양한 의미들을 부여하고 있고, 연구자는 어떤 의미를 부여하고 있으며, 왜 하필이면 이 사건이나 텍스트를 선택했는지 등을 설명해야 한다.

한편, 현장노트를 검토하고 코딩하는 가운데 매우 흥미 있는 주제에 대한 뚜렷한 아이디어가 떠오를 수도 있다. 이런 경우에는 해당 주제에 대해 비교적 명확하게 서술한 후 이와 관련된 여러 자료들을 다시 검토하여 이 주제를 더욱 발전시킬 수 있다.

4. 민족지 텍스트의 완성

현장노트 및 해설의 묶음의 기본단위들을 적절한 순서로 배열하고 엮으면 민족지의 몸통이 완성되었으므로 이번에는 민족지의 서론 또는 도

민족지 텍스트의 구성과 내용

서론: 서론에서는 무엇을 어떻게 말할 것인가를 서술한다. 문제의식과 연구 방법론에 대해 언급한다.

본론: 본론에서는 말하고자 하는 바를 서술한다. 본론은 하나의 장으로 구성할 수도 있고 다수의 장으로 구성할 수도 있다. 또한 '본론'을 장의 제목으로 사용할 수도 있지만 더 흥미롭고 적절한 제목을 붙일 수도 있다. 본론을 쓸 때 주의할 점은 단순히 데이터를 나열하는 것이 아니라 주제를 가진 이야기를 써야 한다는 것이다. 또한 자료와 연구자의 해석을 구분해서 써야 하며, 자료나 사례만 늘어놓으면 안 된다. 자료로써 무엇을 이야기하려는지를 밝혀야 한다.

결론: 결론에서는 무엇을 이야기했는가를 서술한다. 단순히 본론의 내용을 요약하는 데 그치지 않고 본론에서 한 이야기가 어떤 함의를 갖는지를 이야기하는 것이다. 또한 해결하지 못한 문제나 앞으로 연구할 필요가 있는 문제 등을 언급할 수도 있다.

입부와 결론을 작성한다. 어떤 현장연구자들은 서론이나 도입부부터 쓰지만 상당수 현장연구자들은 서론을 마지막에 작성하거나 수정한다.

서론이나 도입부에는 연구주제나 중요 질문을 제시해야 하며, 전체적인 내용에 대한 설명도 필요할 것이다. 무엇보다도 현장의 상황^{setting}과 연구방법에 대한 설명을 포함시켜야 한다.

Ⅲ. 민족지적 글쓰기의 종류와 스타일

민족지적 글쓰기란 현장에서 작성한 현장노트와 기타 수집한 문서자료, 영상자료, 자전적自傳的 자료 등 각종 텍스트에 연구자의 해석을 덧붙여서 독자를 의식한 '공개적 텍스트^{public text}'로 만드는 과정이다. 민족지적 글쓰기의 방식과 스타일은 '누가 읽을 것인가'에 따라 달라진다. 연구를 발주하고 연구비를 지원한 정부나 공공기관, 기업, 연구소, 재단 등에 한정되는 경우도 있지만, 대부분의 민족지는 학술지에 게재되거나 보고서 또는 단행본 형태로 출간되어 학자나 일반 시민에게 공개된다. 이렇게 글쓰기에는 다양한 목적과 스타일이 있으며, 연구자는 궁극적으로 자기 자신의 고유한 작업 방식과 글쓰기 스타일을 개발하게 된다. 여기에서는 간략하게 민족지적 글쓰기가 어떻게 변화해 왔으며 어떠한 종류가 있는지 알아보고, 민족지적 글쓰기를 할 때 몇 가지 유의할 점에 주목한다.

1. 전통적인 글쓰기

인류학의 형성기는 자연과학이 눈부시게 발전하던 시기였다. 한편에서는 인문사회과학의 특성과 독자적 성격에 대하여 활발한 논의가 이루어지고 있었으나 다른 한편에서는 자연과학적 방법을 학문의 보편적 방법으로 간주하면서 사회과학을 자연과학처럼 발전시키려는 경향도 강하게 나타났다. 인류학 분야에서 특히 영국의 래드클리프브라운^A. R. Radcliffe-Brown^은 인류학을 사회를 연구하는 자연과학으로 간주하였으며 뉴턴의 법칙에 필적하는 '법칙'을 발견하려고 노력하였다.

이러한 시각에서는 현장연구가 자연과학의 실험을 대신하는 것으로 간주되었다. 즉 사회과학은 인간을 연구하므로 실험을 할 수는 없으나, 소위 '소규모의 상대적으로 고립된 미개사회'에 대한 '객관적' 관찰로 '자연적 상황에서의 실험'에 해당하는 결과를 얻을 수 있을 것이라는 주장이 있었다. 특히 객관적 관찰을 통해 객관적 사실이 충분히 축적되면 자연히 법칙의 발견이나 이론화 작업이 가능할 것이라고 보았다.

그리하여 무엇보다도 '객관적' 자료의 수집이 강조되었으며 그렇게 수집한 결과를 과학적으로 분석하고 보고하는 작업이 중시되었다. 이는 초기의 진화주의 및 전파주의 인류학에서 자료를 부정확하게 사용하고, 서구 중심주의적 편견과 추측^conjecture^의 폐해를 낳은 데 대한 반성에서 비롯되었다.

이러한 복합적 요인 때문에 소위 미개사회를 현장연구하는 인류학자에게는 자신이 연구한 사회에 대해 '과학적' 보고서를 작성할 것을 기대하게 되었고, 이러한 학문적 분위기와 기대는 현장연구자의 민족지적 글쓰기에도 많은 영향을 미쳤다. 예를 들어 구조기능주의 시대의 고전적 민족지 중 하나인 『누어인^The Nuer^』(1940)의 목차나 글쓰기 스타일을 살펴보면 현장연구자가 얼마나 누어 사회 전체를 객관적으로 포착하려고 노력했는지를 알 수 있다. 에번스프리처드^Edward E. Evans-Pritchard^는 극소수의 경우를 제외하고는 거의 대부분 3인칭을 사용했으며, 특정한 시기에 이루어진 현장연구를 통하여 목격하거나 들은 내용을 기술하면서 과거 시제를 사용하지 않고 현재 시제를 사용하였다. 이러한 용법을 '민족지적 현재ethnographic present'라고 한다.

2. 새로운 민족지적 글쓰기

한 사회에 대해 모든 것을 기술한다는 것은 실질적으로는 불가능한 작업이다. 그러므로 소위 과학적 민족지 역시 상당수는 학문적으로 관심이 있는 주제를 중심으로 서술되었다. 한편 고전적인 민족지 작업을 수행하면서도 그러한 방식에 만족하지 않은 인류학자들은 자신의 현장연구 결과를 민족지적 소설이나 전기, 개인사 등 다양한 스타일로 표현하고자 하였다.

인문사회과학의 특성과 독자성에 대한 논의가 발전하면서 자연과학에 대한 추종에서 벗어나 현장연구만이 갖는 독특한 성격과 강점을 살리려는 보다 인문학적인 노력이 등장하게 되었다. 오스카 루이스Oscar Lewis 는 『산체스네 아이들The Children of Sanchez』(1961)을 통해 어떤 사건을 겪은 가족 구성원들이 동일한 사건에 대해 각기 상이한 해석과 기억을 가지고 있다는 것을 보여 주었다. 『산체스네 아이들』은 전통적인 민족지의 스타일을 벗어나 마치 소설처럼 읽힌다. 빅터 터너Victor Turner가 산돔부Sandombu 라는 야심만만한 개인의 파란만장한 삶을 사회적 드라마social drama라는 형식을 통해 보여준 것(『아프리카 사회의 분열과 지속Schism and Continuity in an African Society』(1972) 또한 현장연구의 독특한 성격과 강점을 보여 주려는 노력의 하나이다.

특히 1980년대에 들어서면서 인류학의 글쓰기는 커다란 변화를 겪었다. 인류학은 근대적 학문으로 성립한 이래 문화상대주의를 강조하면서 서구중심주의를 벗어날 것을 강조하였음에도 불구하고, 인류학적 현장연구나 민족지 역시 식민주의나 오리엔탈리즘, 남성주의, 과학주의에서 자유롭지 않았다는 통렬한 비판과 반성이 등장하였다. 포스트모더니즘의 문제의식과 함께 현장연구에 내재한 권력관계, 인류학적 지식 생산의 본질 등이 문제시되는 가운데 여러 다양한 민족지적 글쓰기의 실험이 이루어졌으며 고전적 민족지에 대한 비판 작업이 진행되었다.

조사연구의 도구로서의 인류학자를 드러내 보이며 1인칭을 구사하는가 하면, 정보제공자의 말을 그대로 옮겨 다양한 현장의 목소리를 재현하고자 하는 등 새로운 글쓰기의 다양한 방식이 나타났다. 이는 현장연구자의 객관성이 전제되고 연구자 자신의 시각이나 목소리는 드러나지 않는 것이 당연시되었던 전통적인 민족지의 소위 '과학적' 글쓰기 방식과는 매우 대조적이다. 새로운 민족지적 글쓰기에서는 연구자 또는 화자話者의 해석을 드러냄과 동시에 연구자 또는 화자의 해석을 정치적·역사적·사회문화적 상황 속에 위치시키면서 제공하는 것이 허용될 뿐 아니라 오히

여러 다양한 새로운 글쓰기 시도들 가운데 특히 유명한 것으로 『모로코에서의 현장연구에 대한 성찰*Reflections on the Fieldwork in Morocco*』, 『투하미*Tuhami*』, 『모로코의 대화*Moroccan Dialogue*』 등이 있다. 그러나 포스트모더니즘의 문제의식을 강하게 표방하지 않는 전통적인 민족지 가운데에도 『부서진 분수대*Broken Fountain*』처럼 다양한 현장의 목소리나 현장의 다면성을 성공적으로 전달한 것들도 있다.

려 바람직하게 여겨지기도 한다. 즉 연구자 개인의 목소리를 들려주는 동시에 연구자의 개인적인 현장연구 경험을 구조 속에 위치시키고 이를 이해하는 것이다.

예를 들어, 노조가 신로와 구로로 분열해 대립하고 있는 일본의 중소기업에서 현장연구를 수행한 한경구는 현장에서 일어나는 일을 회사 울타리 밖의 보다 거시적인 시간과 공간의 차원에서 진행되는 프로세스와 연결하려 노력하였다. 한경구는 기업의 수준, 산업의 수준, 국가의 수준에서 진행되는 일들을 연관 지어 이해하고자 노력하였으며 특정 회사의 노동쟁의 전개 양상이 산업의 합리화와 냉전은 물론 일본의 근대화 과정이나 오리엔탈리즘과 어떻게 맞물려 있는가를 보려 하였다〔『공동체로서의 회사』(1994)〕.

사회의 전체 모습을 그리려 하기보다는 특정한 개인을 중심으로 이야기를 끌어 나가는 방법을 채택하기도 한다. 연구자 자신의 특성과 현장 경험, 현지 주민들이나 주요 정보제공자들과의 관계가 현장연구에 미친 영향에 대해서도 성찰하며, 때로는 현지 주민들이나 주요 정보제공자들에게 연구자의 해석을 검토하게 하는 등 현장 구성원이 공동연구자처럼 연구 결과물의 산출에 참여하는 경우도 있다.

현장연구자는 자신의 객관성을 주장하기보다는 현장에서 자신이 점유했던 위치에 주목하고 이를 드러냄으로써 오히려 설득력과 신뢰성을 획득한다. 연구자 또는 화자의 위치에서 관찰하고 해석함으로써 현장을 좀 더 잘 이해할 수 있다고 보기 때문이다. 그러므로 자신의 위치에 대한 자기성찰과 분석은 현대의 민족지적 글쓰기의 중요한 부분이 되고 있다.

예를 들면 한경구 등은 『시화호 사람들은 어떻게 되었을까 : 문화인류학자들의 현장보고』(1998)를 집필하면서 참여적 연구를 주장하고 피해자의 관점을 채택하였다. 그렇다고 대규모 간척사업의 결과 '생태학적 천국이 생태학적 지옥으로 바뀌었다'거나 '살기 좋았던 공동체가 삭막하게 파괴되었다'는 식의 주장을 늘어놓은 것은 아니다. 오히려 주민들의 총체적 삶의 과거와 현재를 상세히 기록하고 변화의 물질적·상징적 의미를 이해하려 노력하였다.

대규모 공공사업의 결과 주민들이 부담하게 될 위험에 대한 평가 estimation는 과학적 문제이지만 주민들의 입장에서 특정 위험에 대한 수용 가능성acceptability이란 사회문화적 요인에 따라 달라지는 문제이다. 그리하여 한경구 등은 사업과 위험 간의 인과관계뿐 아니라 위험 부담의 수용 가능성도 연구 목표로 삼았다. 정확한 측정이 실질적으로 불가능하고 이해관계가 첨예하게 대립하는 상황에서는 인과관계를 구체적으로 증명하라는 실증주의적 확실성의 요구가 순수한 '과학적' 이상의 추구라기보다는 그 자체가 행동하지 않는 것을 정당화하고 문제해결의 기회를 봉쇄하는 등 정치적 성격을 가질 수도 있다. 이러한 경우에는 현장연구자가 주민들의 의견과 사고의 발전에 도움을 주는 것도 매우 의미 있는 일이다.

이렇듯 다양한 형태로 현장에 참여하며 특정한 이념이나 가치 또는

민족지적 글쓰기 체크리스트

1. 글쓰기는 커뮤니케이션이다. 현장에 안 가본 사람들이 읽고 이해할 수 있는 글인가?
2. 글쓰기의 일반원칙을 따랐는가? 주어와 술어가 갖추어져 있으며 의미가 명확한 문장인가?

운동이나 희생자들을 옹호advocacy하는 연구자들 중에는 자신의 시각이나 입장을 숨기면서 객관성을 추구하기보다는 오히려 이를 솔직하고 분명하게 밝히는 등 자신의 연구의 범위와 한계, 그리고 가능성을 명확히 해야 한다고 주장하는 이들도 있다. 연구자 자신의 가치나 시각을 명확히 자각하고 인정함으로써 아전인수나 견강부회를 스스로 경계하면서 보다 엄격하고 비판적인 학문적 검토를 촉구하는 효과도 거둘 수 있다.

현장연구와 윤리성의 문제

1. 학술연구와 윤리적 고려

학술연구는 다른 모든 인간의 활동과 마찬가지로 윤리의 원칙을 위반하며 수행되어서는 안 된다. 그런데 탐욕이나 성급함 또는 부주의나 무감각 때문에 인간을 대상으로 하는 연구가 종종 심각한 윤리적 문제를 야기하는 경우가 있다. 새로운 지식에 대한 욕망과 그 지식을 사용하여 얻는 이득 때문에 연구자들이 연구 대상자들의 신체와 재산, 명예와 감정은 물론 심지어 생명에 심각한 손상이나 위험을 초래할 수도 있는 연구를 수행하면서 더욱 많은 사람을 구하기 위해서라고 정당화하려는 유혹에 빠지기도 한다.

제2차 세계대전 기간 중 일본군 731부대가 저지른 포로나 죄수에 대한 생체실험도 끔찍한 일이지만, 1932년부터 1972년까지 미국에서 진행된 터스키기 매독 생체실험Tuskegee Syphilis Experiment처럼 매독 치료약이 개발되었음에도 이를 알려 주지 않고 환자가 죽음에 이르는 과정을 지켜본 경우도 있었다. 에이즈에 관한 실험 연구를 하면서, 윤리 규정이 상대적으로 엄격하지 않고 경제적으로 극히 빈곤한 제3세계 국가들에서 일부 집단에게만 치료약을 주고 그렇지 않은 집단과 비교했던 사례도 있다.

대부분의 사회과학적 연구는 실험 방법을 사용하지 않지만 심리학 연구 가운데에는 그런 경우가 종종 있다. 1961년에 있었던 밀그램 실험은 유명한 사례 중 하나이다. 교사 역할을 맡은 피실험자가 학생 역할을 맡은 피실험자에게 과업을 제대로 수행하지 않았을 경우 전기쇼크를 가하는 체벌을 내리는 상황을 만들어 권위에 대한 복종을 연구하는 실험이었다. 물론 전기쇼크는 가짜였고, 학생 역할을 맡은 사람도 실험자들 중한 사람이었다. 하지만 실험이 끝난 후 피실험자들은 상당 기간 죄책감과 수치심에 시달렸다. 1971년의 스탠퍼드 감옥 실험Stanford Prison Experiment은 간수 역할을 한 실험 참가자들이 죄수 역할을 한 실험 참가자들에게심각한 가혹행위를 하도록 방치하여 커다란 논란을 일으켰다.

인류학자가 중심이 되지는 않았지만 제3세계에서 진행되었고 일부 인류학자도 연루되어 커다란 문제가 되었던 연구는 1964년에 미 육군이 발주한 사회과학적 연구인 캐멀롯 계획Project Camelot이다. 이 연구계획의 목적은 제3세계에서 사회적 폭동의 원인을 평가하고 정부 전복을 방지하기 위한 조치를 파악하는 것이었다. 평화학 연구자로도 유명한 노르웨이의 요한 갈퉁Johan Galtung을 비롯한 상당수 사회과학자들이 이 연구는 결국 라틴아메리카 등에서 혁명운동을 진압하고 기존의 정부를 강화하는데 기여할 것이라는 우려를 표시하며 비판의 목소리를 높이자 미 육군은이 연구계획을 철회하였다.

일련의 사건들을 겪은 후, 미국에서는 인간을 대상으로 연구를 수행하는 연구자들에게 각별한 주의와 윤리 의식을 요구하게 되었다. 그리하여임상연구안전국Office for Human Research Protections; OHRP이 설립되었으며 모든 연구기관은 임상연구심사위원회Institutional Review Boards를 설치하도록 의무화되었다. 이에 따라 여러 연구조직과 기관들이 윤리 강령을 제정하거나강화하였다. 이제 연구자들은 인간을 연구대상으로 삼을 경우 연구 제안서에 연구와 관련된 위험을 적시하고 그에 대한 대책을 의무적으로 제시해야 한다. 미국인류학회 등은 이와 관련한 윤리 규정을 마련하였으며, 한국문화인류학회 또한 윤리 문제의 연구 및 관련 규정의 제정을 위

254

한 윤리위원회를 설치하였다.

2. 인류학의 발전과 윤리 문제

문화인류학의 현장연구는 인류학자가 현장에 들어가 사람들 사이에서 연구를 수행한다는 방법론적 특성 때문에 다른 학문들과는 다른 독특한 윤리적 고민을 하게 된다. 더구나 문화적 타자에 대한 연구와 이를

연구대상이 되는 사람들에 대한 보호란 대개 다음과 같은 세 가지 내용으로 이루어진다.

첫째, 연구대상이 되는 사람들이 연구의 대상이 되는 것에 동의했는가.

둘째, 정확하고 자세한 정보에 근거하여 동의했는가. 즉 연구대상이 되는 사람들이 자신들에게 무슨 일이 일어날 것인지, 연구가 어떠한 위험 요소를 수반하고 있는지를 충분히 이해하고 있었는가.

셋째, 연구에 동의한 사람들의 프라이버시, 비밀 유지, 익명성 등이 존중되는가.

그런데 사람들이란 자신이 연구의 대상이 된다는 사실을 알게 되면 바로 그 때문에 평소와 달리 행동할 수 있으므로 동의 문제는 그리 단순하지 않다. 실험은 물론 관찰의 경우에도 마찬가지이다. 레스토랑에서 서비스에 종사하는 사람들을 관찰할 때 연구 대상자가 그 사실을 안다면 평소보다 손님들에게 더 친절하게 대하는 등 행동의 변화가 일어날 가능성이 높을 것이다. 한편 프라이버시나 익명성을 존중하려고 노력했더라도 보고서를 꼼꼼히 읽어 보면 연구 대상자가 누구인지 추측할 수 있는 경우도 있을 것이다.

통해 획득한 지식은 타자를 지배하는 권력으로 작용할 수 있고 또 실제로 그렇게 작용한 사례도 많기 때문에 문화인류학적 현장연구의 윤리적 고민은 다른 학문에 비해 훨씬 복잡하고 미묘한 측면이 있다. 특히 현장연구는 군사기술이나 과학·물질 등의 측면에서 압도적으로 우세한 서구인들이 그렇지 못한 비서구인들을 연구하는 가운데 발전했기 때문에 인간을 대상으로 하는 다른 학술적 연구에 비해 윤리 문제에 대해 비교적 일찍부터 많은 고민과 논란이 있었으며 비판도 많았다.

　문화인류학은 학문이 성립하기 시작할 때부터 문화상대주의를 강조하였다. 인류학자들은 연구대상이 되는 현장 사회 구성원들의 시각과 입장을 이해하려 노력하는 가운데, 현대의 시각에서는 상당히 미흡할 수 있으며 각종 편견이나 오리엔탈리즘으로부터 자유롭지는 못했지만 그래도 당대의 편견에 맞서 소위 미개인들을 옹호하고자 노력했다는 사실에 큰 자부심을 느끼고 있었다. 인류학자들의 다양한 문화에 대한 현장연구는 종종 서구사회에 대한 문화적 비판으로 작용하면서 인종적 편견과 성차별에 대항하는 지적 논의의 중심을 이루기도 하였다.

　『국화와 칼』이라는 부산물을 낳은 루스 베네딕트의 일본인 국민성에 대한 연구와 같은 전쟁 협력은 당시에는 정당하고 필요한 것으로 인식되었으나, 베트남전을 겪으면서 윤리 문제를 바라보는 시각은 크게 변하기 시작하였다. 인류학자들은 인류학적 연구와 훈련의 사회적 유용성을 강조하는 가운데 식민지 통치 자체를 정면에서 비판하고 반대하기보다는 불필요한 마찰과 고통을 감소시킨다는 수준에 머물렀다는 점에서 통렬한 비판을 받게 되었다. 나아가 인류학적 현장연구 자체가 제국주의나 서구 중심주의의 틀 안에서 제3세계를 연구함으로써 결국 문화적 타자화 작업의 중심 역할을 했다는 자성의 목소리도 등장하였다. 이러한 비판은 지식과 권력의 일반적 관계에 대한 문제 제기나 서구 학문의 서구 중심적 태도를 대상으로 한 것이 대부분이었다.

3. 현장연구의 방법론적 특성에서 비롯된 윤리적 문제

민족지 작성을 포함하여 문화인류학의 현장연구는 실험 방법을 사용하는 학문들이 가지고 있는 위험 요인을 일반적으로 내포하지 않는다. 그러나 문화인류학적 현장연구의 특성상 연구자는 연구현장에서 많은 사람들과 장기간에 걸쳐 상호작용을 하게 된다는 점에서 매우 독특한 문제에 직면하게 된다. 현장연구를 하는 문화인류학자는 사람들의 삶에 관한 비밀이나 자세한 내용을 입수할 기회가 많다. 이러한 정보들은 경우에 따라 현지인이나 현지 사회에 매우 불리하게 작용하거나 피해를 입힐 수도 있다.

더구나 민족지 작업을 위해 장기간 연구현장에 체류하면서 연구대상 사회의 구성원들과 친분이 두터워지면 전문가로서의 입장과 친구로서의 입장의 경계가 애매모호해질 수도 있다. 알고는 있지만 차마 쓰지 못하는 이야기가 생길 수도 있다. 연구윤리와 인간으로서의 윤리는 반드시 일치하지 않을 수도 있다.

한편 현장연구 과정에서 불법 행위, 공공안녕을 해치는 행위, 학대 행위 등을 목격하거나 이에 대한 정보를 알게 될 수도 있다. 이러한 경우 연구자는 현장에 개입하지 않고 연구 대상자의 비밀과 익명성을 보호해야 한다는 것을 잘 알면서도 한 사람의 시민으로서, 또한 인도주의적 견지에서 이러한 문제를 관계당국에 보고해야 할 수도 있다.

연구자는 자신이 현장연구 과정에서 입수한 정보가 연구현장의 내부자나 연구대상 사회 구성원들에게 불리하게 사용되지 않도록 유념해야 하며, 이러한 내용을 진실을 구한다는 명목으로 논문이나 보고서에 쓰는 것은 경우에 따라 연구자와 연구 대상자 간의 특별한 신뢰관계를 배신하는 행동이 될 수 있으므로 극히 신중해야 한다. 여기에서 유념해야 할 점은 개인의 프라이버시 외에 집단의 프라이버시도 중요하다는 사실이다. 특정 집단이 가진 지식이나 상징, 의례의 절차 등 소위 공공연한 비밀은 매우 흥미로운 대상이기는 하지만 집단의 외부에 알려지는 것을 매우 꺼리는 경우가 많기 때문이다. 연구자가 현장에서 보고 들은 것을 오로지 다른 언어로 학술 논문으로만 발표할 것이며 현장조사 이후 10년 동안은 현지어로 출판하지 않겠다고 약속하여 현지인들이 허락한 사례도 있다.

많은 연구자들이 연구대상의 프라이버시를 비롯한 여러 이익을 보호하기 위해 익명성을 유지하는 등의 노력을 하고 있다. 연구현장의 이름을 가명으로 처리하고 위치를 감추며 사건이나 행동이 일어난 시간이나 장소, 등장인물들의 이름을 바꿀 수 있으나 때로는 이러한 노력이 부족한 경우도 있다. 공동으로 현장연구를 수행하면서 현장노트를 공유하는 경우에는 특히 이러한 문제를 유념해야 한다. 사진이나 동영상 자료, 음향 자료 등도 모두 사용할 때 주의해야 하며 필요한 경우 동의를 얻는다.

경우에 따라서는 압도적으로 큰 공공의 이익이나 보편적 가치를 위해 연구대상을 무조건 보호하는 것이 적절하지 않다는 주장도 등장할 수 있다. 연구대상 사회 구성원의 삶과 프라이버시의 보호, 연구 욕심과 자료 활용에 대한 요구 사이의 문제는 피하기 어려운 딜레마이다. 연구를 통해 얻은 정보와 자료를 어떻게 사용할 것인가라는 문제는 현장연구만의 문제가 아니라 모든 학술적 연구의 일반적 문제이자 연구자가 끊임없이 직면하는 문제이다.

현장연구의 결과물을 연구 과정에서 현장 사회 구성원들에게 제공해야 하며, 이들의 목소리를 반영해야 한다는 의견도 있으나 이것 또한 간단한 문제가 아니다. 피드백 과정에서 일부 연구대상 사회 구성원들은 자신들이 원하지 않는 것을 듣게 될 수도 있으며, 특히 이해관계가 대립하는 경우에는 자칫 현장연구가가 '편들기'를 한다고 비난받을 수도 있다.

현장연구자와 연구 대상자들 간의 호혜성도 중요한 문제가 될 수 있다. 연구 대상자들은 정보를 제공하기 때문에 그에 대한 보답이 필요할 수 있다. 단순히 연구자의 호의나 관심, 우정 등으로 충분할 수도 있고, 연구자에게 큰 부담이 되지 않는 사소한 선물이나 외부세계나 전문분야에 대한 정보 또는 서비스(예를 들면 외국어, 수학 등을 가르치는 등) 정도가 적당할 수도 있다. 여러 차례에 걸쳐 장시간 연구자를 도와준 사람에게는 물질적 보상을 제공할 수도 있다.

과거에는 자발적으로 제공한 정보만을 높이 평가하고 물질적 보상을 전제로 입수한 정보는 '사적 이익에 기반을 두기 때문에' 부정적인 시선으로 평가 절하하는 경향이 있었던 것도 사실이다. 문화인류학자들이 연구비 예산을 편성하고 승인받는 과정에서 '선물비'는 간혹 이러한 문제를 깊이 이해하지 못하는 다른 학문 분야의 사람들에게 오해를 불러일으키기도 했지만, 사실은 설문조사를 하는 경우에도 답례로 간단한 선물을 주는 경우가 흔하다. 결국 호혜성이나 보상 문제를 판단할 때는 그것이 가능한가, 필요한가, 또한 학술적으로 적절한가 등을 기준으로 삼아야 할 것이다.

민족지적 연구의 호혜성과 관련하여 간혹 제기되는 또 하나의 쟁점은 소위 착취적 이용 문제이다. 연구자는 현장연구를 통해 박사학위를 받고 논문과 저서를 출판하여 대학이나 연구소 등에 취직하고 학계의 인정과 학문적 명성, 연구비 지원 등 많은 것을 누릴 수 있다. 그러나 연구대상이 된 현장 사람들이나 기타 현장 주민, 현지사회나 조직에게는 아무런 혜택이 없을 수도 있다.

순수한 학술적 목적의 연구라면 자료를 가장 훌륭하고 가장 성실하며 진실하게 해석하는 것이 연구자가 할 수 있는 최소의 윤리적 의무이며, 만일 공적 정책이나 지원 프로그램을 통해 연구 대상자들을 도울 수 있다면 좋을 것이다. 응용연구의 경우, 현장 사람들과 연구비 지원자의 이익이 상충할 때는 호혜성 문제가 매우 민감한 고민거리가 된다. 응용연구라 하더라도 현장사람들과의 협력연구인 경우에는 그러한 고민이 발생하지 않겠지만, 만일 연구 과정에서 포착한 문제를 해결하기 위해 연구자의 개입이나 헌신을 요청하게 된다면 이는 새로운 고민거리로 등장할 것이다.

삶과 삶이 만나는 민족지적 연구는 일상적인 윤리가 필요함은 물론이며, 나아가 지식과 권력의 문제도 수반한다. 인류학의 초창기에 인류학자는 대개 선진국 또는 식민지 종주국에서 근대적 학문에 종사하는 학자로서 백인이 다수였으며 현장 사회 구성원들은 대개 후진국 또는 식민지의 원주민이었으므로 이들 간에는 기본적으로 권력관계가 존재하였다. 원주민은 지식의 대상, 연구의 대상이었기 때문이다. 선진국 내부에서의 조사연구 또한 대개 빈민층, 흑인 등 소수민 집단, 농민, 일탈 집단 등을 대상으로 삼았던 것이 사실이다. 이러한 불균형적인 경향은 이들 집단이 엘리트에 비해 비교적 조사하기 쉽거나 각종 정책의 목표 집단이기 때문이다.

이렇게 인류학자와 연구대상 사회 구성원들과의 관계를 어떻게 상정할 것인가는 인류학의 중요한 과제 중 하나이다. 그들은 연구대상인 동시에 친구이자, 한 인간이기 때문이다. 인류학은 궁극적으로 자신을 발견하는 학문이지만 방법론적으로는 일단 다른 인간의 삶을 다루기 때문에 윤리 문제는 매우 중요하다.

민족지적 현장연구는 인간을 대상으로 하는 다른 연구들과는 달리 현장에서 어떠한 문제를 발견하게 될지, 누구를 만나게 될지, 어떠한 위험 요소가 등장할지 등을 정확히 예측할 수 없다. 너무나 많은 것이 예측이나 사전 준비가 불가능한 상황에 달려 있으므로 다른 학문 분야에서 요구하는 윤리 관련 규정이나 요구사항을 그대로 적용할 수 없는 경우가 대부분이다. 연구대상이 되는 사람들과의 일상적 접촉이나 상호 신뢰가 이만큼 중요하지 않은 다른 학문에서 발전시킨 프로토콜이나 절차는 현장연구에서 맞닥뜨리는 윤리 문제를 해결해 주지 못한다.

그러므로 연구대상이 되는 사회와 그 구성원들에 대한 존중과 배려, 솔직하고 신중한 태도를 바탕으로 연구를 수행해야 한다. 궁극적으로는 현장연구의 방법론적 특성과 윤리적 문제를 잘 이해하고 있는 연구자의 양식과 판단이 중요하다.

참고문헌

김광억. 2000. "양반과 상놈, 그리고 토착인류학자," 『한국문화인류학의 이론과 실천: 내산 한상복 교수 정년 기념 논총』, 서울: 소화.

김근영. 2003. "현대 도시에서 한옥의 의미: 서울 북촌의 사례 연구," 서울대학교 인류학과 석사학위논문.

김영천·김진희. 2008. "질적 연구에서의 자료분석: 소프트웨어 접근의 이해," 『교육인류학연구』 11(1):1-35.

문우종. 2006. "열린 공간, 막힌 소통: IT벤처기업의 내부 커뮤니케이션과 기업문화," 서울대학교 인류학과 석사학위논문.

박종원. 2009. 『NVivo 8 프로그램의 활용: 현장 연구자를 위한 질적데이터의 과학적 관리와 분석』. 서울: 형설출판사.

안준희. 2000. "'노숙자'의 생활양식에 관한 인지인류학적 연구." 서울대학교 인류학과 석사학위논문.

윤택림. 2001. "한국 근현대사 속의 농촌 여성의 삶과 역사 이해: 충남 서산 대동리의 여성 구술 생애사를 중심으로," 『사회와 역사』 59:207-234.

──── . 2004. 『문화와 역사 연구를 위한 질적연구 방법론』. 서울: 아르케.

이강원. 2004. "담을 두른 공원: 탑골공원을 통해 본 도시 공공공간의 의미." 서울
대학교 인류학과 석사학위논문.

이용숙. 1993. "영국 초등학교 참여관찰일지," 『교육개발』 3·4:66-84.

――――. 2005. 『교육인류학: 연구방법과 사례』(대우학술총서 575). 서울: 아카넷.

――――. 2010. "현장연구 자료의 기록과 관리의 다양한 방법들," 『열린교육연구』
18(1):97-126.

――――. 2011. "'우수수업상' 수상 교수의 수업 유형과 특성에 대한 문화기술적 연
구," 『교육방법연구』 23(1):175-211.

이용숙·김선영·김지은·이지혜. 2009. "덕성여자대학교 문화인류학과의 연구방법
교육: 현장연구실습 교육을 중심으로," 『한국문화인류학』 42(2):223-281.

이용숙·김영화·최상근. 1988. "어머니의 취업이 자녀의 성취에 미치는 영향." 한국
교육개발원 연구보고서.

이용숙·이재분·소경희·전영미. 1990. "국민학교 교육현상에 대한 문화기술적 연
구: 학교와 가정에서의 학습활동을 중심으로." 한국교육개발원 연구보고서.

이용숙·정환규·박금화. 1988. "국민학교 수업방법의 개선을 위한 문화기술적 연
구." 한국교육개발원 연구보고서.

이용숙·조재식. 2007. "미국 대학 교수-학습개발 센터의 운영과 조직에 대한 문화
기술적 연구," 『비교교육연구』 17(4):49-88.

이재분. 1992. 『우리의 학교 우리의 아이들』. 서울: 푸른꿈.

최협. 1997. 『인류학과 지역연구』. 서울: 나남.

크레인, 줄리아·앙그로시노, 마이클. 1996. 『문화인류학 현지조사 방법』. 서울: 일
조각.

한경구. 1994. 『공동체로서의 회사: 일본 기업의 인류학적 연구』. 서울: 서울대출판부.

한경구·박순영·주종택·홍성흡. 1998. 『시화호 사람들은 어떻게 되었을까: 문화인
류학자들의 현장 보고』. 서울: 솔.

황익주. 1995. "아일랜드에서의 일상적 사교활동과 사회집단 분화: 인류학적 사례연구," 『지역연구』 3(4):169-200.

Arnould, Eric J. and Melanie Wallendorf. 1994. "Market-Oriented Ethnography: Interpretation Building and Marketing Strategy Formulation." *Journal of Marketing Research* 31 (November):484-504.

Chung, Gene-woong. 1998. "Everybody Here Used to Be Somebody: Recapturing Self-continuity in a Retirement Town." Ph.D. Thesis. University of Illinois.

Creswell, John W. 2003. *Research Design: Qualitative, Quantitative, and Mixed Approaches.* 2nd ed. Thousand Oaks, California: SAGE Publications, Inc.

Dewalt, Kathleen M., Billie R. Dewalt, and Coral B. Wayland. 2000. "Participant Observation." *In* H. Russell Bernard (ed). *Handbook of Methods in Cultural Anthropology.* Walnut Creek, California: AltaMira Press.

Emerson, Robert M., Rachel I. Fretz, and Linda L. Shaw. 1995. *Writing Ethnographic Fieldnotes.* Chicago: The University of Chicago Press.

_____. 2007. "Participant Observation and Fieldnotes." *In* Paul A. Atkinson, Sara Delamont, Amanda J. Coffey, John Lofland, and Lyn Lofland (ed). *Handbook of Ethnography.* Los Angeles: SAGE Publications, Inc.

Evans-Pritchard, Edward Evan. 1940. *The Nuer: A Description of the Modes of Livelihood and Political Institutions of a Nilotic People.* Oxford: Clarendon Press(권이구·강지현 옮김. 1992. 『누어인』. 서울: 탐구당).

Hwang, Ik-joo. 1992. "Class, Religion and Local Community: Social Grouping in Nenagh, Republic of Ireland." Ph.D. Thesis, University of Oxford.

Lee, Hyeon Jung. 2009. "States of Suffering: Female Suicide, Subjectivity, and

State Power in Rural North China." Ph.D. Dissertation Submitted to the Department of Anthropology, Washington University in St. Louis.

Lee, Soo-Jung. 2006. "Making and Unmaking the Korean National Division: Separated Families in the Cold War and Post-Cold War Eras." Ph.D. Dissertation, University of Illinois at Urbana-Champaign.

Lee, Yongsook. 1984. "A Comparative Study of East Asian American and Anglo American Academic Archievement: An Ethnographic Study." Ph.D. Dissertation. Northwestern University.

Lewis, Oscar. 1961. *The Children of Sanchez*. New York: Random House (박현수 옮김. 1997. 『산체스네 아이들』. 서울: 지식공작소).

Malinowski, Bronislaw. 1922(1961). *Argonauts of the Western Pacific*. New York: Dutton.

Pandey, T. Nath. 1972. "Anthropologists at Zuni." *Proceedings of the American Philosophical Society* Vol. 116, No. 4.

Turner, Victor. 1972. *Schism and Continuity in an African Society*. Manchester: Manchester University Press.

현장연구방법을 이해하는 데 도움이 되는 책들

Agar, Michael. H. 1996. *The Professional Strangers*. 2nd ed. San Diego: Academic
Press.

Alasuutari, Pertti. 1995. *Researching Culture: Qualitative Method and Cultural Studies*.
London: SAGE Publications, Inc.

Amit, Vered. 2000. *Constructing the Field: Ethnographic Fieldwork in the Contem-
porary World*. London & New York: Routledge.

Anderson, Barbara G. 1990. *First Fieldwork: The Misadventures of an Anthropologist*.
Prospect Heights, Illinois: Waveland Press, Inc.

Anzul, Margaret, Maryann Downing, Margot Ely, and Ruth Vinz. 1997. *On Writ-
ing Qualitative Research: Living by Words*. London: The Falmer Press.

Atkinson, Paul. 1990. *The Ethnographic Imagination: Textual Constructions of
Reality*. London and New York: Routledge.

Atkinson, Paul, Sara Delamont, Amanda J. Coffey, John Lofland, and Lyn
Lofland (ed). 2001. *Handbook of Ethnography*. Los Angeles: SAGE Publications,
Inc.

Baba, Marietta L. 1986. *Business and Industrial Anthropology: An Overview, NAPA Bulletin 2*. American Anthropological Association.

Babbie, Earl. 1986. *The Practice of Social Research*. Belmont, California: Wadsworth Publishing Co.

Banfield, Edward C. 1958. *The Moral Basis of a Backward Society*. New York: The Free Press.

Banton, Michael. 1978. *The Relevance of Models for Social Anthropology*. New York: Tavistock Publications.

Barley, Nigel. 1986. *The Innocent Anthropologist: Notes from a Mud Hut*. New York: Penguin Books.

—————. 1990. *Native Land*. New York: Penguin Books.

Barnard, Alan and Anthony Good. 1984. *Research Practice in the Study of Kinship*. London: Academic Press.

Barrett, Stanley R. 1996. *Anthropology: A Student's Guide to Theory and Method*. Toronto: University of Toronto Press.

Becker, Howard S. 1986. *Writing for Social Scientists*. Chicago and London: The University of Chicago Press.

Behar, Ruth. 1996. *The Vulnerable Observer: Anthropology That Breaks Your Heart*. Boston: Beacon Press.

Bennett, Linda A. 1988. *Bridges for Changing Times: Local Practitioner Organizations in American Anthropology, NAPA Bulletin 6*. American Anthropological Association.

Bernard, H. Russell. 2006. *Research Methods in Anthropology: Qualitative and Quantative Approaches*. 4th ed. Lanham: AltaMira Press.

Bestor, Theodore C., Patricia G. Steinhoff, and Victoria Lyon Bestor. 2003. *Doing Fieldwork in Japan*. Honolulu: University of Hawaii Press.

Bishop, Wendy. 1999. *Ethnographic Writing Research: Writing It Down, Writing It Up, and Reading It*. Portsmouth: Heinemann.

Bohannan, Paul and Dirk van der Elst. 1998. *Asking and Listening: Ethnography as Personal Adaptation*. Prospect Heights, Illinois: Waveland Press, Inc.

Booth, Wayne C., Gregory C. Colomb, and Joseph M. Williams. 1995. *The Craft of Research*. Chicago and London: The University of Chicago Press.

Bradburd, Daniel. 1998. *Being There: The Necessity of Fieldwork*. Washington and London: Smithsonian Institution Press.

Bryman, Alan (ed). 1988. *Doing Research in Organizations*. London and New York: Routledge.

Buraway, Michael, Alice Burton, Ann Arnett Ferguson, and Kathryn J. Fox. 1991. *Ethnography Unbound: Power and Resistance in the Modern Metropolice*. Berkeley and Los Angeles: University of California Press.

Burgess, Robert G. 1983. *Field Research: A Sourcebook and Field Manual*. London: George Allen & Unwin.

──────────. 1988. *Studies in Qualitative Methodology, A Research Manual: Conducting Qualitative Research*. Volume 1. Greenwich and London: JAI Press.

──────────. 1990. *Studies in Qualitative Methodology, A Research Manual: Reflections on Field Experience*. Volume 2. Greenwich and London: JAI Press.

Casagrande, Joseph B. 1964. *In the Company of Man: Twenty Portraits of Anthropological Informants*. New York: Harper Torchbooks.

Clifford, James and George E. Marcus. 1986. *Writing Culture: The Poetics and Politics of Ethnography*. Berkeley: University of California Press.

Clifford, James. 1990. "Notes on (field)notes." *In* Roger Sanjek (ed). *Fieldnotes: The Making of Anthropology*. Ithaca: Cornell University Press, pp.27–40.

Conway, John J., Jack Alexander, and H. Max Drake. 1988. *Mainstreaming Anthropology: Experiences in Government Employment, NAPA Bulletin 5.* edited by Karen J. Hanson. American Anthropological Association.

Creswell, John W. 1998. *Qualitative Inquiry and Research Design: Choosing among Five Traditions.* London: SAGE Publications, Inc.

Davies, Charlotte Aull. 1999. *Reflexive Ethnography: A Guide to Researching Selves and Others.* London: Routledge.

Dawson, Andrew, Jenny Hockey, and Allison James (ed). 1997. *After Writing Culture: Epistemology and Praxis in Contemporary Anthropology (ASA Monographs 34).* London and New York: Routledge.

Denzin, Norman K. 1996. *Interpretive Ethnography: Ethnographic Practices for the 21st Century.* Thousand Oaks, California: SAGE Publications, Inc.

Denzin, Norman K. and Yvonna S. Lincoln (ed). 2007. *Collecting and Interpreting Qualitative Materials.* 3rd ed. Thousand Oaks, California: SAGE Publications, Inc.

Devita, Philip R. 1992. *The Naked Anthropologist: Tales from Around the World.* Belmont, California: Wadsworth Publishing Co.

Dewalt, Kathleen M. and Billie R. DeWalt. 2002. *Participant Observation: A Guide for Fieldworkers.* New York: AltaMira Press.

Edgerton, Robert and L. L. Langness. 1974. *Methods and Styles in the Study of Culture.* San Francisco: Chandler & Sharp Publishers, Inc.

Ellen, Roy F. 1984. *Ethnographic Research: A Guide to General Conduct.* London: Academic Press.

Ellis, Carolyn and Arthur P. Bochner. 1996. *Composing Ethnography: Alternative Forms of Qualitative Writing.* Walnut Creek, California: AltaMira Press.

Emerson, Robert M. 2001. *Contemporary Field Research: Perspectives and Formula-*

tions. Long Grove, Illinois: Waveland Press, Inc.

Epstein, A. L. 1978. *The Craft of Social Anthropology*. New York: Pergamon Press.

Faubion, James D. and George E. Marcus (ed), Michael M. J. Fischer (Foreword). *Fieldwork Is Not What It Used to Be: Learning Anthropology's Method in a Time of Transition*. Ithaca: Cornell University Press.

Fetterman, David M. 1989. *Ethnography: Step by Step*. London: SAGE Publications, Inc.

Fine, Gary Alan and Kent L. Sandstorm. 1988. *Knowing Children: Participant Observation with Minors*. Newbury Park, California: SAGE Publications, Inc.

Flick, Uwe. 1998. *An Introduction to Qualitative Research*. London and Thousand Oaks, California: SAGE Publications, Inc.

Flowler Jr., Floyd J. 1993. *Survey Research Methods*. London: SAGE Publications, Inc.

Foster, George M., Thayer Scudder, Elizabeth Colson, and Robert V. Kemper. 1979. *Long-Term Field Research in Social Anthropology*. New York: Academic Press.

Freilich, Morris. 1977. *Marginal Natives at Work: Anthropologists in the Field*. New York: Schenkman Publishing Co., inc.

Georges, Robert A. and Michael O. Jones. 1980. *People Studying People: The Human Element in Fieldwork*. Berkeley: University of California Press.

Giovannini, Maureen J. and Lynne M. H. Rosansky. 1990. *Anthropology and Management Consulting: Forging a New Alliance, NAPA Bulletin 9*. American Anthropological Association.

Gladwin, Christina H. 1989. *Ethnographic Decision Tree Modeling*. Newbury Park, California: SAGE Publications, Inc.

Gluckman, Max. 1967. *Closed Systems and Open Minds: The Limits of Naivety in Social Anthropology*. Chicago: Aldine Publishing Co.

Gordon, Claire C. 1993. *Race, Ethnicity, and Applied Bioanthropology, NAPA Bulletin 13*. American Anthropological Association.

Grindal, Bruce T. and Frank A. Salamone. 1995. *Bridges to Humanity: Narratives on Anthropology and Friendship*. Prospect Heights, Illinois: Waveland Press, Inc.

Gubrium, Jaber F. 1988. *Analyzing Field Reality*. Newbury Park, California: SAGE Publications, Inc.

Gupta, Akhil and James Ferguson (ed). 1997. *Anthropological Locations: Boundaries and Grounds of a Field Science*. Berkeley: University of California Press.

Hammersley, Martyn and Paul Atkinson. 1995. *Ethnography: Principles in Practice*. 2nd ed. London and New York: Routledge.

Hammersley, Martyn. 1990. *Reading Ethnographic Research: A Critical Guide* (Longman Social Research Series). London: Longman.

——————————. 1992. *What's Wrong with Ethnography?* London and New York: Routledge.

Handwerker, Penn W. 2002. *Quick Ethnography: A Guide to Rapid Multi-Method Research*. Walnut Creek, California: AltaMira Press.

Harrison, Michael I. 1994. *Diagnosing Organizations Methods, Models, and Processes*. Thousand Oaks, California: SAGE Publications, Inc.

Hedrick, Terry E., Leonard Bickman, and Debra Rog. 1993. *Applied Research Design: A Practical Guide*. London: SAGE Publications, Inc.

Hoskin, Janet. 1998. *Biographical Objects: How Things Tell the Stories of People's Lives*. New York and London: Routledge.

Howell, Nancy. 1990. *Surviving Fieldwork: A Report of the Advisory Panel on Health and Safety in Fieldwork (Special Publication of the American Anthropological Association)*. American Anthropological Association.

Hume, Lynne and Jane Mulcock (ed). 2004. *Anthropologists in the Field: Cases in Participant Observation*. New York: Columbia University Press.

Jackson, Anthony. 1987. *Anthropology at Home*. London and New York: Tavistock Publications.

Johnson, Allen W. 1978. *Research Methods in Social Anthropology*. London: Edward Arnold.

Johnson, Jeffrey C. 1990. *Selecting Ethnographic Informants*. Newbury Park, California: SAGE Publications, Inc.

Jordan, Ann T. 1994. *Practicing Anthropology in Corporate America: Consulting on Organizational Culture, NAPA Bulletin 14*. American Anthropological Association.

Kandel, Randy F. 1992. *Double Vision: Anthropologist at Law, NAPA Bulletin 11*. American Anthropological Association.

Keefe, Susan E. 1989. *Negotiating Ethnicity: The Impact of Anthropological Theory and Practice, NAPA Bulltin 8*. American Anthropological Association.

Kottak, Conrad Phillip (ed). 1990. *Researching American Culture: A Guide for Student Anthropologists*. Ann Arbor: The University of Michigan Press.

Kumar, Nita. 1992. *Friends, Brothers, and Informants: Fieldwork Memoirs of Banaras*. Berkeley and Los Angeles: University of California Press.

Kutsche, Paul. 1997. *Field Ethnography: A Manual for Doing Cultural Anthropology*. Upper Saddle River: Prentice Hall.

Kvale, Steinar. 1996. *InterViews: An Introduction to Qualitative Research Interviewing*. London: SAGE Publications, Inc.

Lamphere, Louise. 1992. *Structuring Diversity: Ethnographic Perspectives on the New*

Immigration. Chicago: The University of Chicago Press.

Landman, Ruth H. and Katherine S. Halpern. 1989. *Applied Anthropologist and Public Servant: The Life and Work of Philleo Nash, NAPA Bulletin 7*. American Anthropological Association.

Langness, L. L. and Gelya Frank. 1981. *Lives: An Anthropological Approach to Biography (Chandler and Sharp Publications in Anthropology and Related Fields)*. Novato: Chandler & Sharp Publishers.

Larean, Annette and Jeffrey Shultz, J. 1996. *Journey through Ethnography: Realistic Accounts of Fieldwork*. Colorado: Westview Press.

Lassiter, Luke Eric. 2005. *The Chicago Guide to Collaborative Ethnography (Chicago Guides to Writing, Editing, and Publishing)*. Chicago: The University Of Chicago Press.

Lewis, Ioan M. 1999. *Arguments with Ethnography: Comparative Approaches to History, Politics and Religion (London School of Economics Monographs on Social Anthropology)*. London: Athlone.

Light, Richard J. and David B. Pillemer. 1984. *Summing Up: The Science of Reviewing Research*. Massachusetts: Harvard University Press.

Locke, Lawrence F., Waneen W. Spirduso, and Stephen J. Silverman. 1993. *Proposals That Work*. London: SAGE Publications, Inc.

Lofland, John and Lyn H. Lofland. 1995. *Analyzing Social Settings: A Guide to Qualitative Observation and Analysis*. Belmont, California: Wadsworth Publishing Co.

Maanen, John Van. 1997. *Tales of the Field: On Writing Ethnography*. Chicago: The University of Chicago Press.

Madrigal, Lorena. 1998. *Statistics for Anthropology*. Cambridge: Cambridge University Press.

Malinowski, Bronislaw. 1967. *A Diary in the Strict Sense of the Term*. New York: Harcourt, Brace & World, Inc.

Manganaro, Marc. 1990. *Modernist Anthropology: From Fieldwork to Text*. Princeton: Princeton University Press.

Marcus, George E. 1998. *Ethnography through Thick and Thin*. New Jersey: Princeton University Press.

Marshall, Catherine and Gretchen B. Rossman. 1995. *Designing Qualitative Research*. Thousand Oaks, California: SAGE Publications, Inc.

McCracken, Grant. 1988. *The Long Interview*. Newbury Park, California: SAGE Publications, Inc.

Meloy, Judith M. 1994. *Writing the Qualitative Dissertation: Understanding by Doing*. New Jersey: Lawrence Erlbaum, Inc.

Messerschmidt, Donald A. (ed). 1981. *Anthropologists at Home in North America: Methods and Issues in the Study of One's Own Society*. New York: Cambridge University Press.

Moore, Carl M. 1994. *Group Techniques for Idea Building*. Thousand Oaks, California: SAGE Publications, Inc.

Moyser, George and Margaret Wagstaffe. 1987. *Research Methods for Elite Studies*. London: Allen & Unwin.

Noblit, George W. and R. Dwight Hare. 1988. *Meta-Ethnography: Synthesizing Qualitative Studies*. Newbury Park, California: SAGE Publications, Inc.

Okely, Judith and Helen Callaway. 1992. *Anthropology and Autobiography*. London and New York: Routledge.

Pelto, Pertti J. and Gretel H. Pelto. 1978. *Anthropological Research: The Structure of*

Inquiry. New York: Cambridge University Press.

Poggie, Jr., John J., Billie R. Dewalt, and William W. Dressler. 1992. *Anthropological Research Process and Application*. Albany: State University of New York Press.

Punch, Maurice. 1986. *The Politics and Ethics of Fieldwork*. Newbury Park, California: SAGE Publications, Inc.

Rabinow, Paul. 1977. *Reflections on Fieldwork in Morocco (with a foreword by Robert N. Bellah)*. Berkeley and Los Angeles: University of California Press.

Rabinow, Paul, George E. Marcus, James Faubion, and Tobias Rees. 2008. *Designs for an Anthropology of the Contemporary*. Durham: Duke University Press Books.

Radcliffe—Brown, A. R. 1958. *Method in Social Anthropology*. edited by M. N. Srinivas. Chicago & London: The University of Chicago Press.

Reed—Danahay, Deborah E. 1997. *Auto Ethnography: Rewriting the Self and the Social*. Oxford: BERG.

Ries, Joanne B. and Carl G. Leukefeld. 1994. *Applying for Research Funding*. London: SAGE Publications, Inc.

Robben, Antonius and Jeffrey Sluka (ed). 2006. *Ethnographic Fieldwork: An Anthropological Reader*. Oxfrd: Wiley—Blackwell.

Royal Anthropological Institute of Great Britain and Ireland. 1960. *Notes and Queries on Anthropology*. London: Routledge and Kegan Paul, Ltd.

Sanjek, Roger. 1990. *Fieldnotes: The Makings of Anthropology*. Ithaca: Cornell University Press.

Sarana, Gopala. 1975. *The Methodology of Anthropological Comparisons: An Analysis of Comparative Methods in Social and Cultural Anthropology*. Tucson: The University of Arizona Press.

Schmidt, Wilhelm. 1939. *The Culture Historical Method of Ethnology: The Scientific*

Ap-proach to the Racial Question. translated by S. A. Sieber. New York: Fortuny's.

Schwandt, Thomas A. 1997. *Qualitative Inquiry: A Dictionary of Terms*. London: SAGE Publications, Inc.

Seidman, Irving. 1998. *Interviewing as Qualitative Research: A Guide for Researchers in Education and the Social Science*. New York: Teachers College Press.

Shaffir, William and Robert Alan Stebbins (ed). 1990. *Experiencing Fieldwork: An Inside View of Qualitative Research (SAGE Focus Editions)*. Thousand Oaks, California: SAGE Publications, Inc.

Smith, Linda Tuhiwai. 1999. *Decolonizing Methodologies: Research and Indigenous Peoples*. London & New York: Zed Books.

Spindler, George D. 1970. *Being an Anthropologist: Fieldwork in Eleven Cultures*. Prospect Heights, Illinois: Waveland Press, Inc.

Spradley, James P. 1979. *The Ethnographic Interview*. New York: Holt, Rinehart and Winston(박종흡 옮김. 2003. 『문화기술적 면접법』. 서울: 시그마프레스).

―――――――. 1980. *Participant Observation*. New York: Holt, Rinehart and Winston(신재영 옮김. 2006. 『참여관찰법』. 서울: 시그마프레스).

Spradley, James P. and Brenda J. Mann. 1975. *The Cocktail Waitress: Woman's Work in a Man's World*. New York: John Wiley & Sons, Inc.

Stocking, Jr., George W. 1992. *The Ethnographer's Magic and Other Essays in the History of Anthropology*. Madison, Wisconsin: University of Wisconsin Press.

Stoller, Paul. 1989. *The Taste of Ethnographic Things: The Sense in Anthropology*. Philadelphia: University of Pennsylvania Press.

Strauss, Anselm L. and Juliet M. Corbin. 1998. *Basics of Qualitative Research: Techniques and Procedures for Developing Ground Theory*. London: SAGE Publications, Inc.

Sunderland, Patricia L. and Rita M. Denny. 2007. *Doing Anthropology in Consumer Research*. Walnut Creek, California: Left Coast Press.

Sunstein, Bonnie Stone and Elizabeth Chiseri-Strater. 2011. *FieldWorking: Reading and Writing Research*. 4th ed. Boston: Bedford/St. Martin's.

Taylor, Steven J. and Robert Bogdan. 1998. *Introduction to Qualitative Research Methods: A Guidebook and Resource*. 3rd ed. New York: John Wiley & Sons, Inc.

Thomas, David H. 1986. *Refiguring Anthropology: First Principles of Probability & Statistics*. Prospect Heights, Illinois: Waveland Press, Inc.

Thyer, Bruce A. 1994. *Successful Publishing in Scholarly Journals*. Thousand Oaks, California: SAGE Publications, Inc.

Tyler, Stephen A. 1987. *The Unspeakable: Discourse, Dialogue, and Rhetoric in the Postmodern World (Rhetoric of Human Sciences)*. Madison: University of Wisconsin Press.

van Willigen, John and Billie R. Dewalt. 1985. *Training Manual in Policy Ethnography*. American Anthropological Association.

van Willigen, John and Timothy L. Finan. 1990. *Soundings: Rapid and Reliable Research Methods for Practicing Anthropologists, NAPA Bulletin 10*. American Anthropological Association.

Walford, Geoffrey (ed). 2002. *Debates and Developments in Ethnographic Methodology*. Amsterdam, Boston, London: JAI Press.

Weiss, Robert S. 1994. *Learning From Strangers: The Art and Method of Qualitative Interview Studies*. New York: The Free Press.

Weller, Susan. C and A. Kimball Romney. 1988. *Systematic Data Collection*. Newbury Park, California: SAGE Publications, Inc.

Werner, Oswald. and G. Mark Schoepfle. 1987. *Systematic Fieldwork: Ethnographic*

Analysis and Data Management. Newbury Park, California: SAGE Publications, Inc.

Westbrook, David A. 2008. *Navigators of the Contemporary: Why Ethnography Matters*. Chicago: The University of Chicago Press.

Whyte, William Foote. 1984. *Learning from the Field: A Guide from Experience*. Beverly Hills, California: SAGE Publications, Inc.

Wilson, Monica H. 1971. *Good Company: A Study of NyaKyusa Age-Villages*. Boston: Beacon Press.

Winch, Peter. 1970. *The Idea of a Social Science and Its Relation to Philosophy*. London: Routledge & Kegan Paul, New York: Humanity Press.

Wolcott, Harry F. 2008. *Ethnography: A Way of Seeing*. 2nd ed. Lanham: AltaMira Press.

Wolfe, Patrick. 1999. *Settler Colonialism and the Transformation of Anthropology: The Politics and Poetics of an Ethnographic Event*. London and New York: Cassell.

Yin, Robert K. 2004. *Case Study Research: Design and Methods*. 4th ed. Thousand Oaks, California: SAGE Publications, Inc.

Zou, Yali and Enrique (Henry) T. Trueba. 2002. *Ethnography and Schools: Qualitative Approaches to the Study of Education (Immigration and the Transnational Experience Series)*. Lanham, Boulder, New York, Oxford: Rowman & Littlefield Publishers.

찾아보기

인류학 민족지 연구 어떻게 할 것인가
How To Do Anthropological Ethnography?

제1판 1쇄 펴낸날 2012년 3월 15일
제1판 5쇄 펴낸날 2023년 9월 20일

지은이 | 이용숙·이수정·정진웅·한경구·황익주
펴낸이 | 김시연

펴낸곳 | (주)일조각
등록 | 1953년 9월 3일 제300-1953-1호(구: 제1-298호)
주소 | 03176 서울시 종로구 경희궁길 39
전화 | 02-734-3545 / 02-733-8811(편집부)
02-733-5430 / 02-733-5431(영업부)
팩스 | 02-735-9994(편집부) / 02-738-5857(영업부)

이메일 | ilchokak@hanmail.net
홈페이지 | www.ilchokak.co.kr

ISBN 978-89-337-0625-1 03330
값 15,000원

*지은이와 협의하여 인지를 생략합니다.